Marcel Fratzscher
Verteilungskampf

PIPER

Zu diesem Buch

»Wohlstand für alle«, nach Ludwig Erhards berühmter Formel, ist seit 60 Jahren das Credo der deutschen Wirtschafts- und Sozialpolitik. Doch Deutschland ist an seinem Ideal gescheitert: In unserer Marktwirtschaft wird mit gezinkten Karten gespielt. In kaum einem Industrieland herrscht eine so hohe Ungleichheit – in Bezug auf Einkommen, Vermögen und Chancen. Die Investitionen, vor allem in die Menschen – Deutschlands größte Stärke –, sinken ebenso wie das Wirtschaftswachstum und die soziale Teilhabe. Der Verteilungskampf wird härter. Verantwortlich dafür ist nicht unzureichende Umverteilung, sondern vor allem die hohe Chancenungleichheit, die Menschen davon abhält, ihre Fähigkeiten zu entwickeln und frei zu handeln. Marcel Fratzscher zeigt, wie die Politik die Chance der Zuwanderung nutzen kann, um die Spaltung der Gesellschaft abzuwenden.

Marcel Fratzscher, Jahrgang 1971, studierte in Kiel, Oxford, Harvard und Florenz. Nach verschiedenen beruflichen Stationen, u. a. bei der Europäischen Zentralbank, der Weltbank, dem Peterson Institute for International Economics in Washington, DC, sowie dem Harvard Institute for International Development in Jakarta, Indonesien, ist er heute Präsident des Deutschen Instituts für Wirtschaftsforschung (DIW Berlin) und Professor für Makroökonomie und Finanzen an der Humboldt-Universität Berlin.

Marcel Fratzscher

VERTEILUNGS KAMPF

Warum Deutschland immer ungleicher wird

Mit 72 Schwarzweißabbildungen

Mehr über unsere Autoren und Bücher:
www.piper.de

Ungekürzte Taschenbuchausgabe
ISBN 978-3-492-30972-1
September 2017
© 2016 Carl Hanser Verlag München
© Piper Verlag GmbH, München 2017
Umschlaggestaltung: semper smile, München nach einem Entwurf
von Hauptmann & Kompanie Werbeagentur, Zürich
Satz: Kösel Media GmbH, Krugzell
Druck und Bindung: CPI books GmbH, Leck
Printed in the EU

»*Freedom for the pike is death for the minnows.*«
Isaiah Berlin, *Two Concepts of Liberty*, 1958

»*Das mir vorschwebende Ideal beruht auf der Stärke,*
dass der Einzelne sagen kann:
Ich will mich aus eigener Kraft bewähren,
ich will das Risiko des Lebens selbst tragen,
will für mein Schicksal selbst verantwortlich sein.«
Ludwig Erhard, *Wohlstand für alle*, 1957

Inhalt

Einleitung – Wohlstand für wenige

Das Erhard'sche Ziel »Wohlstand für alle« ist heute nur mehr eine Illusion. Deutschlands soziale Marktwirtschaft, wie wir sie über sieben Jahrzehnte gekannt haben und in der die soziale Sicherung aller Bevölkerungsgruppen gewährleistet war, existiert nicht mehr. In der deutschen Marktwirtschaft wird mit gezinkten Karten gespielt – wirklichen marktwirtschaftlichen Wettbewerb gibt es immer weniger.

Die neue deutsche Marktwirtschaft zeigt ihr wahres Gesicht in einer stark zunehmenden Ungleichheit. In kaum einem Industrieland der Welt sind vor allem Chancen, aber auch zunehmend Vermögen und Einkommen ungleicher verteilt als in Deutschland. Diese Ungleichheit stellt nicht nur ein gesellschaftliches, sondern ein massives wirtschaftliches Problem dar. Sie schwächt unser Wachstum, verhindert mehr Investitionen und bessere Jobs. Dieser Schaden ist eine Realität, die Deutschland vor riesige Herausforderungen stellt.

Deutschland, das Land der Ungleichheit

Deutschland ist heute eines der ungleichsten Länder in der industrialisierten Welt. Warum ist nicht sofort offensichtlich. Die Fakten sind wie Puzzleteile, die auf den ersten Blick nicht zusammenpassen wollen. Als Erstes zeigt sich das »Vermögens-Puzzle«: Deutschland ist ein reiches Land, mit einem Pro-Kopf-Einkommen, das zu den höchsten der ganzen Welt gehört. Und Deutschland ist Sparweltmeister – in kaum einem Industrieland sparen sowohl Bürger als auch Unternehmen einen so hohen Anteil ihres Einkommens. Logisch wäre also, dass die Menschen in Deutschland dank hoher Einkommen und hoher Sparquote auch hohe private Vermögen aufbauen können, um ihren Wohlstand für die Zukunft zu sichern und Vorsorge zu betreiben.

Die Realität sieht jedoch anders aus: Das Vermögen vieler Deutscher ist erheblich niedriger als das ihrer Nachbarn. Es zählt zu den niedrigsten in ganz Europa und ist weniger als halb so groß wie das anderer Europäer. Zum Vermögen zählen Geldvermögen, Finanzanlagen, Immobilien, Wertsachen, Versicherungen und Betriebsvermögen. Ihr Wert ist in den Portfolios vieler deutscher Bürger in den vergangenen 15 Jahren gesunken. Wie passen diese Fakten zusammen? Wie kann es sein, dass in einem Land, das wirtschaftlich so erfolgreich und stark ist, die Menschen über so wenig Vermögen und private Absicherung verfügen? Wie kann es sein, dass die Menschen in Deutschland mehr verdienen und mehr sparen als viele Nachbarn, aber dennoch weniger Vermögen aufbauen?

Gleichzeitig sind die Vermögen höchst ungleich verteilt. In keinem anderen Land der Eurozone ist die Vermögensungleichheit höher. Die ärmere Hälfte unserer Bevölkerung verfügt praktisch über gar kein Nettovermögen. Falls die Menschen Vermögenswerte besitzen, sind Schulden und andere Verpflichtungen mindestens ebenso groß. Bei den ärmsten 20 Prozent sind die Schulden sogar größer als die Vermögenswerte. Diese Bürger sind netto verschuldet. Aber auch an der Spitze der Vermögenspyramide ist Deutschland extremer als seine Nachbarn: In kaum einem Land in Europa besitzen die reichsten 10 Prozent der Bevölkerung größere Vermögenswerte. Die Vermögensungleichheit ist in Deutschland fast genauso groß wie in den USA.

Das zweite Puzzle ist das »Einkommens-Puzzle«. Nicht nur bei den Vermögen, auch bei Löhnen und Einkommen ist das »Soziale« der deutschen Marktwirtschaft in den vergangenen Jahrzehnten in den Hintergrund getreten. Die Schere zwischen hohen und niedrigen Einkommen im Land klafft immer weiter auseinander. Rund die Hälfte der deutschen Arbeitnehmer musste zusehen, wie ihre Löhne in den vergangenen 15 Jahren an Kaufkraft verloren. Den Verlust mussten die Arbeitnehmer mit den niedrigeren Löhnen hinnehmen. Nur die mit den höchsten Löhnen konnten sich über deutliche Zuwächse freuen.

Nicht nur die Kaufkraft ist gesunken, auch die Arbeitseinkommen der meisten Arbeitnehmer sind nur schleppend angestiegen, auch da in Deutschland ungewöhnlich viele Menschen in prekärer Beschäftigung sind oder – oft unfreiwillig – in Teilzeit arbeiten. Deutschland gehört zu den Industrieländern mit der höchsten Ungleichheit der Markteinkommen. Der deutsche Staat versucht, diese hohe Ungleichheit durch Steuern und finanzielle Umverteilung wieder auszugleichen – allerdings nur mit begrenztem Erfolg.

Die Ungleichheit bei Löhnen, Markteinkommen und verfügbaren Einkommen ist in den vergangenen Jahrzehnten deutlich angestiegen. Nach 2005 wurde dieser Anstieg durch die starke Zunahme der Beschäftigung zwar gebremst. Hohe Erträge erzielten in Deutschland aber vor allem solche Bürger, die große Betriebs- oder Finanzvermögen einsetzen konnten. Und so spiegelt sich die steigende Ungleichheit auch in einer starken Zunahme der Armutsquote wider – vor allem ältere und sehr junge Menschen sind zunehmend von Armut bedroht –, wie auch in einer abnehmenden Generationengerechtigkeit. Denn bereits beim Berufseinstieg ist die Ungleichheit der heutigen jüngeren Generationen in Einkommen und Vermögen deutlich höher, als das in der Vergangenheit der Fall war.

Das dritte Puzzle ist das »Mobilitäts-Puzzle«. Menschen mit niedrigem Einkommen und einem geringen Vermögen schaffen es ungewöhnlich selten, sich finanziell deutlich zu verbessern und »sozial aufzusteigen«. Ein ähnliches Beharrungsvermögen findet sich bei den hohen Einkommen und großen Vermögen: Wer es einmal geschafft hat, ein gutes Einkommen und hohes Vermögen zu erreichen, hat in Deutschland viel größere Chancen als in anderen Ländern, diese Position auch beizubehalten. Die Gefahr eines Abstiegs ist viel geringer als im Durchschnitt der OECD-Länder. Am stärksten ausgeprägt ist dieser Stillstand der sozialen Verhältnisse bei den oberen und den unteren 10 Prozent, also beim reichsten und beim ärmsten Zehntel der Bevölkerung. International außergewöhnlich ist auch die starke Wechselwirkung zwischen Einkommen und Vermögen: Die vermögenden Bürger sind auch die mit den hohen Einkommen. Wer hat, dem wird gegeben.

Diese geringe Mobilität wirkt auch über Generationen hinweg: In kaum einem anderen Land beeinflusst die soziale Herkunft das eigene Einkommen so stark wie in Deutschland. In kaum einem anderen Land bleibt Arm so oft Arm und Reich so oft Reich – über Generationen hinweg. Die Hälfte des Einkommens eines Arbeitnehmers in Deutschland wird durch das Einkommen und den Bildungsstand der Eltern bestimmt. Kinder reicher Eltern dürfen also nicht nur auf große Erbschaften oder Schenkungen hoffen, sie haben auch deutlich bessere Chancen, selbst ein überdurchschnittliches Arbeitseinkommen zu erzielen. Kinder aus einkommens- und vermögensschwachen Haushalten schaffen es nur selten, sich deutlich besser zu stellen als die Eltern. Diese bereits geringe Mobilität hat in den vergangenen Jahrzehnten sogar noch abgenommen.

Einer der größten Verlierer dieser Entwicklung ist die deutsche Mittelschicht. Es sind die Menschen in der Mitte der Gesellschaft, deren Jobs in Gefahr sind, deren Löhne schrumpfen, die nur geringe Möglichkeiten haben, Vorsorge zu betreiben und Vermögen aufzubauen. Es sind die Menschen, die bislang das Rückgrat einer jeden Wirtschaft und Gesellschaft bilden – auch unserer.

Die Ungleichheit in Deutschland hat viele Gesichter. Frauen, Bewohner ländlicher Regionen, Ostdeutsche, Migranten, Menschen aus sozial schwachen und bildungsfernen Familien, Alleinerziehende, Alte und Kinder – sie alle sind deutlich schlechter gestellt. Vor allem belastet der deutsche Staat den Faktor Arbeit unverhältnismäßig stärker mit Steuern und Abgaben als den Faktor Kapital – der internationale Vergleich zeigt dies überdeutlich. Deutschland ist schon lange kein Land mehr, das »Wohlstand für alle« bietet. Aus dem »Wohlstand für alle« ist ein »Wohlstand für wenige« geworden.

Ist Ungleichheit ein Problem?

Aus ökonomischer Perspektive ist Ungleichheit in Einkommen oder Vermögen erst einmal weder gut noch schlecht. Viele Menschen empfinden Ungleichheit als einen Mangel an Gerechtigkeit. Andere halten Ungleichheit für ein gerechtes Resultat von über- oder unterdurchschnittlicher Leistung oder schlicht für natürlich gegeben. Jeder Mensch hat ein anderes Verständnis davon, wie eine gerechte Verteilung aussehen sollte.

Dieses Buch beschreibt die Lebensverhältnisse der Menschen bezüglich der Ungleichheit von Einkommen, Vermögen und Chancen, analysiert die Ursachen und Auswirkungen dieser Ungleichheit auf Deutschland, seine Einwohner, seine Wirtschaft und seine Zukunftsaussichten. Viele wissenschaftliche Studien belegen, dass eine gewisse Ungleichheit in Einkommen und Vermögen ein normales und zum Teil auch wünschenswertes Resultat einer Marktwirtschaft ist. Aus einer wirtschaftlichen Perspektive ist dosierte Ungleichheit in dem Maße wünschenswert, in dem sie freie Entscheidungen der Menschen reflektiert. Ein Teil einer jeden Ungleichheit kommt durch Mut und Geschick einiger weniger zustande, die hohe Risiken für sich selbst eingehen, um wirtschaftlich und finanziell Erfolg zu haben. Davon profitieren viele, denn solche Menschen schaffen Beschäftigung und damit auch Wohlstand für viele.

Eine Marktwirtschaft muss Erfolg honorieren, so dass Menschen den Lohn für ihre Mühen ernten können. Dies führt zwar zu einer ungleichen Verteilung von Einkommen und Vermögen, setzt jedoch wichtige Anreize für andere, den gleichen oder einen ähnlichen Weg zu gehen, um somit auch den Wohlstand der gesamten Gesellschaft zu vermehren.

Ungleichheit wird zu einem wirtschaftlichen und gesellschaftlichen Problem, wenn sie nicht mehr die freien Entscheidungen der Bürger widerspiegelt, sondern eine marktwirtschaftliche Ordnung, in der viele Menschen ihre Talente nicht nutzen können und kein fairer Wettbewerb herrscht. In einem solchen Land werden die Produktivität und das Wachstum der Volkswirtschaft geschwächt. Genau dies ist in Deutschland der Fall: Wissenschaftliche Studien belegen, wie stark die Ungleichheit in Einkommen und Vermögen in Deutschland unsere Wirtschaft und ihre Leistungsfähigkeit schädigt. Beschäftigung, Einkommen und Wachstum könnten weit höher sein. Die OECD schätzt, dass durch den Anstieg der Einkommensungleichheit seit den 1990er Jahren die deutsche Wirtschaftsleistung heute um 6 Prozent geringer ist.

Diese Ungleichheit erhöht die Armut. Sie lässt die soziale und politische Teilhabe im Land schwinden und auch die Vorsorge der Menschen. Sie verschlechtert die Gesundheit und dämpft die Lebenszufriedenheit, verstärkt die Abhängigkeit vieler Bürger vom Staat und liefert Zündstoff für zunehmende soziale Konflikte. Keine Demokratie hat das Ziel, allen Menschen gleiche Vermögen, Einkommen und Beschäftigung – also den gleichen Output – zu garantieren. Aber jede Demokratie will Chancengleichheit bieten. Ungleichheit wird dann zum sozialen Problem, wenn sie Chancen und soziale Teilhabe einschränkt. Wenn sie dann noch die politische Teilhabe reduziert, wird sie zur Gefahr für die Demokratie selbst.

Ein zu hohes Maß an und bestimmte Ausformungen von Ungleichheit sind enorm schädlich – sowohl für die Marktwirtschaft als auch für die Gesellschaft. Wenn die Hälfte der Deutschen praktisch auf keinerlei Vermögen zurückgreifen kann, können abgehängte Menschen auch kaum Investitionen in ihre Zukunft tätigen. Sie können wichtige Bildungs- und Berufschancen nicht wahrnehmen, keine effektive Vorsorge für Alter und Krankheit betreiben. Hohe Ungleichheit provoziert einen harten Verteilungskampf innerhalb einer Gesellschaft, der den Wohlstand verkleinert. Dieser Verteilungskampf zeigt sich in vielen Aspekten – beispielsweise in einer übermäßigen Lobbyaktivität, der enormen Bedeutung spezifischer Interessenvertretungen und einer ineffizienten Wirtschaftspolitik. Der Konflikt bindet produktive Kräfte, die dann nicht der Erhöhung des gemeinsamen Wohlstands zur Verfügung stehen. Der Verteilungskampf verunsichert Unternehmen und Bürger, weshalb sie weniger in die Zukunft investieren und die Wachstumsaussichten durch die geringen Investitionen weiter verschlechtern.

Der Verteilungskampf ist kein Nullsummenspiel. Umverteilung verursacht immer auch Kosten, weil sie selten effizient ist und die Verhaltensanreize für die Bürger verändert. Aber eine smarte Umverteilung kann den Wohlstand der gesamten Gesellschaft verbessern, wenn es ihr gelingt, diejenigen Menschen ins Wirtschaftsleben zu integrieren, denen diese Gelegenheit bisher nicht gegeben war.

Deutschlands Problem ist aber nicht, dass der Staat heute nicht genug umverteilt. Er verteilt tendenziell eher zu viel um. Steuern und Abgaben sind außergewöhnlich hoch im internationalen Vergleich. Mehr Umverteilung ist keine Lösung. Im Gegenteil: Der deutsche Staat sollte eher weniger umverteilen, dafür aber die Umverteilung effizienter gestalten, um die wirklich Bedürftigen zu erreichen. Die Verteilungspolitik in Deutschland ist sehr ineffizient und schafft es zu selten, der Gesellschaft und Wirtschaft als Ganzes zu nutzen. Ein großer Teil der Umverteilung heute geschieht im Interesse und zum Nutzen einiger weniger. Viel zu viel wird heute von Bessergestellten zu den gleichen Bessergestellten umverteilt.

Die größte Schwäche und das größte Scheitern der deutschen Politik und Gesellschaft aber ist es, dass wir es nicht schaffen, eine bessere Chancengleichheit für die Menschen zu gewährleisten. Die hohe Ungleichheit der Chancen hindert viele Menschen in Deutschland daran, ihre Fähigkeiten voll zu entwickeln und den größtmöglichen Nutzen aus ihnen zu ziehen – zu ihrem eigenen Wohl und zum Wohl unserer Gesellschaft. In kaum einem Land haben Kinder aus einem sozial schwachen, bildungsfernen, ausländischen und von einem alleinerziehenden Elternteil geprägten Umfeld so schlechte Chancen, ihre Talente zu entwickeln, wie in Deutschland. Fast nirgendwo anders verfügen Frauen über schlechtere Aufstiegschancen im Beruf und werden in der Bezahlung so benachteiligt.

»Wirtschaftliche Freiheit« ist unter solchen Bedingungen nicht viel mehr als eine leere Worthülse und das Privileg einer immer kleineren wirtschaftlichen und sozialen »Elite«. Das Schicksal vieler Deutscher ist bereits im Kindesalter besiegelt. Den schwächsten 40 Prozent der Deutschen wird die Chance genommen, ihr wirtschaftliches Schicksal selbst bestimmen zu können.

Unsere Zukunftsperspektive verschlechtert sich

Die Ungleichheit bei Chancen, Einkommen und Vermögen ist in den vergangenen Jahrzehnten auch global deutlich gestiegen, in Deutschland jedoch deutlich stärker als im Schnitt. Vieles deutet langfristig auf eine Fortsetzung oder sogar Beschleunigung dieses Trends hin. In einigen Bereichen gibt die Globalisierung der Ungleichheit Auftrieb, in anderen ist es die Ungleichheit selbst, die die Grundlage legt für neue Ungleichheit – wie im Bildungsbereich: Die Reichen profitieren von ihren größeren Investitionen. Der Abstand und damit die Ungleichheit in Einkommen, Vermögen und Chancen vergrößern sich. Die weniger Gebildeten verlieren den Zugang zu Jobs, werden ärmer, investieren weniger in Bildung, können schlechter Vorsorge betreiben und Chancen nutzen – die Ungleichheitsspirale gewinnt an Fahrt. Die Ungleichheit wird weiter steigen, mit all ihren negativen Konsequenzen für Wirtschaft und Gesellschaft – wenn die Politik nicht sehr bald eine Kehrtwende vollzieht, das Problem erkennt und wirtschaftspolitische und gesellschaftspolitische Maßnahmen ergreift, um diesem Trend entgegenzuwirken.

Der Prozess der Globalisierung wird voranschreiten. Einige glauben an seine Verlangsamung, da die Wirtschaft bereits in so vielen Bereichen grundlegend global geworden ist. Aber es sprechen viele Gründe für eine weitere Beschleunigung. Mit der Digitalisierung und einer Informations- und Kommunikationstechnologie, die für geringe Kosten immer mehr Menschen immer schneller verbindet, spricht vieles für ein schnelleres und engeres Zusammenwachsen der Weltwirtschaft. Diese Globalisierung mag nicht mehr in erster Linie auf den Handel von Gütern fokussiert sein. Aber der globale Handel und Austausch in fast allen Dienstleistungsbereichen werden sich beschleunigen und immer mehr auch riesige Länder wie China und Indien in die globalen Märkte integrieren.

Gerade für Deutschland sind die Chancen, aber auch die Risiken der Globalisierung enorm. Deutschland ist eine der offensten Volkswirtschaften weltweit. Kaum ein Land hat so stark von der Öffnung Chinas und anderer Schwellenländer profitiert. Dies bedeutet jedoch auch, dass ein Verlust der Wettbewerbsfähigkeit vor allem die schwächsten deutschen Arbeitnehmer teuer zu stehen kommen könnte. Deutsche Unternehmen stehen in immer stärkerem Wettbewerb nicht nur mit Unternehmen in Industrieländern, sondern vor allem in Ländern wie China, dessen Bildungssystem sich deutlich verbessert hat, das über eine hohe Innovationsfähigkeit verfügt und letztlich auf viele Marktsegmente drängt, in denen deutsche Unternehmen heute (noch) führend sind.

Die zunehmende Globalisierung wird jedoch weiterhin vor allem den Menschen mit hohen und ausgesuchten Qualifikationen zugutekommen. Der Anstieg der prekären Beschäftigung wird sich wohl weiter fortsetzen. Die Natur der Arbeit ändert sich stark und erfordert immer mehr Flexibilität, was gerade den Menschen mit guten Qualifikationen helfen wird. Politikmaßnahmen, wie die Einführung eines Mindestlohns, zielen auf die Symptome dieses Phänomens ab, können die Ursachen der steigenden Ungleichheit jedoch nicht aufhalten, schon gar nicht beheben. Vor allem die Jobs der Mittelschicht sind von dieser Entwicklung bedroht und werden immer stärker unter Druck kommen. Eine weitere Schwächung der Mittelschicht wird daher alle drei beschriebenen Dimensionen der Ungleichheit weiter verstärken.

Thomas Pikettys wichtigste These, dass die Rendite auf Kapital langfristig stärker steigt als die auf den Faktor Arbeit, bedeutet eine Zunahme der Ungleichheit in Einkommen und Vermögen. Dieser Prozess wird zumindest aus zwei Gründen vor allem Deutschland deutlich härter treffen als andere Länder. Zum einen weil die Vermögensverteilung in Deutschland so ungleich ist, fast die Hälfte der Deutschen über praktisch kein Nettovermögen verfügt und somit nicht von einer hohen Rendite auf Vermögen profitieren kann. Der zweite Grund ist die in Deutschland so geringe Chancengleichheit und damit die hohe Abhängigkeit von Einkommen und Vermögen. In einer Gesellschaft, in der die Menschen mit den höchsten Vermögen auch die größten Einkommen erzielen, haben diejenigen mit wenig Einkommen und Vermögen praktisch keine Chance, mitzuhalten oder gar aufzuholen – besonders wenn sich Vermögen über Generationen in denselben Familien konzentriert und gesellschaftliche Gruppen zementiert.

Deutschlands Flüchtlingskrise als Verteilungskampf

Teile der deutschen Gesellschaft fühlen sich heute schon von positiven Wirtschafts- und Wohlstandsentwicklungen abgehängt. Und die Abstiegsangst vieler Menschen steigt angesichts der riesigen Zahl von Flüchtlingen, die bei uns Schutz und Hilfe suchen.

Allein im Jahr 2015 kamen weit mehr als eine Million Flüchtlinge nach Deutschland. Viele Menschen im Land sorgen sich, dass sie selbst kürzer treten müssen, wenn den Flüchtlingen geholfen wird, und dass wir es »nicht schaffen können«, die finanziellen, organisatorischen und gesellschaftlichen Belastungen zu stemmen – zumindest nicht ohne auf staatliche Leistungen zu verzichten, Steuern zu erhöhen und möglicherweise geringere Löhne und Einkommen hinzunehmen. Sie haben Angst vor einer weiteren Eskalation des Verteilungskampfes.

In Wirklichkeit tobt der Verteilungskampf jedoch nicht zwischen Flüchtlingen und Menschen, die bereits in Deutschland leben. Sondern zwischen verschiedenen gesellschaftlichen Gruppen, zwischen gut und weniger gut Ausgebildeten und vor allem zwischen Arm und Reich. Dieser Kampf muss sich durch die Flüchtlinge, die zu uns kommen, nicht verschärfen. Große Teile der Wirtschaft etwa werden von der Flüchtlingsmigration langfristig profitieren, denn es stehen mehr qualifizierte als gering qualifizierte Arbeitskräfte zu Verfügung. Sie können sowohl die Produktivität als auch die Nachfrage erhöhen und letztlich das Wirtschaftswachstum und den Wohlstand aller Menschen im Land verbessern, nicht nur ihren eigenen. Das geht aber nur, wenn die Integration erfolgreich gestaltet wird.

Wie schnell und gut dies gelingt, hängt in erster Linie von der Frage ab, wie schnell und gut die Flüchtlinge Arbeit finden. Damit dies schnell gelingt und alle profitieren können, benötigen wir paradoxerweise kurzfristig deutlich höhere Ausgaben. Denn die meisten Flüchtlinge sind jung und benötigen eine Schulbildung, eine Ausbildung oder konkrete berufliche Qualifikationen. Solche Ausgaben sind jedoch höchst lohnende Investitionen, genauso wie Ausgaben für Schulen Investitionen sowohl in die Zukunft unserer Kinder sind als auch in unsere eigene.

Ein Teil der Politik und der Medien inszeniert nun einen Verteilungskampf zwischen der »Altbevölkerung« und den »Flüchtlingen«, nach dem Motto: Wir haben kein Geld, um unser Bildungssystem oder unsere Infrastruktur zu verbessern, weil wir Flüchtlinge versorgen müssen. Wahr ist jedoch: Die Schwächen in unserem Bildungssystem und unserer Infrastruktur haben mit den Flüchtlingen nichts zu tun. Denn diese Schwächen haben wir schon seit vielen Jahren.

Der Philosoph Karl Popper hat die Bedeutung und auch wirtschaftlichen Stärken einer offenen Gesellschaft, die Wert auf kulturellen Pluralismus legt und sich für andere Menschen öffnet, betont: »Wenn wir menschlich bleiben wollen, dann gibt es nur einen Weg, den Weg in die offene Gesellschaft ... in das Ungewisse, das Unbekannte und das Unsichere.«

In der Geschichte der Bundesrepublik Deutschland gab es wohl nie einen günstigeren Zeitpunkt als heute, um die Herausforderungen der Flüchtlingszuwanderung erfolgreich zu meistern. Die Arbeitslosigkeit hat ein Rekordtief erreicht. Niemals lag sie in den vergangenen drei Jahrzehnten niedriger. Der Wirtschaft fehlen qualifizierte und weniger qualifizierte Arbeitskräfte – es gibt heute knapp eine Million offene Stellen in Deutschland – und dieses Problem wird durch den demographischen Wandel in Zukunft noch deutlich verschärft werden. Der Staat hat ausreichend Überschüsse, um die erforderlichen Ausgaben kurzfristig zu stemmen. Gerade deshalb ist der entbrannte Verteilungskampf durch die Flüchtlingsmigration nicht nur unnötig, sondern kontraproduktiv.

Die Aufgabe der Politik

Aber auch ohne die Flüchtlingskrise wird der Verteilungskampf in Deutschland in den kommenden Jahren und Jahrzehnten zunehmen. Dieser Verteilungskampf verstärkt sich schon heute durch eine Wirtschaftspolitik, die immer stärker darauf ausgerichtet ist, Einkommen, Vermögen und Privilegien den einflussreichsten gesellschaftlichen Gruppen zuzuteilen, ohne das langfristige Interesse der Gesellschaft als Ganzes zu wahren. Je kleiner der

Kuchen wird, der zu verteilen ist, desto größer der Kampf, die eigenen Interessen und Anteile zu verteidigen. Und je stärker die Stimme und der Einfluss der wirtschaftlich Inaktiven, beispielsweise Menschen im Rentenalter, desto weniger leistungsbereit und leistungsfähig werden die Arbeitnehmer und Arbeitgeber. Liefe die Entwicklung so weiter, wäre das Resultat am Ende mit hoher Wahrscheinlichkeit weniger Leistungsfähigkeit und weniger Wohlstand für Deutschland und seine Menschen.

Die Ungleichheit – das zeigt dieses Buch – hat in Deutschland bereits heute ein Maß angenommen, das gesellschaftlichen, wirtschaftlichen und finanziellen Schaden anrichtet. Dieser Schaden betrifft nicht »nur« die mit den geringsten Einkommen, Vermögen und Chancen, er verursacht Kosten, die alle tragen müssen. Wenn Menschen nicht die Chance haben, ihre Fähigkeiten und Talente zu entwickeln und einzubringen, entgeht dem ganzen Land ihr hohes Potenzial für die Wirtschaft und für die Gesellschaft. Steigt die Chancengleichheit, so profitiert nicht nur der Mensch, der seine Fähigkeit nutzen kann. Es profitieren auch die Unternehmen und alle anderen Bürger, denn höhere Chancengleichheit schafft besser qualifizierte und motiviertere Arbeitnehmer, erhöht die Mobilität der Arbeitnehmer und die Kaufkraft der Konsumenten, sie verbessert die internationale Wettbewerbsfähigkeit der Unternehmen und sichert das Funktionieren der Gesellschaft und Demokratie.

Das führt zu zwei zentralen Schlussfolgerungen. Die erste: Ein Bekämpfen der Ungleichheit und ihrer Auswirkungen liegt im Interesse aller, nicht nur einiger weniger. Solange wir alle, aber insbesondere die Politik, die Erkenntnis nicht so sehr verinnerlicht haben, dass aus ihr Taten resultieren, wird der Verteilungskampf in Deutschland sich weiter intensivieren und immer größeren Schaden für Gesellschaft und Wirtschaft anrichten.

Zweitens: Die fehlende Chancengleichheit ist Deutschlands größtes Problem. Es ist höchst ineffizient und kontraproduktiv, Menschen ihrer Chancen und Möglichkeiten zu berauben, damit der Staat dann über Steuern und Sozialleistungen versucht, einen Teil dieses durch den Raub entstandenen Schadens wieder auszugleichen. Und: Freiheit hat keinen finanziellen Preis. Keine Leistung des Staates kann eine fehlende Chancengleichheit kompensieren.

Statt wie so oft in der Ungleichheitsdebatte unser Augenmerk auf eine höhere Umverteilung über Steuern und Sozialleistungen zu legen, benötigen wir in Deutschland ein fundamentales Umdenken: eine Kehrtwende, bei der die Anstrengungen darauf abzielen, die Chancenungleichheit zu minimieren und die Chancen zu maximieren. Dies würde zu weniger Ungleichheit bei Vermögen und Einkommen führen. Die Markteinkommen würden steigen, einige staatliche Interventionen würden überflüssig. Es würde langfristig den Staat kleiner, effizienter und fokussierter machen. Gleichzeitig würde dieser Staat seine Verantwortung vor allem gegenüber den Schwächsten gerechter werden. Und es würde den Kuchen für alle größer machen: Das Wirtschaftswachstum würde steigen und damit auch der Wohlstand – dann aber wieder für alle und nicht nur für wenige.

Das Buch diskutiert unterschiedliche Bereiche der Wirtschaftspolitik und analysiert, welche der existierenden politischen Maßnahmen sinnvoll und welche schädlich sind. Viele der Maßnahmen sind höchst ineffizient und führen zu keiner echten Umverteilung. Sie erfüllen lediglich ein verqueres Verständnis von der Rolle, die ein Staat spielen sollte. Ein viel stärkeres Augenmerk muss auf Maßnahmen gelegt werden, die Menschen Freiheit geben, ihre Talente zu entwickeln und Chancen zu nutzen. Der Grundstein hierfür wird in den ersten Lebensjahren gelegt. Viel mehr Gewicht und Anstrengungen müssen deshalb auf die Förderung und Bildung im frühkindlichen und Primärbereich gelegt werden. Aber auch die Gleichstellung von Mann und Frau muss weiter vorangetrieben werden. Nicht, weil es verschiedenen Ideologien zufolge das Richtige ist. Sondern, weil alle profitieren.

Deutschland steht an einem Wendepunkt. In einer immer globaleren Welt werden wir unsere führende Position und unseren Wohlstand nur dann behaupten können, wenn wir unser allerwichtigstes Kapital pflegen und hegen, und dies sind die Menschen. Nur wenn die Politik die Herausforderung annimmt, eine höhere Chancengleichheit zu schaffen, wird Deutschland seinen Wohlstand auch für seine Kinder und Enkelkinder bewahren können. Nur dann kann aus dem »Wohlstand für wenige« wieder ein »Wohlstand für alle« werden und vor allem auch »mehr Wohlstand«. Dass wir als Gesellschaft daran scheitern, ist ein Problem. Für uns alle.

Zwei deutsche Schicksale

Das Buch soll mit der fiktiven Geschichte von Lena und Paul beginnen. Ihr Lebensweg zeigt, wie unterschiedlich sich zwei Menschen mit den praktisch gleichen Voraussetzungen, der gleichen Intelligenz und den gleichen Talenten entwickeln – in Bezug auf Bildung, soziale Integration, Berufswahl, Karrierechancen, Familiengründung, Gesundheit, Wohlergehen und Absicherung im Alter. Und wie wenig dabei von ihren persönlichen Entscheidungen, ihrem Verhalten, ihrem Fleiß oder ihrem Ehrgeiz abhängt, sondern von Weichen, die schon lange vor ihrer Geburt und in den ersten Jahren ihres Lebens gestellt wurden, vor allem von Staat und Gesellschaft.

Beide Kinder sind fünf Jahre alt und haben deutsche Wurzeln, genauso wie ihre Eltern. Lena könnte auch Fatima heißen, einen Migrationshintergrund haben und damit auf ihrem Weg noch deutlichere Nachteile erfahren. Oder sie könnte auf den Namen Chantal hören, der oft einem sozialen Stigma gleichkommt. Oder sie hätte in zerrüttete Familienverhältnisse hineingeboren worden sein können, was sie weitere Entwicklungschancen gekostet hätte. Die Wahl ist jedoch bewusst auf zwei Kinder gefallen, die das Glück haben, in intakte Familienverhältnisse geboren worden zu sein, in denen sie beide gleich willkommen und gewünscht sind. Von ihren genetischen Voraussetzungen, ihren kognitiven Fähigkeiten her könnten sie praktisch Zwillinge sein. Beide Kinder sind überdurchschnittlich intelligent und talentiert.

Aber damit hören die Gemeinsamkeiten auch auf. Lenas Eltern haben beide einen Hauptschulabschluss. Lenas Vater hat eine

Lehre als Schlosser gemacht und arbeitet zumeist auf befristeten Stellen für kleinere Unternehmen, die wenig Sicherheit bieten. Er muss oft den Arbeitgeber wechseln, manchmal den Beruf und ist immer wieder arbeitslos. Lenas Mutter arbeitet in Teilzeit als Aushilfe in einem Lebensmittelgeschäft, um das Einkommen der Familie aufzubessern. Das Nettoeinkommen der Familie beträgt in Zeiten, in denen beide Eltern einen Job haben, 1800 € im Monat, inklusive staatlicher Transferleistungen. Damit zählen sie zu den 20 einkommensärmsten Prozent der Deutschen. Mit einem so geringen Budget kann die Familie kaum sparen und somit auch kein Vermögen aufbauen. Sie lebt zur Miete. Das einzige Nettovermögen sind ein Auto und eine kleine Spareinlage. Sie sind zusammen 10 000 € wert.

Pauls Eltern haben beide einen Universitätsabschluss. Sein Vater arbeitet als Beamter in einer staatlichen Behörde und seine Mutter als Juristin in Teilzeit für ein privates Unternehmen. Ein sehr ähnliches Familienmodell wie bei Lena also – kein ungewöhnliches, es ist das heute in Deutschland typische. Finanziell ist Pauls Familie sehr gut aufgestellt. Nicht nur haben beide Eltern unbefristete Arbeitsverträge und sind gegen Arbeitslosigkeit, Krankheit und fürs Alter gut abgesichert. Beide Eltern werden während ihres Berufslebens nur zweimal ihren Arbeitgeber wechseln und nie von Arbeitslosigkeit betroffen sein. Ihr monatliches Nettoeinkommen beträgt knapp 7000 €. Die Familie konnte ein Nettovermögen von über 150 000 € aufbauen. Zum Besitz zählen eine Eigentumswohnung und ein Finanzportfolio mit Aktien und anderen Anlagen. Paul wird später erben.

Aber nicht nur der familiäre Hintergrund der beiden Kinder ist verschieden. Auch ihr Umfeld sieht grundlegend anders aus und ebenso die staatlichen Leistungen und die Unterstützung, die beide Familien erhalten. Lenas Familie lebt in einer Nachbarschaft, in der die meisten Familien ein niedriges Pro-Kopf-Einkommen haben und auch die Infrastruktur deutlich schlechter ist. Pauls Kita ist viel schicker. Sie hat einen großen Garten, ein

Betreuer ist für deutlich weniger Kinder zuständig, sie macht mit beim Förderprogramm »Haus der kleinen Forscher«. Da die Eltern einen Zusatzbeitrag bezahlen, gibt es auch Musik- und Englischunterricht, Ausflüge, Schwimmunterricht und eine Kita-Reise. In Lenas Kita bröckelt die Farbe von der Wand, es sind ständig zu wenig Betreuer da, und wegen der knappen Mittel schafft das Personal nur das Pflichtprogramm. Seit einiger Zeit bietet der Staat allen Eltern ein Betreuungsgeld von 150 € pro Monat, wenn sie ihr Kind zu Hause betreuen, also keinen Kitaplatz in Anspruch nehmen – auch wenn das Bundesverfassungsgericht die Form dieser Leistung 2015 für verfassungswidrig erklärte. Für Lenas Eltern war das viel Geld und die Betreuung in der Kita nur mäßig, so dass Lena erst mit vier Jahren in den Kindergarten gekommen ist. Paul hingegen war bereits mit zwei Jahren in der Kita.

Zudem wohnt Lena in einer Nachbarschaft, die als sozialer Brennpunkt gilt und in der die soziale Integration sehr viel schwieriger fällt als in Pauls Nachbarschaft. In Pauls Wohngegend gibt es viele Spielplätze, schöne Cafés, eine Stadtteilbibliothek, Sportplätze, Parks und eine gute Verkehrsanbindung. Auf dem einzigen Spielplatz vor Lenas Wohnblock sind die Spielgeräte kaputt, der Sandkasten ist voller Scherben. Wenn sie und ihre Mutter ein Buch ausleihen wollen, müssen sie mit dem Bus fahren und zwei Mal umsteigen. Ein Freibad gibt es in ihrem Stadtteil nicht. Auch kein Kindertheater, keine Sternwarte und kein Eltern-Kind-Café. Paul geht nachmittags zur musikalischen Früherziehung, zum Kinderturnen und in eine englischsprachige Spielgruppe. Weil seine Mutter findet, dass er in seiner körperlichen Entwicklung etwas hinterher ist, geht sie einmal im Monat mit ihm zur Osteopathin.

Rund 250 € geben Pauls Eltern jeden Monat für seine Freizeitaktivitäten und seine Förderung aus. Lenas Eltern hingegen können sich das nicht leisten. Lena kann nur wenig soziale oder kulturelle Angebote über das hinaus wahrnehmen, was im Kindergarten angeboten wird. Im Sommer versucht ihre Mutter, sie

im Ferienprogramm der Stadt und der Kirchengemeinde unter-
zubringen. Pauls Familie fährt drei Mal im Jahr in den Urlaub,
Lenas macht Ferien zu Hause.

So verfügen Lena und Paul bereits im Alter von fünf Jahren,
trotz nahezu identischer genetischer Voraussetzungen, über sehr
unterschiedliche kognitive wie nicht-kognitive Fähigkeiten –
etwa Motivation und soziale Kompetenz. In diesem niedrigen
Alter – mit fünf Jahren – ist ein großer Teil des Lebensweges beider Kinder bereits vorgezeichnet. Die Fähigkeiten, über die sie zu
diesem Zeitpunkt verfügen, werden in ihrem restlichen Leben
großen Einfluss auf ihre Lernfähigkeit, besonders im mathemati-
schen oder naturwissenschaftlichen Bereich, ausüben.

Diese Unterschiede in den Fähigkeiten und in der Entwicklung
beider Kinder verstärken sich mit jedem weiteren Lebensjahr. Bei
der Einschulung kann Paul schon das ABC, gut zählen und auch
ein bisschen rechnen. Seine Sozialkompetenz ist hoch, seine
Sprachfähigkeiten sehr ausgeprägt. Er kann sich voll auf die Lern-
inhalte konzentrieren. Lena muss das Lernen erst noch lernen.
Auch die Anpassung an die neue Gruppe ist für sie schwieriger,
neben dem Unterrichtsstoff gibt es viele andere Dinge, an die sie
sich gewöhnen muss. Von ihrer Schule erhält sie nur begrenzte
Unterstützung, diese Nachteile aufzuholen, denn dort zählt sie
zu den besseren Schülern. Viele andere Kinder haben noch größeren Förderbedarf. Auch ihre Eltern haben nur begrenzte Möglichkeiten, ihr zu helfen.

Im Alter von zehn Jahren dann steht eine der wichtigsten Entscheidungen für beide Kinder an: der Wechsel auf die weiterführende Schule. Lenas Lehrer hat ihre Fähigkeiten und ihr unausge-
schöpftes Potenzial sehr wohl erkannt. Auf Grundlage der etwas
späteren Entwicklung und der sozial schwächeren Herkunft emp-
fiehlt die Schule Lenas Eltern – wie den Eltern von Lenas besten
Freundinnen – den Wechsel des Kindes auf eine Realschule. Auch
Lenas Eltern haben ihr Potenzial erkannt, bestehen jedoch nicht
auf einen Wechsel aufs Gymnasium, obwohl Lena das Abitur

schaffen könnte. Paul dagegen wechselt auf das Gymnasium. In der Bildungskarriere der meisten Menschen ist dieser Schulwechsel der entscheidende Schritt, so auch für Lena und Paul.

Die fehlende Förderung und der Schulwechsel auf eine niedrigere weiterführende Schule sind nur zwei der Bildungsbarrieren, denen Lena in ihrem Leben begegnen wird. Für individuelle Förderung ist an Lenas »klassischer« Realschule wenig Zeit. Vor allem nachmittags wäre Lena besser in einer Ganztagsschule aufgehoben, in der sie sich dank einer individuelleren Förderung beispielsweise bei Hausaufgaben oder beim Lernen besser entwickeln könnte. Zu Hause versuchen ihre Eltern, ihr zu helfen, sind aber in Betreuung weniger geschult und mit dem Lerninhalt nicht vertraut. So nehmen die Leistungsunterschiede zwischen Paul und Lena in ihrer Jugend weiter zu.

Die Lehrpläne von Gymnasium und Realschule sind so unterschiedlich, dass auch nach Abschluss der mittleren Reife die Lehrer und Eltern Lena empfehlen werden, nicht den Sprung aufs Gymnasium zu wagen, sondern eine Lehre zu beginnen. Lena macht eine Lehre als Bürokauffrau und beginnt ihre Berufstätigkeit in einem mittelständischen Unternehmen. Paul dagegen schließt, nachdem er ein halbes Schuljahr in England verbracht hat, das Gymnasium ab, folgt nach einem sozialen Jahr dem Beispiel seiner Eltern und beginnt ein Universitätsstudium. Nach einem durch die Eltern und durch den deutschen Staat unterstützten Auslandssemester im Erasmus-Programm schließt er sein Studium mit 25 Jahren mit einem Master ab. Ähnlich wie sein Vater beginnt er eine Karriere im öffentlichen Dienst. Ihn locken gute Bezahlung, hohe Sicherheit und Stabilität.

Die Unterschiede zwischen Lena und Paul verstärken sich im Laufe ihres Berufslebens weiter. Paul macht auch dank eines starken sozialen Netzwerks, der vielen Kollegen mit einem ähnlichen sozialen und Bildungshintergrund, erfolgreich Karriere. Er tritt in Meetings selbstbewusst auf, lässt sich weder von neuen Aufgaben noch von einflussreichen Geschäftspartnern einschüchtern und traut sich Verantwortung zu. Er heiratet eine Akademikerin, gründet mit Anfang 30 eine Familie und folgt einem Karrierepfad, der dem seines Vaters sehr ähnlich ist. Auch seine Familie wird ein monatliches Nettoeinkommen von anfänglich 7000 € haben. Zur Hochzeit bekommt Paul eine größere Geldsumme von seinen Eltern geschenkt, später schießen sie der jungen Familie etwas zur Eigentumswohnung hinzu – alles in allem sind es 100 000 €, die Pauls Eltern ihm steuerfrei schenken können. Auch die Eltern seiner Frau steuern etwas bei. Beide können mit einem nicht fürstlichen, aber doch stattlichen Erbe rechnen. Lena dagegen wird kein solches Erbe und auch keine Schenkung erhalten. Die Einkommensunterschiede steigen weiter. Während Paul keine Miete zahlt, einen soliden Wohlstand genießt und diesen stetig weiter ausbauen kann, muss Lena von ihrem deutlich kleineren Gehalt rund 35 Prozent für ihre Miete aufwenden. Sie konnte bislang kein Vermögen aufbauen und wird dies auch nie schaffen.

Sie gründet mit 25 eine Familie, mit einem Partner, der einen ähnlichen sozialen und Bildungshintergrund hat wie sie. Sie ist genauso motiviert und engagiert in ihrem Beruf wie Paul, aber ihre Karrierechancen sind deutlich schlechter. Ihre Chefs sind alle Männer, und die männlichen Kollegen, die mit ihr angefangen haben, werden schneller befördert als sie. Die männlichen Kollegen verdienen rund ein Viertel mehr, selbst wenn sie ähnliche Qualifikationen und Aufgaben haben. Nach ihrer Elternzeit hat sie große Schwierigkeiten beim Wiedereinstieg in den Beruf. Sie kann wegen ihrer beiden Kinder weniger Überstunden machen, keine Dienstreisen unternehmen. Sie entscheidet sich für eine Halbtagsstelle, weil sie für ihre erste Tochter einen Platz in einem Hort bekommt, der sie kaum fördert, da zu wenige Betreuer sich mit zu wenig Ressourcen um zu viele Kinder kümmern müssen. Damit wird Lena von ihrem Chef bei den spannenden und großen Projekten nicht mehr eingeplant. Auf Fortbildungen schickt er eher die Vollzeit arbeitenden Kollegen. Um jetzt auf der Karriereleiter nach oben zu klettern, würde sie bessere formale Qualifikationen und Zertifizierungen benötigen. Die sind für sie jedoch sowohl finanziell als auch zeitlich zu aufwendig und daher nicht möglich.

Die Unterschiede in den Lebenswegen von Lena und Paul beschränken sich nicht nur auf den Beruf und die Karriere. Auch in ihrer Gesundheit, ihrer Lebenserwartung, ihrer Absicherung und Vorsorge im Alter und ihrer sozialen und politischen Teilhabe werden sie während ihres gesamten Lebens anders gestellt sein. Obwohl Frauen generell eine fast acht Jahre längere Lebenserwartung haben als Männer, werden der soziale Hintergrund und die Unterschiede in der gesundheitlichen Versorgung dazu führen, dass Lena während ihres Lebens mehr gesundheitliche Probleme hat und auch früher stirbt als Paul.

Lena und Paul sind fiktive Personen. In der Wirklichkeit aber existieren heute in Deutschland unzählige Menschen wie sie. Die beiden stehen exemplarisch für die Unterschiede der Chancen – in Bildung, Beruf und in allen anderen Aspekten – von Menschen in Deutschland, die bei Geburt häufig ähnliche genetische Voraussetzungen, aber im Lebensverlauf höchst unterschiedliche Chancen haben. Ein Teil der Unterschiede ist das Resultat von Entscheidungen des Individuums selbst oder seiner Eltern.

Ein anderer Teil der Chancenungleichheit liegt in den unterschiedlichen Leistungen und Möglichkeiten, die der Staat seinen Bürgern bietet. In vielen Fällen gibt es Überschneidungen dieser beiden Verantwortungsbereiche. Wo beginnt die Verantwortung des Staates und wo hört sie auf? Der deutsche Staat verpflichtet z.B. Eltern, ihre Kinder in die Schule, nicht jedoch in den Kindergarten oder in die Kita zu schicken, selbst wenn dies für diese von großem Vorteil wäre.

Individuelle Freiheiten sind tief in unserer Demokratie verankert. Der Philosoph Isaiah Berlin hat unterschieden zwischen positiver Freiheit – der Möglichkeit, Entscheidungen zu treffen und Ziele zu verfolgen – und negativer Freiheit – der Abwesenheit von Barrieren, diese Ziele verfolgen zu können. Beide sind für ihn Grundvoraussetzungen für eine funktionierende Demokratie. Unstrittig ist sicher, dass der Staat die positive Freiheit mit gesetzlichem Rahmen regeln, aber darüber hinaus so wenig wie möglich einschränken sollte. Aber wie ist es um die Beseitigung der Barrieren bestellt, die Lena beispielhaft für so viele in ihrem Leben erfährt? Wie weit darf der Staat gehen, um solche Barrieren zu beseitigen und auch die fehlenden Möglichkeiten mancher Eltern zu kompensieren, ohne die Freiheiten Einzelner einzuschränken? Wie weit darf er gehen, um den Menschen Anreize zu geben, ihre Chancen zu nutzen und zu entwickeln? Und wie weit muss er gehen, um solche Barrieren zu beseitigen um aktiv die Chancen für seine Bürger etwas gleicher zu verteilen?

Sicherlich ist es unstrittig, dass der Staat jedem Menschen nicht nur die gleichen Rechte gibt, sondern jeden auch in gleicher Weise dabei unterstützen sollte, seine Fähigkeiten zu entwickeln und Chancen wahrzunehmen. Aber tut er das in Deutschland auch? Die Fakten zeigen deutlich: Nein, er tut es nicht. Die Ungleichheit ist hierzulande in vielen Bereichen hoch. Auch – und das ist besonders gravierend – im Bereich Chancenungleichheit. Ungleichheit, so meinen manche Experten, sei kein Problem. Sie sorge für Wettbewerb, setze Anreize für mehr Leistung, sei teilweise politisch gewollt. Die Ungerechtigkeitsdebatte sei unbegründet, drehe sich um nicht vorhandene Probleme. Steigt man jedoch tiefer in die Analyse ein und betrachtet das Phänomen in all seinen Facetten, dann zeigt sich, dass es sich keineswegs um eine Phantomdebatte handelt. Die große Ungleichheit in Deutschland schadet nicht nur Lena, sondern auch Paul, sie schadet uns allen.

Wenn Lenas Bildungs- und Berufsweg Pauls ähnlicher wäre – die Barrieren niedriger, die Ungleichheit also kleiner, die Chancengleichheit höher –, hätte niemand etwas verloren. Würde Lena ihr Potenzial ausschöpfen, wäre sie nicht nur zufriedener, sondern ihr Einkommen wäre höher, ihre Arbeit produktiver, sie könnte mehr zum Wirtschaftswachstum beitragen und mehr Steuern zahlen. Auf der Makroebene bedeutet das kurz gesagt: Gäbe es mehr Pauls und weniger Lenas, wäre Deutschland für den internationalen Wettbewerb in Gegenwart und Zukunft besser gerüstet.

Dafür müsste man Pauls Familie nichts wegnehmen, sie nicht mit höheren Steuern belegen, ihnen nicht einen größeren Teil des Familienerbes entziehen oder mehr von Pauls zu Lenas Familie umverteilen. Im Gegenteil: Wenn Lena ihre Fähigkeiten ausschöpfen könnte, würde sie weniger staatliche Leistungen und Transfers in Anspruch nehmen müssen. Der Staat müsste somit weniger umverteilen und würde damit auch Pauls Familie finanziell entlasten. Von seinem Einkommen und Vermögen würde Paul weiterhin finanzielle Vorteile genießen, die Lena als Anreiz dienen könnten, sich anzustrengen und selbst ein eigenes Vermögen aufzubauen. Aber sie hätte auch eine realistische Chance, dem Anreiz zu folgen. Klingt einfach. Und das ist es im Grunde auch.

Der Staat müsste in diesem Fall keine größere Rolle besetzen, insgesamt nicht mehr Geld ausgeben. Denn wenn er die Chancengleichheit verbessert und Bürger ihr eigenes Schicksal stärker bestimmen können, dann müsste er weniger Ausgaben tätigen und könnte sich aus einigen Bereichen zurückziehen. Zum Beispiel dort, wo er ineffizient umverteilt, gegenläufige Anreize setzt und einigen Menschen etwas nimmt, um es anderen zu geben, denen es finanziell ähnlich gut geht. Um weniger Lena-Karrieren und mehr Paul-Karrieren zu ermöglichen, darf er Menschen nicht stärker bevormunden, ihnen nicht mehr Entscheidungen abnehmen oder ein stärkeres Auffangnetz spannen. Aber er muss dafür sorgen, dass seine größte Stärke, seine Bürger, ihre Potenziale und Talente ausschöpfen können.

»Wohlstand für alle« wird immer ein Ideal bleiben. Aber als Gesellschaft scheitern wir heute daran, dieses Ideal auch nur zu verfolgen. Immer mehr Bürger sind immer stärker in ihrer Freiheit eingeschränkt, ihre Fähigkeiten zu nutzen und durch ihre Entscheidungen ihren eigenen Lebensweg zu beeinflussen. Mehr Wirtschaftswachstum, ein schlankerer Staat, eine bessere funktionierende Gesellschaft und Demokratie, mehr Wohlstand – all dies könnten wir erreichen durch mehr Chancengleichheit. Das zeigt dieses Buch.

I. REICHES ARMES DEUTSCHLAND

»Ich vertraue der privaten Initiative und glaube,
dass sie die stärkste Kraft ist,
um aus den jeweiligen Gegebenheiten
den höchsten Effekt herauszuholen.«
Ludwig Erhard, *Wohlstand für alle*, 1957

Deutschland hat sich großen Wohlstand erarbeitet. Der Großteil der Menschen lebt gut und abgesichert. Arbeitslosen und Mittellosen wird geholfen. Die Reichen unterstützen über ihre Steuergelder die Bedürftigen. Eigentum verpflichtet. Die Bürger können frei leben und sich entfalten. Die Arbeitslosigkeit ist gering. Wer sich anstrengt, findet einen Job, und wer einen Job findet, der kann es meist auch zu zumindest bescheidenem Wohlstand bringen. In Deutschland lebt es sich besser als in vielen anderen Staaten, denn die Lebensverhältnisse im Land sind gleicher und gerechter. Deutschland kümmert sich vor allem um die Schwächsten und gibt allen eine Chance.

So nehmen viele Menschen Deutschland wahr. Die Fakten sprechen jedoch eine andere Sprache. Deutschland ist aus vielen Perspektiven das ungleichste Land Europas. Ich habe es schon geschrieben, wiederhole es aber bewusst, denn es ist das Leitmotiv dieses Buchs, sein Mantra: Fast nirgendwo anders in Europa sind Einkommen, Vermögen und Chancen ungleicher zwischen den Einwohnern verteilt als in Deutschland. Nirgendwo werden die persönlichen Entwicklungschancen so sehr von der Herkunft bestimmt. Nirgendwo schaffen weniger Kinder den sozialen Aufstieg. Nirgendwo gehen weniger Arbeiterkinder zur Universität. Nirgendwo verbleibt Reichtum so oft über Generationen hinweg in denselben Familien. Nirgendwo bleibt Arm so oft Arm und Reich so oft Reich.

Warum das so ist, scheint rätselhaft. Wer sich auf die Suche nach den Gründen macht, stößt auf widersprüchliche Fakten, die auf den ersten Blick nicht recht zusammenpassen wollen. Wie kann es sein, dass Einkommen und Sparquote in Deutschland größer sind als in den Nachbarländern, die Vermögen aber kleiner? Trotz der hohen Sparquote in Deutschland haben die meisten Deutschen kein oder kaum privates Vermögen, auf das sie sich verlassen können. In keinem Land in Europa sind private Vermögen ungleicher verteilt als in Deutschland. Diese Ungleichheit ist fast so hoch wie in den USA, wo sie häufig sogar gewünscht ist, weil sie Anreize bieten soll, es »vom Tellerwäscher zum Millionär« zu schaffen. In kaum einem anderen Industrieland sind die Unterschiede zwischen hohen und niedrigen Löhnen und Einkommen vor Steuern und staatlichen Leistungen größer als bei uns. Wie ist es möglich, dass der deutsche Staat deutlich mehr umverteilen muss als andere Länder, um eine ähnliche Gleichheit bei Löhnen und Gehältern zu erreichen?

In kaum einem anderen Land bestimmt die Herkunft die persönlichen Wohlstandschancen so stark wie in Deutschland. Die Hälfte des Einkommens eines Arbeitnehmers in Deutschland wird – statistisch gesehen – nicht etwa durch eigenen Fleiß, Fortbildungswillen und Einsatz bestimmt, sondern durch das Einkommen und den Bildungsstand der Eltern. Persönliche Aufstiegschancen sind in vielen Fällen bereits von Geburt an begrenzt. Wie ist es möglich, dass die Chancen der Menschen in einem von vielen als gerecht wahrgenommenen Land so schlecht sind?

Erst nach und nach, unter Berücksichtigung verschiedener Aspekte und langfristiger Entwicklungen, lassen sich die Fakten zusammenfügen wie Puzzleteile. Und erst mit dem so entstandenen Gesamtbild lassen sich Lösungsansätze finden. Der erste Teil des Buches beschreibt die drei Puzzles der Ungleichheit in Vermögen, Einkommen und Chancen und deren Anstieg in den vergangenen Jahren und Jahrzehnten.

1 Das Vermögens-Puzzle –
auf Augenhöhe mit den USA

Deutschland ist in vielerlei Hinsicht ein reiches Land. Die hier erwirtschafteten Pro-Kopf-Einkommen zählen zu den höchsten der Welt. Deutsche Arbeitnehmer sind enorm produktiv und global wettbewerbsfähig. Und sie sparen deutlich mehr, als es in anderen Ländern üblich ist. Viele Deutsche legen also einen ungewöhnlich hohen Anteil ihres Einkommens auf die hohe Kante, um Vermögen und Ersparnisse aufzubauen. Bei höheren Einkommen und höherer Sparquote wäre also zu erwarten, dass auch die in Deutschland aufgebauten Privatvermögen überdurchschnittlich hoch sind.

Das Gegenteil trifft jedoch zu: Ein durchschnittlicher Deutscher hat nicht nur ein deutlich niedrigeres Vermögen angespart als andere Europäer, die weniger verdienen und weniger ihres Verdienten ansparen. Nein, es ist sogar eines der niedrigsten Vermögen, die sich unter allen Industrieländern finden lassen. Zudem gibt es kaum ein Land, in dem die privaten Vermögen ungleicher verteilt sind, also die reichsten 10 Prozent mehr und die ärmsten 40 Prozent weniger des gesamten Vermögens besitzen.

Wieso sind Deutschlands private Vermögen so gering?

Europäer verfügen pro Haushalt im Durchschnitt über ein privates Nettovermögen von rund 110 000 €. Wir Deutschen häufen – trotz überdurchschnittlich hoher Löhne und Sparquoten – nur knapp 50 000 € an. Also nur rund halb so viel. Diese Zahl gilt für den sogenannten »Medianhaushalt«, also den Haushalt, der die Gesamtheit der Haushalte in zwei gleich große Gruppen teilt – in eine Hälfte mit einem höheren und die andere Hälfte mit einem geringeren Vermögen. Obwohl fast alle anderen europäischen Länder ein deutlich niedrigeres Pro-Kopf-Einkommen erwirtschaften, ist das deutsche Privatvermögen eines der geringsten. Der durchschnittliche belgische Haushalt verfügt über ein Nettovermögen von 206 000 €, der durchschnittliche spanische Haus-

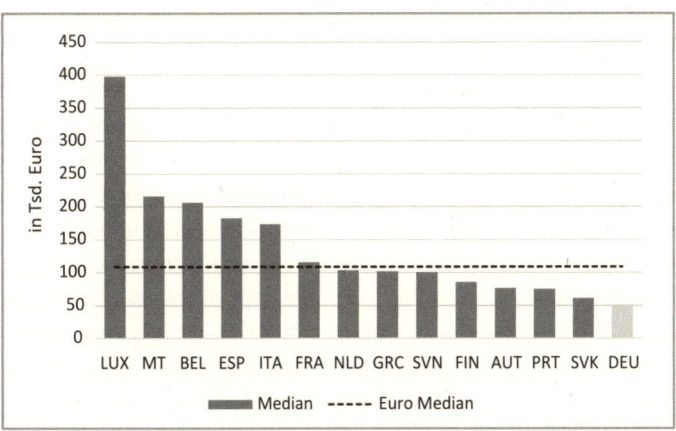

Abb. 1: Deutschland mit dem geringsten privaten Nettovermögen für den durchschnittlichen Haushalt

Erläuterung: Gezeigt wird das Nettovermögen (alle Vermögenswerte abzüglich von Schulden und Verbindlichkeiten) für den durchschnittlichen Haushalt der jeweiligen Länder.

Quelle: Eurosystem Household and Consumption Survey, 2013

halt über 183 000 €, der durchschnittliche italienische Haushalt über 174 000 €.

Wie kann das sein? Wie kommen diese Vermögen zustande? Zum Vermögen – wie es hier berechnet wird – zählen Erspartes in Form von Bankeinlagen, Aktien oder anderen Anlageformen ebenso wie ein Eigenheim, andere Immobilien, Lebensversicherungen, Bausparverträge und auch materielle Werte, wie Hausrat und Autos. Wichtig ist, zwischen Nettovermögen und Bruttovermögen zu unterscheiden. Die Differenz besteht in den Schulden und anderen Zahlungsverpflichtungen wie Hypotheken und Konsumentenkrediten. Zieht man diese vom Bruttovermögen ab, erhält man das Nettovermögen.

Die Ausgaben für das tägliche Leben werden meist durch das Arbeitseinkommen der Familienmitglieder abgedeckt. Vermögen erfüllen jedoch andere wichtige Funktionen. Sie sind wichtig, um Vorsorge betreiben zu können. Viele Familien greifen auf Erspartes – also auf Vermögen – zurück, um die Bildung ihrer Kinder zu finanzieren. Vermögen sichern Einzelne und Familien im Alter und im Krankheitsfall ab und können eine stetige Einkommensquelle sein, wenn das Arbeitsleben beendet ist oder unterbrochen wird. Und sie ermöglichen uns letztlich, am gesellschaftlichen Leben teilzunehmen.

Ein Nettovermögen in Höhe von 50 000 € mag sich erst einmal nach einer ordentlichen Summe anhören. Aber für eine drei- bis vierköpfige Familie sind 50 000 € nicht viel, wenn etwa ein Familienmitglied durch Krankheit in Not gerät oder eine Aus- oder Fortbildung wie ein Studium zu finanzieren ist. Häufig schmilzt ein solches Vermögen auch durch notwendige oder gewünschte Konsumausgaben, weil etwa die Waschmaschine oder das Auto kaputt ist und ersetzt werden muss oder eine Reise finanziert werden soll.

Eine Summe von 50 000 € ist insbesondere überschaubar groß, wenn man berücksichtigt, dass wir Deutschen »Sparweltmeister« sind. Es gibt kaum ein Industrieland, in dem die Menschen so große Teile ihres Einkommens sparen: Knapp 15 Prozent ihres Arbeitseinkommens legen sie zum Vermögensaufbau auf die hohe Kante, wobei Nicht-Berufstätige wie Studenten, Rentner oder Arbeitslose faktisch nichts sparen, die meisten Angestellten hingegen im Durchschnitt über 20 Prozent ihres verfügbaren Einkommens.

In den meisten anderen Industrieländern ist die private Sparquote deutlich geringer. Dort sparen die Menschen generell weniger als wir Deutschen. US-Amerikaner etwa legen von ihrem Arbeitseinkommen nur rund halb so viel beiseite wie Deutsche. Und die Deutschen sparen aus Überzeugung: Es gibt kaum eine Nation in der Welt, in der die Menschen dem Sparen einen höheren Stellenwert zuordnen. Umfragen zeigen, dass Altersvorsorge und »Vorsichtssparen« – also das Absichern gegen unerwartete Ausgaben und Belastungen – die beiden wichtigsten Spargründe der Deutschen sind. Mit großem Abstand folgen danach die Wünsche, etwas an die Kinder und Enkel zu vererben und eine Immobilie zu erwerben.

Warum besitzen die Deutschen dann aber so wenig Vermögen? An der Verschuldung liegt es nicht: Die Verschuldung der Privathaushalte ist in Deutschland sogar etwas geringer als in vielen anderen europäischen Ländern. Der durchschnittliche deutsche Haushalt muss Verbindlichkeiten in Höhe von knapp 12 600 € bedienen. Auch bei den Staatsschulden liegt die Quote in Deutschland deutlich geringer als in den meisten anderen Industrieländern.

Vielfach wird angemerkt, dass diese Vermögenszahlen keine Forderungen der privaten Haushalte an die Sozialversicherungssysteme des deutschen Staats enthalten. Die Deutschen, so die Argumentation, müssten weniger sparen, weil sie im Alter oder im Krankheitsfall hohe Ansprüche gegenüber dem deutschen Staat haben. Zunächst ist wichtig, sich bewusst zu machen, dass ein Anspruch gegenüber einer Rentenversicherung kein privates Vermögen ist. Solche Ansprüche sind lediglich eine Versicherung, sie stellen kein Vermögen dar. Ansprüche an die staatliche Rentenversicherung lassen sich nicht auszahlen, sie können nicht beliehen oder vererbt werden. Noch wichtiger aber ist: Selbst wenn man solche Anwartschaften der deutschen Bürger berücksichtigt, so ändert sich nichts an der Tatsache, dass die meisten Deutschen deutlich geringere Vermögen haben als andere Europäer. Der fünfte Teil des Buches wird im Detail zeigen, wieso solche Ansprüche der Bürger an den Staat geringer sind als vermutet und nichts an der Vermögensarmut der meisten Deutschen ändern.

Auch wer die Wertentwicklung über die Zeit betrachtet, stößt auf ernüchternde Zahlen. Nicht nur, dass wir Deutschen nach Nettovermögen zu den ärmsten Europäern gehören – unsere geringen Nettovermögen sind für viele von uns im vergangenen Jahrzehnt auch noch geschrumpft. Nach Berechnungen des DIW Berlin[1] ist der Wert der realen, also inflationsbereinigten Nettovermögens eines durchschnittlichen deutschen Haushalts seit 2002 um knapp 15 Prozent gesunken. Damit hat ein durchschnittlicher deutscher Haushalt über das vergangene Jahrzehnt rund 20 000 € Nettovermögen verloren.

Diese Zahlen sind nicht unumstritten, denn es ist schwierig, den genauen Marktwert eines jeden Vermögensgegenstands festzustellen. Ein Haus in Spanien war im Jahr 2010, als diese Berechnungen angestellt wurden, fast doppelt so viel wert wie heute. In Deutschland dagegen gab es keine oder weniger Übertreibungen auf dem Immobilienmarkt.

Um möglichen Einwänden gegenüber diesen Zahlen vorzugreifen: An den im internationalen Vergleich geringen Privatvermögen der Deutschen ändert sich nichts, wenn man die privaten Vermögen anders berechnet. Welche Faktoren man auch berücksichtigt, die Kernbotschaft bleibt: Wir Deutschen haben enorm geringe private Vermögen. Sie sind deutlich geringer als die unserer europäischen Nachbarn. Dies ist umso erstaunlicher, wenn wir berücksichtigen, dass Deutschland eines der höchsten Pro-

Kopf-Einkommen hat und Deutsche so viel ihres Einkommens sparen wie kaum ein anderer Europäer.

Wie ist dies möglich? Ein wichtiger Grund: Wir Deutschen legen unser Erspartes extrem schlecht an und erleiden dadurch immer wieder hohe Verluste, und dies nicht erst seit der globalen Finanzkrise 2008. Ein weiterer Grund wird im Detail im dritten Teil des Buches ausgeführt und hat sowohl etwas mit der geringen sozialen Mobilität in Deutschland als auch mit der Entwicklung von Vermögenspreisen, in Deutschland und global, zu tun.

Vermögen: Deutschland, mit das ungleichste Land Europas

Die Vermögen in Deutschland sind nicht nur im Durchschnitt gering, sie sind zudem höchst ungleich zwischen den Bürgern verteilt. Die Ungleichheit, also die Verteilung zwischen Arm und Reich, wird meist durch den sogenannten Gini-Koeffizienten gemessen. Er variiert zwischen null und eins. Wenn alle Haushalte in einem Land das gleiche Vermögen haben, es also eine völlige Gleichheit gibt, dann ist dieser Gini-Koeffizient gleich null. Wenn im anderen Extrem jedoch alles Vermögen in den Händen von wenigen oder nur einem liegt, dann ist die Ungleichheit maximal und der Gini gleich eins. Dieser Gini-Koeffizient für die Vermögensungleichheit beträgt 0,76 in Deutschland im Vergleich zu 0,68 im Durchschnitt aller OECD-Länder.

Besonders bitter ist die Vermögenslage der ärmsten 40 Prozent der deutschen Haushalte. Sie verfügen praktisch über keinerlei Nettovermögen. Man kann sich nicht deutlich genug vor Augen führen, was dies bedeutet: Rund 40 Prozent der deutschen Haushalte haben keinerlei Möglichkeit, auf Vermögen zurückzugreifen, wenn es im Alter oder Krankheitsfall finanziell eng wird. Sie haben keinerlei Ressourcen, um sie in die Bildung ihrer Kinder zu investieren. Unerwartete Ausgaben und Belastungen füh-

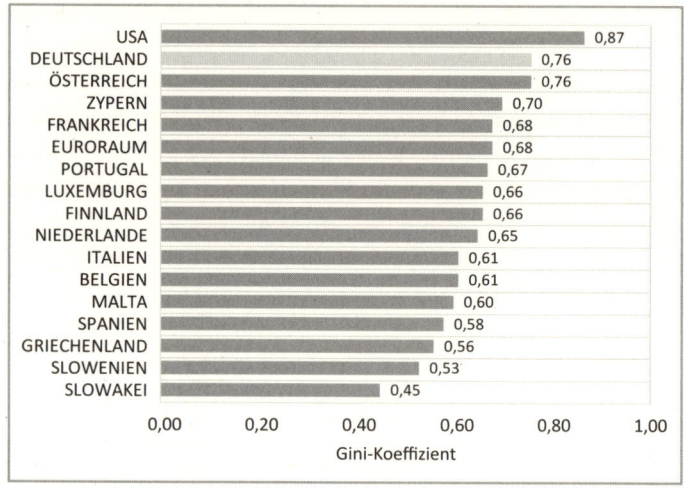

Abb. 2: Vermögensungleichheit in Europa und den USA

Erläuterung: Gezeigt wird der Gini-Koeffizient, mit einer höheren Zahl gleichbedeutend mit einer höheren Ungleichheit.
Quelle: HFCS/Gini für USA aus Wolff (2014)

ren diese Haushalte häufig in die Überschuldung und zu weiteren, deutlichen Einschränkungen in ihrem Lebensstandard.

Während die Armen in Deutschland also ärmer sind als in anderen Teilen Europas, sind die Reichen reicher. Jeder, der zu den reichsten 10 Prozent des Landes gehört, besitzt im Durchschnitt ein Vermögen von 1,21 Millionen €. Unter dem reichsten Prozent der Deutschen darf sich jeder sogar an mehr als 5,0 Millionen € Nettovermögen erfreuen. Ein deutscher Haushalt, der sich zu den 5 Prozent mit den höchsten Nettovermögen zählen darf, verfügt über ein Nettovermögen, das mehr als 33 Mal so groß ist wie ein durchschnittlicher deutscher Haushalt.

Die Ungleichheit von Vermögen in den USA ist, wie gezeigt, ähnlich hoch wie in Deutschland. Ein genauer Blick auf die Verteilung macht jedoch deutlich, dass die höhere Ungleichheit in den USA ausschließlich durch die höheren Vermögen der oberen 20 Prozent zu erklären ist. Dagegen stehen in Deutschland die unteren 40 Prozent deutlich schlechter da. Sie besitzen deutlich weniger Vermögen als in den USA. Die Vermögensarmut ist also in Deutschland wesentlich größer.

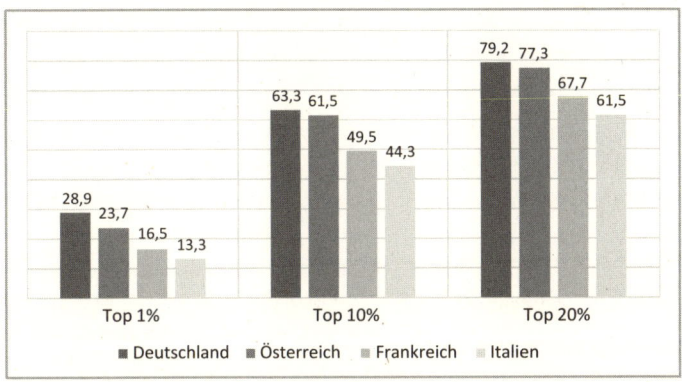

Abb. 3: Anteil der Nettovermögen der reichsten Deutschen in Prozent

Erläuterung: Die Abbildung zeigt den Anteil der oberen 1 %, 10 % und 20 % am gesamten Nettovermögen im jeweiligen Land. Die Zahlen beschränken sich auf Haushalte, in denen die Referenzperson zwischen 25–60 Jahre alt ist.

Quelle: HFCS-Daten aus Carroll, C. D., Slacalek, J. & Tokuoka, K. (2014)

An diesem Ergebnis ändert sich auch wenig, wenn man nachforscht, wie groß die Anteile am gesamten Privatvermögen sind, die jeweils die Ärmsten und die Reichsten unserer Gesellschaft besitzen. Über 63 Prozent des gesamten Nettovermögens im Land gehören den reichsten 10 Prozent der Deutschen. Je mehr man die Spitze der Reichtumspyramide in den Blick nimmt, umso größer wird die Vermögenskonzentration. Fast 29 Prozent aller privaten Nettovermögen befinden sich im Besitz des reichsten einen Prozents. Bei unseren europäischen Nachbarn ist diese Konzentration deutlich geringer. So hält das reichste Prozent der

Einwohner Italiens »lediglich« 13 Prozent des gesamten Privatvermögens des Landes. In Frankreich sind es gut 16 Prozent, in Österreich knapp 24 Prozent. Die Abbildung 3 illustriert diese Ungleichheit beeindruckend.

Dabei dürften die Vermögen der sogenannten Superreichen sogar noch deutlich unterschätzt werden. Denn die meisten Angaben zu privatem Vermögen stammen aus Umfragen, die internationale Organisationen, vor allem die OECD und die EZB, oder nationale Institutionen (DIW-SOEP) in Auftrag geben.[2] Offizielle Angaben zur Höhe der Privatvermögen gibt es nur aus wenigen Ländern. Denn Vermögen werden nur selten besteuert. In den meisten Ländern müssen die Bürger den Staat nicht über die Höhe ihres Vermögens informieren, sondern nur über die Höhe ihres Einkommens. Das Gesamtvermögen wird so oft nicht erfasst. Diese Lücke versuchen die Umfragen zu schließen. Dabei werden Angaben von einem repräsentativen Teil aller Haushalte und Bürger erhoben. Auch wenn diese Umfragen generell akkurat sind und professionell erhoben werden, so haben sie große Schwächen. Vor allem ist es sehr schwierig, Angaben von den reichsten Einwohnern und Haushalten eines Landes zu erhalten. Solche Befragungen werden oft über Zufallsstichproben erfasst. Die Chance, dass der Name eines Multimillionärs gezogen wird, ist sehr gering. Zudem sind diese Befragungen freiwillig.

Wenn die reichsten Haushalte aber unterrepräsentiert sind, liegt die wirkliche Ungleichheit noch weit höher als in den offiziellen Statistiken auf Grundlage von Umfragen ausgewiesen. Eine Studie des DIW Berlin[3] schätzt, dass die Vermögen des reichsten einen Prozents um mehr als ein Drittel größer sind als in den offiziellen Umfragen dargestellt. Für das oberste Promille, also 0,1 Prozent der Bevölkerung oder etwa 40 000 Haushalte, ist der Effekt noch größer. So hat dieses oberste Tausendstel der reichsten Deutschen nicht 4 Prozent des Gesamtvermögens, sondern über 17 Prozent, also ein Nettovermögen von 11 Millionen € je Haushalt und ein Gesamtvermögen von 1,5 Billionen €. Schon jetzt, auf der Basis erhobener Daten, ist die in Deutschland herrschende Vermögensungleichheit im internationalen Vergleich hoch – in Wirklichkeit steht das Land gegenüber anderen Industriestaaten wohl aber noch viel schlechter da.

Die offiziellen Zahlen sind daher eher konservativ und die tatsächliche Ungleichheit signifikant größer. Es zeigt sich: In Deutschland sind Reichtum und Wohlstand nicht nur auf eine kleinere Bevölkerungsgruppe begrenzt als in anderen Ländern, sondern diese kleine Gruppe der Reichen hält auch einen deutlich größeren Anteil des Gesamtvermögens im Land. Der Abstand zwischen Arm und Reich ist hierzulande also auch besonders groß.

Bisher haben wir nur die letzten verfügbaren Daten zu den Vermögen und ihrer Verteilung analysiert. Sie beziehen sich zumeist auf den Zeitraum zwischen 2010 und 2013. Eine bislang einzigartige Analyse der Entwicklung von Privatvermögen über einen langen Zeitraum hinweg hat der Franzose Thomas Piketty in seinem Buch *Das Kapital im 21. Jahrhundert* (2014) vorgelegt. Piketty konzentriert sich dabei fast ausschließlich auf das reichste eine Prozent der Haushalte verschiedener Industrieländer. Unsere Analyse jedoch hat gezeigt, dass eine Fokussierung auf eine so kleinen Gruppe an der Spitze der Vermögenspyramide Aspekte der Verteilungsanalyse vernachlässigt, denn der wichtigere Grund für die hohe Vermögensungleichheit in Deutschland liegt bei der Vermögensarmut des Mittelstands und der unteren 40 Prozent.

Es ist deshalb wichtig, die Haushalte an den Extrempunkten der Verteilungsskala anzuschauen, in denen besonderer Reichtum beziehungsweise besondere Armut herrscht. Und vor allem lohnt es sich, die Charakteristika dieser Haushalte einmal genauer zu analysieren. Nur so lässt sich eine Antwort finden auf die Frage: Wer wird reich, wer bleibt arm?

Haushalte mit zwei Arbeitseinkommen können erwartungsgemäß ein deutlich höheres Privatvermögen anhäufen als solche, in denen nur einer oder eine berufstätig ist. Nicht überraschend ist auch, dass Haushalte, in denen junge Menschen leben, ein deutlich geringeres Privatvermögen haben als solche, deren Mitglieder älter sind. Die Logik folgt dem normalen Lebenszyklus: In jungen Jahren verschulden sich Menschen in der Regel sehr viel stärker. Weil sie einerseits aufgrund ihrer Jugend und jungen Karriere noch selbst wenig private Vermögen aufbauen konnten und andererseits häufig größere Ausgaben tätigen wollen – etwa für die eigene Ausbildung oder den Erwerb einer Immobilie.

Im mittleren Alter zwischen 40 und 60 Jahren bauen die Arbeitnehmer ihr Vermögen am stärksten auf. Es sind die Jahre mit den statistisch gesehen höchsten Arbeitseinkommen. Im hohen Alter der letzten Berufsjahre und nach dem Renteneintritt bauen sich private Vermögen meist wieder ab. Oft nutzen ältere Menschen einen Teil ihres Vermögens, um ihren Lebensstandard möglichst hoch zu halten. Für alle Altersklassen gilt: Kommt zum

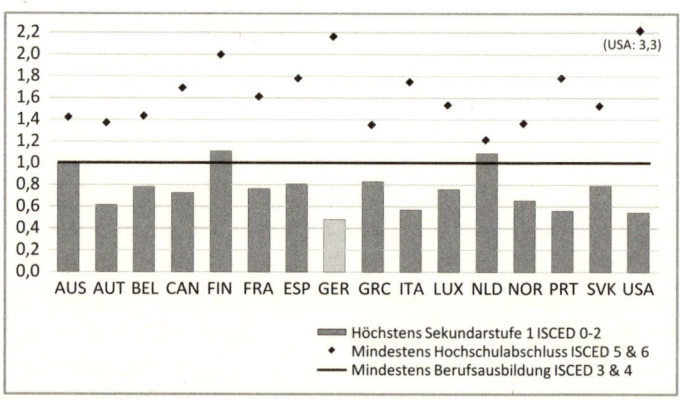

Abb. 4: Vermögensunterschiede nach Bildungsniveau

Erläuterung: Die Abbildung zeigt das durchschnittliche Nettovermögen eines Arbeitnehmers mit unterschiedlichen Bildungsniveaus, relativ zu einem Arbeitnehmer mit Abschluss der Sekundarstufe II.

Quelle: OECD (2015a)

reinen Arbeitseinkommen noch ein Einkommen aus Immobilien oder anderem Vermögen hinzu, verfügt der Haushalt in der Regel über deutlich höhere Vermögenswerte. Das dürfte wenig überraschen.

Weniger erwartbar ist jedoch, wie eng der Bildungsgrad eines Menschen in Deutschland mit der Höhe seines Vermögens verknüpft ist. Abbildung 4 zeigt das Verhältnis der Nettovermögen von Haushalten mit Menschen, die ihre Schullaufbahn maximal mit der mittleren Reife abgeschlossen haben, gegenüber Haushalten, in den Menschen mit Abitur leben. Auch wie sich die Besitzverhältnisse ändern, wenn mindestens eine Person einen Hochschulabschluss hat, wird ersichtlich.

Es ist beeindruckend: In kaum einem anderen Industrieland der Welt ist die Vermögenslücke zwischen Menschen mit mittlerem und höherem Schulabschluss so groß wie in Deutschland. So hat ein Haushalt, dessen Bewohner über einen Hochschulabschluss verfügen, ein knapp fünf Mal höheres Nettovermögen als ein solcher, in dem der höchste Bildungsabschluss die mittlere Reife ist. Es gibt kein Industrieland außer den USA, in dem Bildungsgrad und Nettovermögen so eng miteinander verknüpft sind.

Als Fazit gilt festzuhalten: In keinem anderen Land Europas sind die Privatvermögen für so viele Menschen so gering und gleichzeitig so ungleich verteilt wie in Deutschland. Die Vermögensungleichheit ist hierzulande ähnlich hoch wie in den USA, dem Land also, in dem Ungleichheit stärker toleriert und als Teil des Wirtschaftssystems akzeptiert wird. Diese Ungleichheit ist in den vergangenen Jahrzehnten noch mal deutlich gewachsen. Im internationalen Vergleich ist sie in Deutschland vor allem das Resultat der geringen Nettovermögen der vermögensärmsten 40 Prozent der Bevölkerung, die praktisch keine Nettovermögen haben aufbauen können.

Zudem werden die Vermögen des reichsten Prozent der Bevölkerung gerade in Deutschland massiv unterschätzt, so dass die

Ungleichheit in Privatvermögen in unserem Land nicht nur deutlich über der anderer Industrieländer liegt, sondern auch deutlich größer ist, als die offiziellen Umfragen ergeben. Dies sind die harten Fakten und Tatsachen bezüglich der Vermögen. Aber wie sieht es in Deutschland bei den Löhnen und Einkommen aus, gibt es hier ein ähnliches Bild oder sind diese in Deutschland gleicher verteilt?

2 Das Einkommens-Puzzle

Neben dem Vermögen sind die Einkommen von fundamentaler Bedeutung für die Sicherung des Lebensstandards – und für den Vermögensaufbau. Wie haben sich also die Einkommen in den vergangenen Jahrzehnten entwickelt? Haben die Menschen heute höhere Löhne und Einkommen und damit einen höheren Lebensstandard, mehr Sicherheit und bessere Perspektiven? Und wie sind die Arbeitseinkommen in Deutschland verteilt?

Auch bei den Markteinkommen – also Löhnen und Gehältern vor Steuern und Abgaben – zeigt sich in Deutschland eine sehr hohe Ungleichheit. Der deutsche Staat verteilt dann jedoch über Steuern und Sozialleistungen im internationalen Vergleich sehr viel um und schafft es damit, einen Teil dieser Ungleichheit, die sich aus dem Marktprozess ergibt, auszugleichen. Trotzdem ist die Ungleichheit der Einkommen in Deutschland in den vergangenen Jahrzehnten stark angestiegen. Die Umverteilung des deutschen Staates wird immer ineffektiver darin, einen Ausgleich über gesellschaftliche Gruppen hinweg zu gewährleisten.

Das Dilemma der unteren 40 Prozent

Es ist wichtig, zwischen den verschiedenen Einkommensarten und -dimensionen genau zu unterscheiden. Ein erster Aspekt ist der *Stundenlohn* einer Arbeitnehmerin. Durch die Anzahl der Arbeitsstunden – also vor allem aus der Tatsache, ob sie Vollzeit oder Teilzeit arbeitet – und möglichen Zulagen ergibt sich das

Arbeitseinkommen. Rechnet man zudem das Einkommen aus Erbschaften, Schenkungen und Kapitalerträgen und das Einkommen aus selbstständiger Arbeit hinzu, so kommen wir zum *Markteinkommen.* Das Markteinkommen plus Zahlungen des Staates wie Arbeitslosengeld oder Kindergeld, abzüglich direkter Steuern wie der Einkommensteuer, ergibt das *verfügbare Einkommen.* Häufig werden Zahlen und Statistiken auf Haushalte kalkuliert, da nicht selten einzelne Mitglieder der Familie diese versorgen. Vergleichende Statistiken, wie beispielsweise die Ungleichheit der Einkommen, werden entweder nur auf die arbeitende Bevölkerung oder auf die gesamte Bevölkerung bezogen berechnet. Die Unterscheidung dieser Berechnungskonzepte ist wichtig, denn das Bild der Einkommensverteilung für Deutschland verändert sich dra-

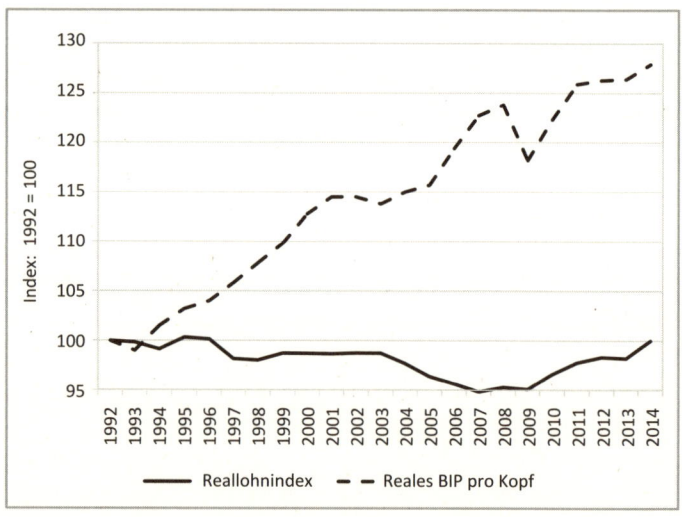

Abb. 5: Entwicklung der Reallöhne und Wirtschaftsleistung pro Kopf seit 1992

Erläuterung: Die Abbildung zeigt den Reallohnindex und die Veränderung des Bruttoinlandsprodukts pro Kopf, normiert auf das Jahr 1992.

Quelle: Statistisches Bundesamt 2014

matisch, je nachdem, welche Einkommensdefinition zu Grunde gelegt wird.

Aus Sicht der Arbeitnehmer war die Lohnentwicklung in Deutschland in den vergangenen 25 Jahren enttäuschend. Im Durchschnitt sind die deutschen Reallöhne heute kleiner als 1990. Zwar war die Inflation in diesem Zeitraum recht gering, aber sie war immer noch höher als der Anstieg der Nominallöhne der Arbeitnehmer. Viele Arbeitnehmer konnten in diesem Zeitraum gar keinen Anstieg ihrer Nominallöhne verzeichnen oder verdienen heute auch nominal weniger als vor einem Vierteljahrhundert (siehe Abbildung 5). Im gleichen Zeitraum ist jedoch die

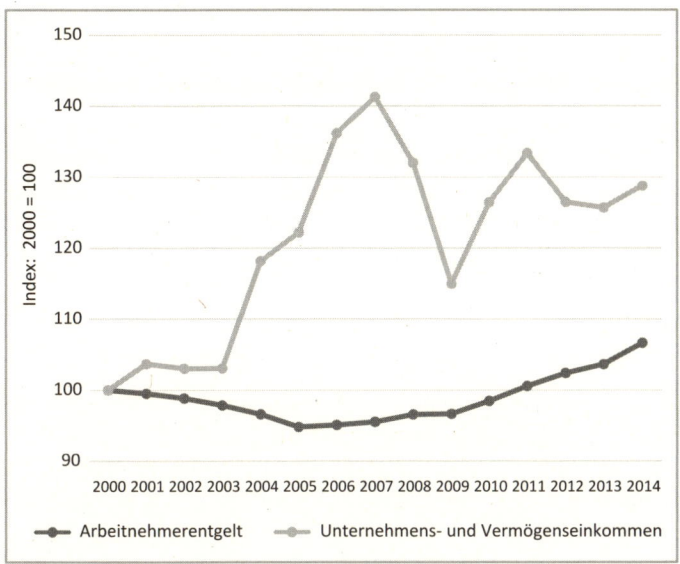

Abb. 6: Unterschiede zwischen Arbeitnehmerentgelten und Unternehmens- und Vermögenseinkommen

Erläuterung: Die Abbildung zeigt die prozentuale Veränderung der Arbeitnehmerentgelte sowie der Unternehmens- und Vermögenseinkommen seit dem Jahr 2000.

Quelle: Statistisches Bundesamt (2015); Goebel, Grabka, Schröder (2015)

Wirtschaftsleistung pro Kopf in Deutschland um mehr als 25 Prozent gestiegen. Auch wenn man einen leichten Anstieg der Erwerbsquote berücksichtigt, also die Tatsache, dass heute mehr Menschen wirtschaftlich aktiv sind als früher, so stellt sich die Frage, wem diese Zuwächse der wirtschaftlichen Leistung hauptsächlich zugutegekommen sind. Wer hat sie bekommen, wenn nicht die Arbeitnehmer?

Die Antwort auf diese Frage lautet: hauptsächlich die Vermögenden. Ein immer größerer Teil der Wirtschaftsleistung ist in den vergangenen drei Jahrzehnten denen zugutegekommen, die über ein hohes Vermögen verfügen, entweder weil sie ein Unternehmen besitzen oder andere Vermögenswerte, aus denen sie Einkommen beziehen können. So sind die durchschnittlichen realen Arbeitnehmerentgelte – wie die Grafik des DIW Berlin auf der vorherigen Seite zeigt – seit dem Jahr 2000 nur um gut 6 Prozent gestiegen, das Unternehmens- und Vermögenseinkommen hingegen um knapp 30 Prozent.

Dies bestätigt Pikettys Hypothese, dass die Rendite auf Kapital im vergangenen Jahrhundert im Durchschnitt deutlich höher war als die auf den Faktor Arbeit, also die Lohnentwicklung der Arbeitnehmer. Die Grafik zeigt schön, wie stark die Unterneh-

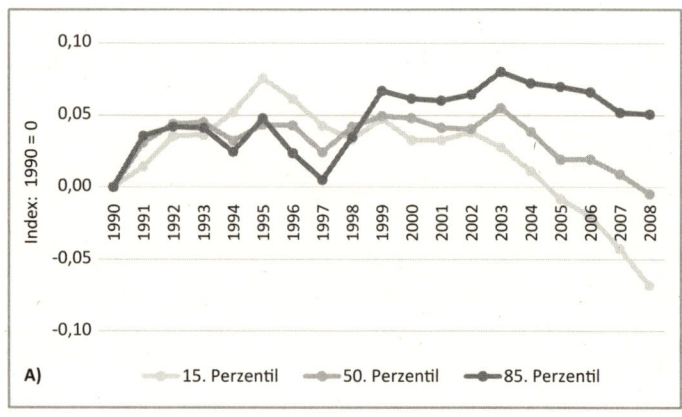

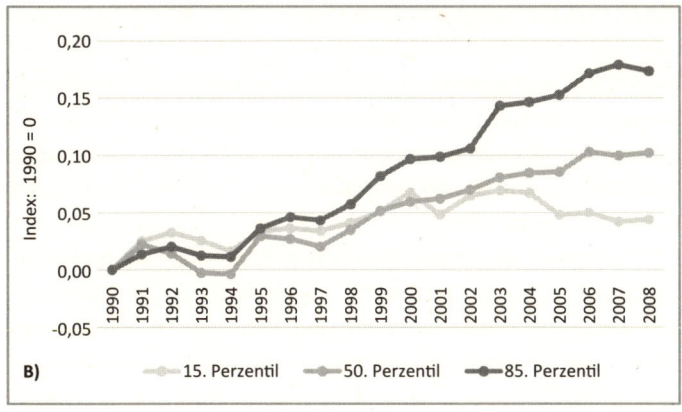

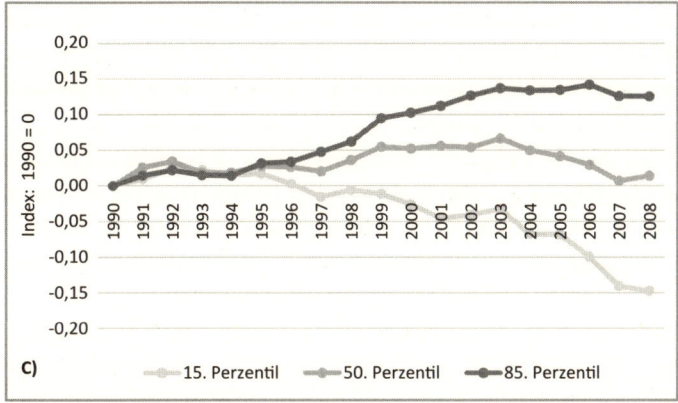

Abb. 7: Lohnwachstum in Westdeutschland (1990 = 0) in verschiedenen Sektoren:

A) Sektor nicht-handelbare Güter

B) Sektor handelbare Güter (verarbeitende Industrie)

C) Sektor handelbare Dienstleistungen

Erläuterung: Die Abbildungen zeigen die prozentuale Veränderung der realen Löhne, des 15., 50. und 85. Perzentils der Lohnverteilung, für in Vollzeit angestellte westdeutsche Männer zwischen 20 und 60 Jahren im Vergleich zum Jahr 1990.

Quelle: Dustman (2014)

mens- und Vermögenseinkommen über die Zeit schwanken und diese sogar in manchen Zeiten, wie der globalen Finanzkrise in den Jahren 2008 und 2009, deutlich gesunken sind. Trotzdem ist die große Divergenz zwischen dem Einkommen aus Kapital und dem Arbeitseinkommen über den Zeitraum von zweieinhalb Jahrzehnten hinweg offensichtlich.

Aber auch wenn man nur die Gruppe der Arbeitnehmer betrachtet, haben sich die Löhne und Einkommen in den vergangenen Jahrzehnten höchst unterschiedlich entwickelt. Die Arbeitnehmer mit geringen Arbeitseinkommen haben deutliche Lohneinbußen hinnehmen müssen, wohingegen die mit hohen Einkommen deutliche Zuwächse verzeichnen konnten. Abbildung 7 zeigt diesen Divergenzprozess für verschiedene Sektoren der deutschen Volkswirtschaft seit dem Jahr 1990. Der Fokus liegt hier nur auf Westdeutschland, um eine Vergleichbarkeit über die Zeit zu ermöglichen, da Ostdeutschland in den neunziger Jahren und auch danach riesigen Anpassungsprozessen unterlag. Die letzten Jahre der Lohnentwicklung sind in dieser Abbildung noch nicht dargestellt, sie verlief in den meisten Sektoren sehr dynamisch, was die Kurven noch nach oben verschiebt.

Schauen wir uns zwei Beispiele genauer an: Seit 1990 hat der Lohn eines gut verdienenden Arbeitnehmers (die Stichprobe bezieht sich nur auf Männer) deutlich zugelegt. Liegt ihr Lohn etwa am 85. Perzentil – das bedeutet, er verdient mehr als 85 Prozent aller anderen Arbeitnehmer und weniger als die verbleibenden 15 Prozent –, so ist sein Lohn in der Industrie um 17 Prozent, in den handelbaren Dienstleistungen um 13 Prozent, in Sektoren mit nicht-handelbaren Gütern um 5 Prozent gestiegen. Die Löhne eines Arbeitnehmers am unteren Ende der Lohnskala, etwa entlang des 15. Perzentils, sind hingegen geschrumpft – um 7 Prozent im Sektor der nicht-handelbaren Güter und um knapp 15 Prozent in dem der handelbaren Dienstleistungen. Lediglich in der Industrie legten sie zu, allerdings nur um etwas mehr als 4 Prozent. Ob sich der Lohn in den vergangenen Jahrzehnten gut oder schlecht entwickelt hat, hängt also entscheidend davon ab, ob man zu den Gutverdienern oder den Geringverdienern zählt. Im Sektor der handelbaren Dienstleistungen konnten sich die oberen Lohngruppen seit 1990 über einen Lohnzuwachs von 13 Prozent freuen, während die Löhne in den unteren Lohngruppen deutlich fielen. Der Unterschied ist also enorm.

Diese Zahlen zeigen jedoch nicht nur, wie stark die Entwicklung zwischen den einzelnen Einkommensgruppen auseinanderläuft, sondern auch zwischen den verschiedenen Sektoren der deutschen Volkswirtschaft. Viele wissenschaftliche Studien haben diese enormen Unterschiede in der wirtschaftlichen Entwicklung der Sektoren bereits belegt. Heute ist Deutschland eine duale Volkswirtschaft. Das heißt, einigen enorm erfolgreichen Sektoren, vor allem im verarbeitenden Gewerbe, stehen viele weniger dynamische Sektoren gegenüber. Viele deutsche Exportunternehmen, etwa im Maschinenbau, der Chemie und Pharmazie und auch der Automobilbranche, sind global sehr wettbewerbsfähig und konnten ihre Marktposition in den vergangenen Jahrzehnten nicht nur behaupten, sondern häufig noch ausbauen. Diese Unternehmen investieren viel und sind hochproduktiv. Dies erlaubt ihnen somit auch, hohe Löhne zu zahlen und diese Löhne regelmäßig zu erhöhen, wie sich in Abbildung 7B zu den Industrielöhnen zeigt.

Dem stehen viele Sektoren vor allem im Dienstleistungsbereich gegenüber, die nicht im internationalen Wettbewerb stehen und durch die deutschen Gesetze häufig nach wie vor sehr stark reguliert sind. Dies führt zu geringen Investitionen und somit zu stagnierender Produktivität und Effizienz. Damit können langfristig auch die Löhne in diesen Sektoren nicht steigen. Die Abbildungen für die Sektoren der nicht-handelbaren Güter oder Dienstleistungen illustrieren dies: Die Arbeitnehmerin mit geringen Einkommen hat seit 1990 deutliche Lohneinbußen hinnehmen müssen, selbst wenn man die letzten Jahre seit der globalen Finanzkrise mitberücksichtigt. Die oberen Lohneinkommen dagegen sind über den Gesamtzeitraum von 25 Jahren recht deut-

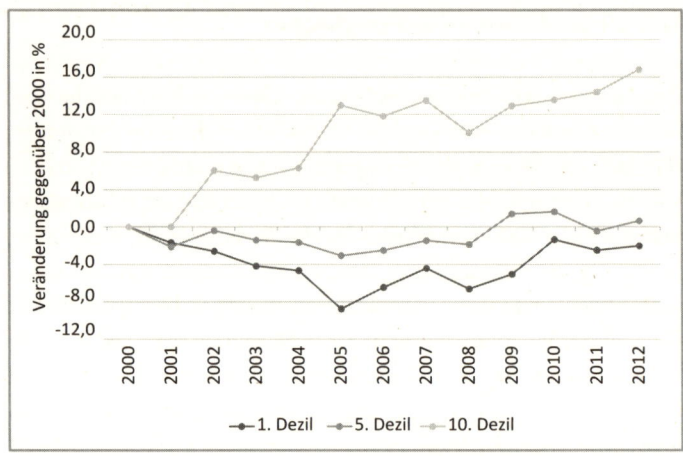

Abb. 8: Verfügbare Haushaltseinkommen nach Einkommensdezilen

Erläuterung: Die Abbildung zeigt die Veränderung der verfügbaren Haushaltseinkommen für das 1., 5. (Median) und 10. Dezil der Verteilung gegenüber dem Jahr 2000 in Prozent.

Quelle: Goebel, Grabka, Schröder (2015)

lich gestiegen – bei den handelbaren Dienstleistungen sogar um mehr als 10 Prozent.

Eine ähnliche Schere zeigt sich bei den verfügbaren Haushaltseinkommen (siehe Abbildung 8): Wenn man zusätzlich zu den Löhnen und anderen privaten Einkommen auch staatliche Transfers und Steuern auf der Ebene der Haushalte mitberücksichtigt, driftet auch hier die Entwicklung zwischen Arm und Reich deutlich auseinander. So ist das verfügbare Einkommen eines durchschnittlichen deutschen Haushalts zwischen den Jahren 2000 und 2012 insgesamt praktisch nicht gewachsen. Es stagnierte. Aber das verfügbare Einkommen der ärmsten 10 Prozent der Haushalte ist geschrumpft, während die reichsten 10 Prozent mehr als 16 Prozent Einkommen hinzugewinnen konnten.

Deutschland wird immer ungleicher

Deutschland wird immer ungleicher. Aber wie hoch ist die Ungleichheit genau und wie steht Deutschland im internationalen Vergleich da? Wie ist die Entwicklung in den anderen Ländern? Abbildung 9 zeigt den Gini-Koeffizienten ausgewählter Industrieländer im Jahr 2011, berechnet für die Gesamtbevölkerung eines Landes. Deutlich wird, dass Deutschland zwar mit einem Gini-Koeffizienten von 0,29 eine durchschnittliche Ungleichheit aufweist, wenn es um die verfügbaren Einkommen geht, jedoch eine der im internationalen Vergleich höchsten Ungleichheiten bei den Markteinkommen, also vor der Berücksichtigung von staatlichen Transfers und Steuern.

Das bedeutet einerseits, dass die relative Gleichheit der Lebensverhältnisse in Deutschland durch die staatliche Umverteilung auf den Durchschnitt aller OECD-Staaten angehoben wird. Auf der anderen Seite heißt es jedoch auch, dass diese Umverteilung

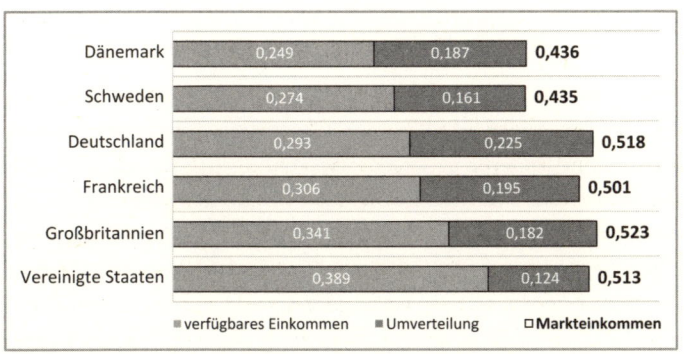

Abb. 9: Einkommensungleichheit und Umverteilungseffekt für das Jahr 2012

Erläuterung: Die Abbildung zeigt die Einkommensungleichheit der Markt- und verfügbaren Einkommen gemessen am Gini-Koeffizienten.

Quelle: OECD Income Distribution and Poverty Database

in anderen Ländern nicht notwendig ist, weil bereits die am Markt erzielten Einkommen der Bürger weniger stark auseinanderklaffen. Deutschlands Ungleichheit bei den Markteinkommen ist gar genauso hoch wie die in den USA. Die Unterscheidung zwischen Markteinkommen und verfügbaren Einkommen ist wichtig: Der Marktprozess in Deutschland führt zu sehr ungleichen Löhnen und Einkommen, die dann der deutsche Staat durch vergleichsweise hohe Steuern und Transferzahlungen teilweise auszugleichen versucht.

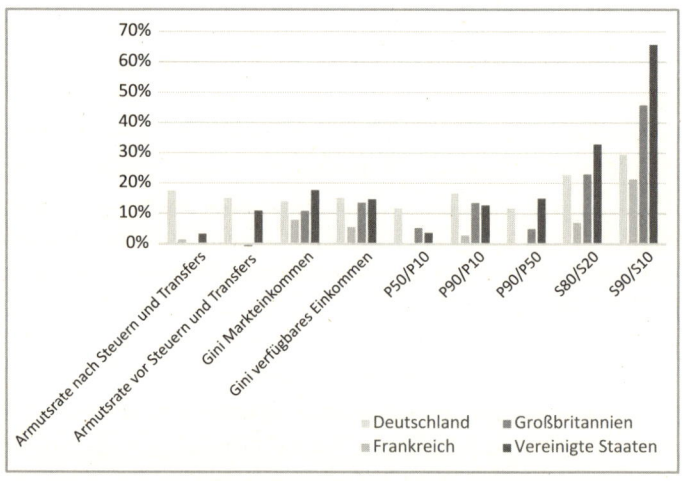

Abb. 10: Veränderung verschiedener Ungleichheitsmaße, 1985 bis 2012

Erläuterung: Die Abbildung zeigt die Veränderung verschiedener Ungleichheitsmaße gemessen am verfügbaren Vergleichswert Mitte der 1980er Jahre.
Quelle: OECD Income Distribution and Poverty Database

Zudem ist der Anstieg der Einkommensungleichheit in den vergangenen 30 Jahren in fast keinem Land so stark ausgefallen wie in Deutschland. Im Jahr 1985 gehörte Deutschland noch zu den Ländern, in denen die Ungleichheit in fast allen Lohn- und Einkommensarten geringer war als im OECD-Durchschnitt. Dies hat sich jedoch im Verlauf der vergangenen drei Jahrzehnte fundamental gewandelt. Wie Abbildung 10 zeigt, ist die Ungleichheit bei den verfügbaren Einkommen in Deutschland seit 1985 sogar noch etwas stärker gestiegen als in den USA und sehr viel stärker als in Frankreich und Großbritannien. Bei den Markteinkommen ist die Ungleichheit um 14 % gestiegen – wenig weniger als in den USA und fast doppelt so stark wie in Frankreich. Die Lücke zwischen den besonders hohen verfügbaren Einkommen – etwa den höchsten 10 Prozent – und den besonders niedrigen ist seit 1985 drastisch gewachsen – um fast 30 %.

Natürlich muss man mit allen Entwicklungsvergleichen vorsichtig sein und berücksichtigen, was diese Zahlen beinhalten und von welchen Entwicklungen sie beeinflusst wurden. So hat beispielsweise die deutsche Wiedervereinigung zum Anstieg der Einkommensungleichheit beigetragen. Sie war jedoch ein vergleichsweise unwichtiger Faktor für den starken Anstieg der Einkommensungleichheit im Land. Auch die Zuwanderung, die seit den 1990er Jahren in Deutschland höher als in vielen anderen Industrieländern war, hat nur wenig mit dieser Entwicklung zu tun. In anderen Ländern sind die Einkommen und Löhne der Zuwanderer im Verhältnis zu denen der im Land Geborenen wesentlich niedriger als in Deutschland, wo sie relativ nahe beieinander liegen.[4] Zu der überdurchschnittlich hohen Ungleichheit können sie deswegen kaum beigetragen haben.

Eine Studie des DIW und der Freien Universität Berlin aus dem Jahr 2011 von T. Bönke, G. Corneo und H. Lüthen[5] zeigt, wie stark die Einkommensungleichheit nicht nur über die vergangenen zwanzig Jahre, sondern über die vergangenen sechs Jahrzehnte zugenommen hat. Abbildung 11 zeigt die Ungleichheit verschiedener Geburtenjahrgänge zu verschiedenen Zeitpunkten ihrer Erwerbstätigkeit. Zwei Resultate sind besonders markant: Zum einen wird die Ungleichheit immer größer – sowohl über die Zeit als auch über das Lebensalter der Menschen. Die Einkommens-

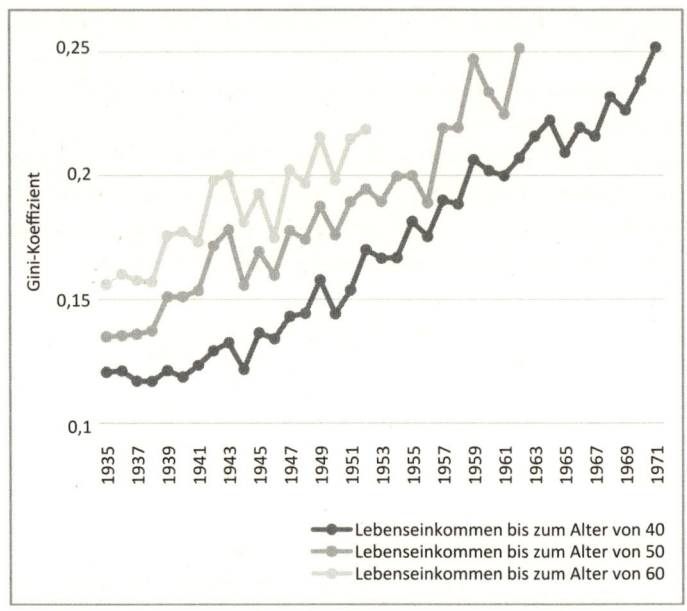

Abb. 11: Ungleichheit der Lebenseinkommen von Männern über die Generationen

Erläuterung: Die Abbildung zeigt die Gini-Koeffizienten für das Lebenseinkommen für die Geburtenjahrgänge 1935–1971 (horizontale Achse) bis zum Alter 40, 50 und 60. Lebenseinkommen sind als Summe der Markteinkommen bis zu einem bestimmten Alter definiert.

Quelle: Bönke und Lüthen (2014)

ungleichheit unter Bis-zu-40-Jährigen war in den 2000er Jahren doppelt so hoch wie 30 Jahre zuvor.

Zudem laufen die Kurven auseinander. Es ist völlig natürlich, dass die Einkommen mit dem Lebensalter ungleicher werden. Die Ungleichheit ist unter 25-Jährigen, die alle entweder noch gar nicht oder erst seit kurzem im Beruf sind, geringer als unter 60-Jährigen, wo sich die Karrieren schon seit Jahrzehnten auseinanderentwickeln konnten. Mit dem Lebensalter steigt also die Ungleichheit. Sie steigt aber heutzutage viel steiler an, als es beispielsweise noch für den Geburtenjahrgang 1938 der Fall war. Den Grund dafür sehen die Autoren dieser Studie vor allem in den immer häufiger werdenden Unterbrechungen der Erwerbsbiografien.

Wie für viele Analysen gilt auch hier, dass die letzten verfügbaren Daten häufig schon einige Jahre alt sind. Auch wenn sich Trends in Ungleichheit und Verteilungsfragen fast nie innerhalb kurzer Zeit dramatisch ändern, so ist es trotzdem wichtig zu fragen, ob dieser Trend der wachsenden Ungleichheit in den Jahren 2012 bis 2016 fortgeschrieben wurde. Viele Menschen in Deutschland hoffen, dass der im Jahr 2014 eingeführte Mindestlohn die Ungleichheit verringern möge. Er hat fast 4 Millionen Beschäftigten einen zum Teil deutlichen Lohnanstieg ermöglicht. Auch wenn es bisher keine belastbaren Zahlen gibt – die Hoffnung wird sich wahrscheinlich nicht erfüllen. Man sollte den Einfluss der Einführung des Mindestlohns auf die Ungleichheit in Deutschland nicht überschätzen. Und zwar, weil die höheren Löhne der Menschen, die vom Mindestlohn profitieren können, sich nur zu einem begrenzten Teil auch in steigenden verfügbaren Einkommen auswirken. Denn mit höheren Löhnen steigen auch die steuerlichen und anderen Abgaben und Belastungen, während die Sozialleistungen geringer werden.

»Die Reichen werden reicher, die Armen werden ärmer«, dieser oft zitierte Ausspruch gilt auch für Deutschland. Das Steigen der Einkommensungleichheit ist bei uns allerdings mehr eine Verarmung der Armen als ein Reicherwerden der Reichen. Denn die Markteinkommen einer großen Gruppe Einkommensarmer sinken massiv. Der Hauptgrund ist, dass mehr als 40 Prozent – also fast die Hälfte – der Arbeitnehmer mit dem geringsten Einkommen nicht nur den Anschluss an die Lohn- und Einkommenserhöhungen der Besserverdienenden verloren haben, sondern die Kaufkraft ihrer Löhne und Einkommen sogar geschrumpft ist. Diesen Punkt sollte man sich sehr bewusst machen, denn er hat großen Einfluss auf die wirtschaftspolitischen und gesellschaftspolitischen Maßnahmen, die der Politik bei der Reduzierung der Ungleichheit zur Verfügung stehen.

Fassen wir zusammen: Die Ungleichheit der Markteinkommen gehört in Deutschland mit zu den höchsten aller Industrieländer und ist genauso hoch wie in den USA. Der deutsche Staat verteilt im internationalen Vergleich ungewöhnlich viel Einkommen durch Sozialleistungen und Steuern um und trägt damit zu einer geringeren Ungleichheit der verfügbaren Einkommen bei. Diese Umverteilung ist jedoch über die letzten drei Jahrzehnte zunehmend geringer geworden, sie reduziert die Ungleichheit der Markteinkommen immer weniger.

Zudem ist über die letzten 30 Jahre die Ungleichheit sowohl der Markteinkommen als auch der verfügbaren Einkommen in kaum einem anderen Industrieland so stark gestiegen wie in Deutschland. Dies gilt auch, wenn man berücksichtigt, dass seit dem Jahr 2005 – vor allem auch dank des in Deutschland aufgetretenen Beschäftigungsbooms – die Ungleichheit der verfügbaren Einkommen stagnierte. Dieser Anstieg der Einkommensungleichheit ist nicht nur durch die Lohnzugewinne der besserverdienenden 10 Prozent zu erklären, sondern vor allem durch die schwache Lohnentwicklung der einkommensschwächsten 40 Prozent der Bevölkerung.

Für mehr als die Hälfte der deutschen Arbeitnehmer – nämlich die Hälfte mit den niedrigsten Löhnen – ist die Kaufkraft ihrer Löhne heute geringer als noch vor 15 Jahren. Ihre Reallöhne sind gesunken. Die schwache Lohn- und Einkommensentwicklung bei den bereits Einkommensschwachen hat entscheidend zum starken Anstieg der Armutsquote in Deutschland beigetragen. Auch der Anteil der Menschen, die sich zu einem durchschnittlichen Lebensstandard im Land gehörende Güter und Aktivitäten nicht mehr leisten können, ist heute deutlich höher als noch vor zwei Jahrzehnten – die materielle Deprivation greift um sich.

3 Das Mobilitäts-Puzzle

Arm bleibt Arm und Reich bleibt Reich: In Deutschland schaffen es verhältnismäßig wenige Menschen, sich im Laufe ihres Lebens einen besseren Lebensstandard zu erarbeiten als den, in den sie hineingeboren wurden. Gleichzeitig gilt: Diejenigen, die es geschafft haben, einen hohen Lebensstandard zu erlangen, oder das Glück hatten, einen solchen von Geburt an genießen zu dürfen, verlieren ihn viel seltener als in anderen Teilen der Welt. Deutschland weist eine geringe Einkommens- und Vermögensmobilität auf. Menschen mit geringem Einkommen sind selten erfolgreich darin, irgendwann ein erheblich besseres zu erwirtschaften. Noch geringer ist die Mobilität bei den privaten Vermögen. Wer einmal Vermögen angehäuft hat, verliert dieses selten und kann meist seine relativ gute Position behaupten. Dagegen schaffen es nur wenige ohne Vermögen, sich ein solches über die Zeit aufzubauen.

Vor allem die geringe Mobilität bei privaten Vermögen verwundert. In einer Gesellschaft, in der Vermögen ausschließlich über das eigene Arbeitseinkommen entsteht, sollte es eine hohe Mobilität sowohl bei den Einkommen als auch bei den Vermögen geben. Arbeitnehmer, die Erfahrungen sammeln und älter werden, sollten – so will es die Theorie – generell auch in höhere Einkommensklassen aufrücken und damit zunehmend mehr Vermögen aufbauen können. Erst im Alter sollten die Vermögen wieder schrumpfen, wenn die Menschen sie vermehrt für den privaten Konsum einsetzen – etwa um ihren Lebensstandard auch im Rentenalter zu halten.

Vermögens-position im Jahr ...	Vermögensposition im Jahr 2012									
	Dezile									
	1.	2.	3.	4.	5.	6.	7.	8.	9.	10.
	%									
	Vermögensmobilität im Vergleich der Jahre 2002 und 2012									
2002										
1. Dezil	**25**	14	20	12	8	11	4	3	3	2
2. Dezil	16	**21**	19	11	16	7	4	5	2	1
3. Dezil	18	15	**15**	15	14	11	6	3	2	2
4. Dezil	10	10	11	**14**	17	16	9	5	4	4
5. Dezil	11	6	12	12	**17**	18	11	6	4	2
6. Dezil	7	4	7	6	13	**21**	24	9	6	4
7. Dezil	5	3	5	3	4	16	**27**	21	12	3
8. Dezil	1	4	3	1	3	5	15	**31**	24	12
9. Dezil	1	3	1	1	3	3	7	19	**37**	26
10. Dezil	1	1	1	1	1	1	3	7	17	**67**

Abb. 12: Individuelle Vermögensmobilität 2002 und 2012

Erläuterung: Die Tabelle zeigt die Veränderungen der Vermögenspositionen von über 17-jährigen Personen zwischen 2002 und 2012. So zeigt beispielsweise der Wert im Feld unten rechts an, dass von jenen Personen, die sich 2002 im obersten Dezil befanden, 67 Prozent auch 2012 dem obersten Dezil angehörten.

Quelle: Grabka und Westermeier (2015)

So weit die Theorie. In der Praxis zeigt sich in Deutschland jedoch ein fundamental anderes Bild. Die Vermögensmobilität ist außergewöhnlich niedrig, vor allem bei den reichsten und bei den ärmsten Menschen. Nach einer Studie des DIW Berlin[6] waren mehr als die Hälfte der Menschen, die im Jahr 2002 keinerlei privates Vermögen besaßen, auch zehn Jahre später noch genauso mittellos oder netto sogar verschuldet. Es ist in unserem Land offensichtlich sehr schwierig, aus dieser Spirale der Vermögensarmut auszubrechen, sich finanziell besser zu stellen und private Vorsorge zu betreiben.

Das gilt für den Gesamtdurchschnitt der Gesellschaft wie für die Extrempunkte der Vermögensskala. Zwei von drei Deutschen, die im Jahr 2002 zu den reichsten 10 Prozent der Bevölkerung gehörten, waren auch im Jahr 2012 noch Teil dieser Gruppe. Wer also einmal ein Vermögen erlangt hat, schafft es in der Regel, dieses zu behalten, daraus Einkommen zu generieren oder zumindest keine Verluste zu erleiden. Er rutscht selten in niedrigere Vermögensgruppen ab. Ein großer Teil der Wohlhabenden hat sein Vermögen dabei nicht selbst erarbeitet. Somit zeigt die Studie auch, von welch enormer Bedeutung Erbschaften und Schenkungen für den Vermögensaufbau und -erhalt der Gruppe der Vermögenden sind.

Nur in der Mitte der Vermögensverteilung sind die Menschen ein wenig mobiler. Aber auch hier haben sie es in weniger als 3 Prozent der Fälle geschafft, in die Gruppe der reichsten 10 Prozent der Deutschen aufzusteigen.

Ähnlich wie bei den Vermögen ist die Mobilität der Deutschen auch bei den verfügbaren Einkommen sehr niedrig. Sie ist, wie in Abbildung 13 erkennbar, seit Anfang der 1990er Jahre zudem stark gesunken.[7] Der dunkle Graph zeigt die Mobilität der von Armut bedrohten Menschen, also der Bürger, die weniger als

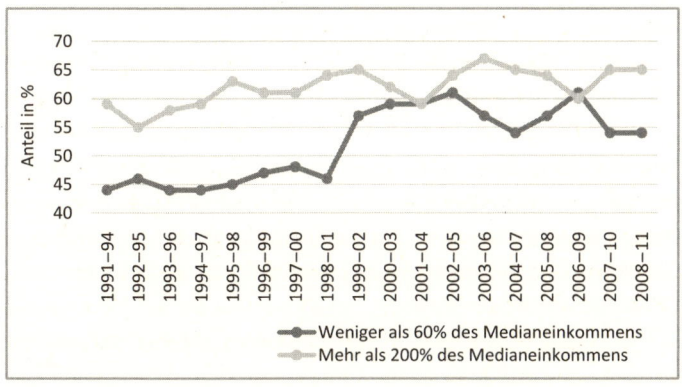

Abb. 13: Einkommensmobilität

Erläuterung: Die Abbildung zeigt den Anteil der Personen, die über einen 3-Jahreshorizont in ihren Einkommensgruppen verharren. So verblieben zwischen 1991 und 1994 44 % der Personen mit weniger als 60 % des Medianeinkommens in ihrer Einkommensgruppe. Zwischen 2008 und 2011 waren es 54 %, die verblieben.

Quelle: Grabka und Goebel (2013)

60 Prozent des Medianeinkommens erhalten, und für die Bürger, die mit mehr als dem Doppelten des Medianeinkommens die höchsten Einkommen erzielen. Konnten in den 1990er Jahren noch mehr als die Hälfte der einkommensarmen Menschen ihr Einkommen innerhalb der nächsten Jahre so stark verbessern, dass sie der Armut entflohen, so schafft das heute nur noch weniger als die Hälfte. 10 bis 15 Prozent derer, die Anfang der 1990er Jahre der Einkommensarmut innerhalb weniger Jahre noch entkommen konnten, verbleiben heute in dieser Gruppe.

Auch bei den Menschen mit sehr hohen verfügbaren Einkommen hat die Mobilität über die letzten beiden Jahrzehnte deutlich abgenommen. Die Zahlen gleichen denen, die sich auf die privaten Vermögen beziehen. Knapp zwei Drittel derer, die mehr als das Doppelte des Medianeinkommens haben, schaffen es heute, über einen Fünfjahreshorizont in dieser Gruppe der Einkommensreichen zu verbleiben.

Die geringe Mobilität bei den Einkommen und privaten Vermögen führt zu der Frage, ob und inwiefern es eine Verbindung zwischen der Höhe der Einkommen und derjenigen der Nettovermögen gibt. Sind die Menschen mit den hohen Vermögen auch die mit hohen Einkommen? Und ist im Umkehrschluss die Vermögensarmut eines Menschen verbunden mit Einkommensarmut? Eine Studie des Eurosystems[8] aus dem Jahr 2013 über die Verteilung von privaten Vermögen in Europa zeigt, dass es in Deutschland eine viel engere Verbindung zwischen Vermögen und Einkommen gibt als in den meisten anderen europäischen Ländern.

Die Tabelle listet das durchschnittliche Bruttoeinkommen für sechs unterschiedliche Vermögensgruppen auf, von den 20 vermögensärmsten Prozent bis hin zu den 10 Prozent mit den höchsten Nettovermögen. Deutschland hat mit einem Medianeinkommen von 32 500 € eines der höchsten Einkommensniveaus in ganz Europa und liegt damit deutlich über dem Durchschnitt der gesamten Eurozone von 28 600 €. Dagegen haben die

	Brutto-einkommen (Median, in TEUR)	Nettovermögen					
		< 20%	20–40%	40–60%	60–80%	80–90%	90–100%
Alle	28,6	17,4	25,4	27,5	33,2	43,7	59,3
BE	33,7	17,9	33,7	35,3	47,6	47,5	61,3
DE	32,5	16,0	24,7	37,5	41,8	52,6	73,4
GR	22,0	15,8	16,3	21,0	26,0	32,3	40,2
ES	24,8	18,1	18,6	22,6	28,9	36,1	46,3
FR	29,2	18,1	23,9	29,0	34,9	44,0	61,1
IT	26,3	16,3	23,8	24,9	32,3	43,4	59,1
CY	32,3	17,4	26,7	32,8	44,4	52,0	66,3
LU	64,8	34,6	59,8	62,4	77,6	102,9	129,4
MT	21,6	14,3	19,3	22,1	28,6	27,2	37,6
NL	40,6	35,8	36,1	40,3	43,9	48,4	58,0
AT	32,3	18,3	26,9	32,3	38,7	55,9	61,1
PT	14,6	10,0	12,4	14,3	16,5	23,1	32,3
SI	18,0	9,2	18,9	15,6	18,0	32,8	36,9
SK	11,2	7,3	10,0	11,4	12,7	13,8	17,9
FI	36,3	23,7	30,0	33,3	44,0	50,7	72,7

Abb. 14: Bruttoeinkommen der Haushalte nach Vermögensgruppen

Erläuterung: Die Tabelle zeigt die Bruttoeinkommen (Median) entlang der Nettovermögensgruppen in Tausend Euro.

Quelle: Eurosystem Household Finance and Consumption Survey (2013)

Deutschen mit den 20 Prozent der geringsten Nettovermögen nur ein Pro-Kopf-Einkommen von 16 000 €, was deutlich weniger ist als die 17 400 € der Vergleichsgruppe im EU-Durchschnitt. Die Vermögensarmen sind in Deutschland also einkommensschwächer als in anderen europäischen Ländern.

Ganz anders sieht das Bild bei den Vermögensreichsten in Deutschland aus. Diese haben mit einem Nettoeinkommen von 73 400 € das zweitgrößte Nettoeinkommen unter allen Ländern der Eurozone und liegen damit knapp 14 000 € über dem Durchschnitt der europäischen Vergleichsgruppe.

Fazit: Die Mobilität bei Einkommen und Vermögen in Deutschland ist nicht nur im internationalen Vergleich außergewöhnlich gering, sondern in den vergangenen zwei Jahrzehnten nochmals deutlich gesunken. Es gibt in Deutschland einen ungewöhnlich starken Zusammenhang zwischen der Höhe der verfügbaren Einkommen und der Größe des privaten Nettovermögens. Menschen ohne Vermögen schaffen es nur selten, Vermögen aufzubauen und in der Verteilung deutlich nach oben zu klettern. Die Mobilität ist auch am oberen Ende der Vermögensverteilung äußerst gering: Zwei von drei der vermögendsten Deutschen verbleiben über einen Zeitraum von einem Jahrzehnt in dieser Gruppe.

Was sind die Ursachen für diese hohe Ungleichheit in Einkommen, Vermögen und Mobilität? Schafft sie aus einer wirtschaftspolitischen Perspektive gemeinsam mit der geringen Mobilität Probleme? Und wenn ja, was kann die Politik tun? Diese sind die Fragen, die in den kommenden Kapiteln behandelt werden sollen.

II. DIE KONSEQUENZEN DER UNGLEICHHEIT

> »*The welfare of a nation can scarcely be inferred from a measurement of national income.*«
>
> Simon Kuznets, *Report to Congress*, 1934

Was sind die Auswirkungen dieser Ungleichheit auf Wirtschaft und Gesellschaft? Und welches Maß an Gleichverteilung wäre eigentlich wünschenswert? Jede Debatte über Ungleichheit und Verteilung beginnt bei der normativen Frage, wie eine Gesellschaft Gerechtigkeit definiert und welchen Stellenwert sie der Freiheit beimisst. Ein Konzept von Gerechtigkeit zu definieren ist aber nicht Aufgabe der Wirtschaftswissenschaft. Sie sollte lediglich analysieren, welche Konsequenzen sich aus unterschiedlichen Verteilungen in einer Gesellschaft ergeben.

Dieser zweite Teil des Buches widmet sich daher den konkreten Folgen der bestehenden Ungleichheit in Einkommen und Vermögen. Und der Frage, wie sehr die Ungleichheit und der mit ihr einhergehende Verteilungskampf den gesellschaftlichen Zusammenhalt auf die Probe stellen – gerade im Angesicht der bedrohlichen demographischen Entwicklung sowie des immensen Anstiegs der Zuwanderung in den vergangenen Jahren.

Dafür ist es dienlich, noch einmal kurz innezuhalten und die häretisch klingende Frage zu stellen: Ist es zwingendermaßen schlecht, wenn Vermögen, Einkommen und Chancen so unterschiedlich über die Bevölkerung verteilt sind? Sollte es uns wirklich sorgen, wenn beispielsweise die Ungleichheit der Einkommen ansteigt, obwohl das Einkommen der ärmeren Bevölkerungshälfte auch deutlich zunimmt – nur eben schwächer als das der reicheren Hälfte? Wieso konzentrieren wir uns bei der Analyse so gerne auf die Eliten? Ist es für eine Gesellschaft wirklich so wichtig, was eine kleine Minderheit hat und verdient? Ist es nicht viel wichtiger zu fragen, wie die große Mehrheit der Gesellschaft und vor allem die sozial Schwächsten dastehen?

Hohe Ungleichheit in Einkommen und Vermögen, das haben unterschiedlichste Studien nachgewiesen, kann sehr negative Konsequenzen haben: Sie kostet Wirtschaftswachstum, schmälert die Produktivität und senkt die Nachfrage. Sie verschlechtert das Bildungsniveau einer Gesellschaft, weil die Menschen weniger Möglichkeiten haben, in ihre Ausbildung zu investieren. Sie hat Folgen für die Gesundheit, reduziert die politische und soziale Teilhabe und steigert das Risiko großer Finanz- und Wirtschaftskrisen, die das Potenzial haben, ganze Staaten und ihre Bevölkerung in die Misere zu stürzen.

Auch für unsere derzeit anscheinend so stabile und blühende Volkswirtschaft stellt eine wachsende Ungleichheit ein großes Dilemma dar: Sie teilt das Land immer stärker in zwei auseinanderdriftende Gruppen, unter denen der Verteilungskampf immer stärker toben wird. Langfristig treibt sie das Land – wenn sich die derzeitigen Trends fortsetzen sollten – auf die Zerreißprobe zu.

4 Exkurs: Das rechte Maß –
Freiheit versus Gleichheit

> »*The natural distribution is neither
> just nor unjust ...
> What is just and unjust is the way
> that institutions deal with these facts.*«
>
> John Rawls, *A Theory of Justice*, 1971

Die dem Kapitel vorangestellten Zeilen schrieb John Rawls in seinem einflussreichen Werk *A Theory of Justice* im Jahr 1971. Jeder Mensch wird in unterschiedliche Umstände und wirtschaftliche Bedingungen hineingeboren. Selbst wenn die wirtschaftlichen Bedingungen in allen Familien gleich wären, gäbe es wohl immer noch Eltern, die sich unterschiedlich gut kümmern. Auch kann nicht jeder Profifußballer werden, weil die Natur nicht jedem das Talent dazu schenkt. Völlige Gleichheit wird es also nie geben. Das ist aber auch nicht die entscheidende Frage, die es zu beantworten gilt. Die Frage, so Rawls, ist vielmehr, wie der Staat mit dieser intrinsischen Ungleichheit umgehen soll, ob und wie er umverteilen soll und vor allem nach welchen Prinzipien.

Zunächst muss unterschieden werden zwischen den Ressourcen, die einem Menschen zur Verfügung stehen – also Einkommen, Vermögen, Sicherheit, Unterstützung der Familie usw. –, sowie den Präferenzen und Entscheidungen, also wie dieser Mensch mit diesen Ressourcen umgeht. Der Philosoph Ronald Dworkin[9] definiert Ressourcen als solche, die nicht immer und nur unvollständig von einer Person beeinflusst werden können.

Er argumentiert, der Staat solle einen Ausgleich bei der Verteilung solcher Ressourcen erwirken, die ein Mensch nicht beeinflussen kann, und gleichzeitig die Präferenzen, also die freie Wahl der Menschen, respektieren.

Der Wirtschaftsnobelpreisträger und Philosoph Amartya Sen[10] geht einen Schritt weiter: Eine Debatte über Ungleichheit werde zu eng geführt, wenn sie sich nur auf die Unterscheidung zwischen Ressourcen und Präferenzen konzentriere. Vielmehr müsse ein drittes Element in der Debatte beachtet werden, nämlich die häufig völlig unterschiedlichen Fähigkeiten der Menschen, Ressourcen für den Einzelnen und die Gesellschaft zu nutzen. So mögen zwei Menschen mit den gleichen Ressourcen sehr unterschiedliche Fähigkeiten haben, diese einzusetzen: konkret, eine Karriere aufzubauen und einen gesellschaftlichen Beitrag zu leisten.

Dies führt zu der Frage, wie eine Gesellschaft mit diesen unterschiedlichen Fähigkeiten umgehen soll. Die Arbeit von Jerry Cohen[11] zeigt, dass es bei einem radikal nutzenorientierten Ansatz, der den Wohlstand einer gesamten Gesellschaft maximieren möchte, gerechtfertigt sein könnte, vor allem den Menschen Ressourcen zu geben, die gute Fähigkeiten haben, diese zu nutzen. Der Gleichheits-Ansatz unterstreicht hingegen die Notwendigkeit gleicher Chancen für alle Menschen, unabhängig von ihrer Fähigkeit, diese für sich und die Gesellschaft als Ganzes zu nutzen.

Die zentrale Schwierigkeit bei der Unterscheidung dieser drei Elemente – der Ressourcen, der Präferenzen beziehungsweise Entscheidungen und der Fähigkeiten – ist die gegenseitige Abhängigkeit dieser Elemente voneinander. So haben beispielsweise Menschen, die unter schwierigen Bedingungen aufgewachsen sind, häufig nicht die Möglichkeit, ihre Fähigkeiten zu entwickeln und die Ressourcen zu nutzen, die der Staat zur Verfügung stellt. Ein Kind, das aus schwierigen Familienverhältnissen kommt, ist vielleicht genauso intelligent wie seine Klassenkameraden, hat jedoch weniger Förderung für die Schule erhalten und schafft deshalb einen schlechteren Schulabschluss. Mit anderer Förderung hätte es vielleicht mehr schulischen Ehrgeiz entwickelt und ein Studium angestrebt.

Eine zweite Schwierigkeit besteht darin, dass die Interessen einzelner Menschen häufig zueinander in Widerspruch stehen. Ressourcen umzuverteilen bedeutet häufig, einige Menschen auf Kosten anderer besser zu stellen. Der Staat tut das ständig. Indem er Steuern erhebt und Transferzahlungen leistet, stellt er einige Menschen besser und andere schlechter.

Vor allem seit den 1970er Jahren ist eine akademische Debatte entbrannt über die Frage, nach welchen Prinzipien ein Staat Ressourcen umverteilen sollte. Für John Rawls machten vor allem zwei Prinzipien eine gerechte Verteilung aus: Zum einen sollte der Staat immer grundlegende Freiheiten garantieren – etwa die Wahlfreiheit, Redefreiheit, Religionsfreiheit usw. Zum Zweiten solle er bei Verteilungsfragen immer auf die Schwächsten fokussieren. »Gerechtigkeit als Fairness«, nannte er dieses Prinzip. Die Verteilung von Ressourcen solle so geschehen, dass alle Bürger hinter einem »Schleier der Ignoranz« eine gemeinsame Lösung finden könnten – als wenn sie ihre eigene Stellung in der Gesellschaft nicht kennen würden.

Dem hält unter anderem Robert Nozick[12] entgegen, dass eine solche Lösung nicht praktikabel sei und zu einem überbordenden Staat führen würde, der sich massiv in das Leben der Menschen einmischt und die Freiheit der Menschen durch eine hohe Bürokratie, Steuern und Vorgaben deutlich einschränkt. Nozick fordert einen »minimalen Staat«, der sich lediglich dazu verpflichtet, den Bürgern ein Mindestmaß an sozialer, wirtschaftlicher und rechtlicher Sicherheit zu bieten. Selbst hier bleibt jedoch die Frage, wo genau ein solches Mindestmaß beginnen und enden sollte. Es ist höchst umstritten, welche Rolle des Staates gesellschaftlich wünschenswert ist.

Isaiah Berlin stellt die Freiheit des Individuums ins Zentrum seines Konzepts. In seiner zitierten Arbeit »Two Concepts of Liberty« unterscheidet er zwischen positiver und negativer Freiheit. Positive Freiheit lässt dem Mensch eine freie Wahl, Entscheidungen zu treffen und seine Präferenzen auszuleben. Sie geht auf Aristoteles' Definition des freien Bürgertums zurück. Negative Freiheit dagegen ist solche, bei der der Mensch frei von Restriktionen ist, bei der ihn weder andere Menschen noch innere Zwänge oder die Gesellschaft in seinem Handeln und Sein begrenzen. So hat zum Beispiel jeder Mensch in Deutschland prinzipiell die Möglichkeit, fast jeden Beruf auszuüben. Das ist positive Freiheit *zu* etwas. Wenn jedoch die Gesellschaft diesen Menschen daran hindert, seine Fähigkeiten zu entwickeln und zu nutzen, um dieses Ziel zu erreichen, dann ist seine negative Freiheit nach Isaiah Berlin eingeschränkt.

Isaiah Berlin betont die Komplementarität der negativen und der positiven Freiheit. Beide sind essenziell für den Menschen und für die Gesellschaft als Ganzes. Jedoch können sie miteinander im Konflikt stehen. So hindert beispielsweise die Entscheidung eines Einzelnen, ein spezifisches Haus oder Unternehmen zu kaufen, einen anderen daran, das Gleiche zu tun. In anderen Worten, Freiheit und freie Entscheidungen haben Einfluss auf die Verteilung und Ungleichheit in einer Gesellschaft. Oder wie Isaiah Berlin schreibt:

»The two things (complete freedom and complete equality) can't be had together but are both perfectly noble ultimate ends. And one has to choose in the end.«

5 Der Beitrag der Wirtschaftswissenschaften

Welchen Beitrag können die Wirtschaftswissenschaften zu dieser Diskussion leisten? Keinen, wenn es um die normative Frage geht, wie diese unterschiedlichen Ziele gewichtet werden sollen. Diese muss im gesellschaftlichen Diskurs beantwortet werden, zu dem die Ökonomie nur beitragen kann, indem sie sich auf eine spezifische Dimension dieser Debatte konzentriert. Und zwar auf die positive Dimension der Verteilungsfrage. Die Aufgabe der Ökonomie ist es, Analysen und Vergleiche anzustellen und Wirkungszusammenhänge aufzuzeigen. Wie beeinflusst Ungleichheit das Wirtschaftswachstum, die wirtschaftliche Leistungsfähigkeit, die Investitionen, den Konsum, die Gesundheit und viele andere Aspekte? Sie kann auch den Ursachen nachspüren, die zu einer bestimmten Verteilung führen, und die vielen anderen Aspekte untersuchen, auf die sich Verteilung auswirkt und die relevant für die Wirtschaftspolitik sind – etwa die soziale und politische Teilhabe und die Frage, ob Ungleichheit zu einer weniger funktionalen Demokratie führt.

Die neuere wirtschaftswissenschaftliche Forschung hat sich vor allem auf die Frage konzentriert, ob mehr Ungleichheit zu weniger Wirtschaftswachstum und finanziellem Wohlstand führt. Atkinson und Bourguignon (2000) sowie Atkinson und Stiglitz (1980) untersuchen beispielsweise den auftretenden Widerspruch zwischen der Größe der Wirtschaftsleistung und der Gleichheit der Verteilung. Unter bestimmten Umständen kann eine Umverteilung zugunsten größerer Gleichheit die Gesamtleistung der Wirtschaft reduzieren. So kann eine höhere Steuer für Unternehmen oder Individuen diese ins Ausland treiben und somit im Inland Wachstum und Beschäftigung schmälern. Eine stärkere Regulierung des Marktprozesses kann zu Verzerrungen führen und Unternehmen stärken, die weniger effizient sind, und somit auch weniger Mehrwert für die Gesellschaft als Ganzes schaffen.

Ein großer Teil dieser neueren Forschung konzentriert sich zudem auf die Entwicklung der Vermögen des reichsten einen Prozents – wie die bereits diskutierte Arbeit von Piketty. Das Thema der Ungleichheit ist jedoch sehr viel breiter. Wir müssen unsere Aufmerksamkeit darauf richten, wie die große Mehrheit der Gesellschaft und vor allem die sozial Schwächsten dastehen.

Genauso relevant ist der Ansatz, statt der Vermögensungleichheit die Ungleichheit der Chancen als drängendstes gesellschaftliches Problem zu betrachten. Atkinson (2015) argumentiert sehr überzeugend in diese Richtung. Er führt aus, dass man zwischen Kapital – zum Beispiel der Besitz eines Unternehmens – und Vermögen – beispielsweise Aktien, also lediglich kleine Anteile an Unternehmen, ohne direkten Einfluss auf die unternehmerischen Entscheidungen – unterscheiden muss. Nicht das Vermögen an sich, sondern die Verfügungsgewalt über es gilt es bei einer Analyse von Ungleichheit im Besonderen zu berücksichtigen. Bill Gates mag heute das weltweit vermögendste Individuum sein. Aber er hat mittlerweile keinerlei Kontrolle mehr über Produktionsentscheidungen, darüber also, wie genau sein Vermögen genutzt wird (außer dem Vermögen in seiner Stiftung).

Es gibt zudem eine große wirtschaftswissenschaftliche Literatur zum Verteilungskampf zwischen verschiedenen gesellschaftlichen Gruppen. Dieser ist häufig schädlich für eine Gesellschaft, wenn gesellschaftliche Gruppen ihre Ressourcen und Energie darauf beschränken, die Politik bei ihrer Entscheidungsfindung zu beeinflussen, anstatt diese Ressourcen in produktive und für die Gesellschaft gewinnbringende Prozesse zu investieren.

Klar ist: Genauso wie es viele konkrete Belege dafür gibt, dass eine Umverteilung schädlich für Wirtschaft und Gesellschaft sein kann, so gibt es genauso gute Gründe, wieso eine hohe Ungleichheit den Wohlstand einer Gesellschaft verschlechtert. Eine Ungleichheit kann viele Menschen verletzlich und abhängig von staatlichen Leistungen machen. Dies kann zu einer dysfunktionalen Gesellschaft und Demokratie führen, wenn die sozialpolitische Teilhabe immer größerer gesellschaftlicher Gruppen sinkt.

Eine hohe Ungleichheit in Einkommen und Vermögen mindert die Chancengleichheit. Wenn Menschen durch fehlende Ressourcen nicht die Chance haben, ihre Talente und Fähigkeiten zu entwickeln, können sie sich auch nicht erfolgreich am wirtschaftlichen und letztlich auch nicht am gesellschaftlichen Leben eines Landes beteiligen. Damit entgeht einer Volkswirtschaft wirtschaftliches Potenzial. Wachstum und Wohlstand der gesamten Gesellschaft sind kleiner, als sie sein könnten. Ungleichheit kann auch zu geringerem Konsum und Nachfrage führen und zu einem risikofeindlichen Verhalten, das Menschen davon abhält, sich selbstständig zu machen und innovativ zu sein, was wiederum die Wettbewerbsfähigkeit der Wirtschaft schwächt.

Kurzum, es gibt eine Reihe von Gründen, wieso Ungleichheit in einigen Bereichen eine notwendige Voraussetzung für eine funktionierende Marktwirtschaft sein und in anderen Bereichen derselben Marktwirtschaft schaden kann. Es ist eine Frage der Dosis, des rechten Maßes der Ungleichheit. Und in Deutschland ist dieses Maß überschritten.

Nun aber zurück zu den Auswirkungen der Ungleichheit. Wie wirkt sich Ungleichheit in Einkommen und Vermögen konkret auf die Wirtschaft aus? Ab welchem Maß schwächt sie das Wirtschaftswachstum? Provoziert sie Krisen oder bewahrt sie manchmal auch vor ihnen? Welche Konsequenzen hat eine hohe Ungleichheit für die Fähigkeit von Menschen, in Bildung zu investieren, und damit für das Humankapital einer Gesellschaft? Diese sind die zentralen Fragen von Teil II.

6 Ungleichheit reduziert das Wirtschaftswachstum

Zum Zusammenhang von Ungleichheit und Wirtschaftswachstum sind viele wissenschaftliche Studien und Bücher erschienen. Für solche Analysen müssen häufig viele verschiedene Länder beobachtet werden, um einen Vergleich der Wachstumsquoten zu ermöglichen. Die Studien müssen über längere Zeiträume erfolgen, da die Veränderung der Ungleichheit beobachtet werden muss. Und selbst wenn das passiert, ist es schwierig, Schlussfolgerungen für einzelne Länder und Situationen zu ziehen und die Kausalität zu identifizieren: Verursacht mehr Ungleichheit weniger Wachstum, oder führen Perioden mit schwachem Wachstum zu mehr Ungleichheit?

Wieso kann bei einer geringen Höhe mehr Ungleichheit sogar zu mehr Wohlstand und Wachstum führen, Ungleichheit jedoch schädlich werden, sobald sie zu groß wird? Zum einen kann ein gewisses Maß an Ungleichheit zu einer effizienteren Allokation von Ressourcen – Kapital oder Arbeit – führen, denn diese zeigt häufig, in welchen Bereichen es sich für Unternehmen zu investieren lohnt. Ungleichheit kann zudem förderlich für eine notwendige Akkumulation von Kapital sein. Denn für das Wirtschaftswachstum ist es häufig förderlich, wenn Unternehmer und Unternehmen Risiken eingehen und Kapital in Zukunftsprojekte investieren. Daher kann es hilfreich sein, wenn mehr Kapital in den Händen weniger konzentriert ist, vor allem wenn das Finanzsystem nicht effizient funktioniert.

Ein gewisses Maß an Ungleichheit kann zudem Anreize verbessern: Menschen und Unternehmen werden vor allem dann in Bildung investieren, hohen Einsatz zeigen oder riskante Projekte tätigen, wenn sich dies auch für sie lohnt – auch durch höhere Einkommen und Vermögen. Wenn die Politik also zu stark in den Märkten interveniert und die unternehmerischen Möglichkeiten von Unternehmen und einzelnen Bürgern stark einschränkt, so dass diese ihre Bemühungen und Investitionen einstellen, hat das potenziell negative Konsequenzen für die Leistungskraft der Wirtschaft.

Wenn Ungleichheit jedoch wiederum zu groß wird und Menschen nicht in der Lage sind, in ihre eigene Bildung zu investieren, weil ihnen das Einkommen und die finanzielle Mittel dazu fehlen, dann sinkt das Bildungsniveau einer Gesellschaft, und damit schrumpfen auch Produktivität, Unternehmensinvestitionen und letztlich Wachstum. Dieser Prozess verstärkt sich, wenn Menschen gar unter die Armutsgrenze rutschen und durch Arbeitslosigkeit und Gesundheitsprobleme kaum oder gar nicht am wirtschaftlichen und gesellschaftlichen Leben teilhaben können. Je weniger Menschen effektiv am wirtschaftlichen Leben teilnehmen, desto höher ist auch die Belastung und desto geringer die Leistungsfähigkeit des Staates. Dies reduziert letztlich den Wohlstand eines gesamten Landes.

Ungleichheit kann jedoch nicht nur über diesen Angebotsmechanismus, sondern auch über die Nachfrage einen negativen Einfluss auf die Wirtschaftskraft haben. Da Menschen mit höheren Einkommen mehr sparen, führt eine höhere Ungleichheit in Einkommen und Vermögen gesamtwirtschaftlich zu einer höheren Sparquote und damit zu einer geringeren Konsumnachfrage. Eine starke Ungleichheit bewirkt so ein geringeres Wirtschaftswachstum. Zudem zeigen viele Studien, dass eine hohe Ungleichheit in Einkommen und Vermögen den Verteilungskampf zwischen gesellschaftlichen Gruppen intensiviert, die soziale und politische Teilhabe reduziert und somit letztlich das Funktionieren einer Marktwirtschaft einschränkt.

Die entscheidende Frage ist, wie es um das Verhältnis von Wirtschaftsleistung und Ungleichheit in Deutschland bestellt ist. Ist dieses Verhältnis so, dass durch ein Absenken der Ungleichheit Wirtschaftsleistung hinzugewonnen werden kann? Oder haben wir dieses Potenzial bereits ausgereizt?

Die zentrale Frage ist zudem, was die Wirtschaftswissenschaft zum Thema Ungleichheit und Verteilung sagen kann und in welchen Fragen sie nichts oder wenig beizutragen hat. Durch eine positive Analyse kann sie aufzeigen, inwieweit eine Gesellschaft durch gezielte wirtschaftspolitische und gesellschaftliche Maßnahmen eine sogenannte Pareto-Verbesserung erzielen kann, also alle besser gestellt werden. Sie kann jedoch nichts darüber aussagen, wie weit nach links auf der Kurve eine Gesellschaft sich entwickeln sollte oder wird. Denn das ist eine rein normative Frage: Wie viel wirtschaftliche Leistungsfähigkeit ist eine Gesellschaft gewillt aufzugeben, um das gewünschte Maß an Gleichheit in Einkommen, Vermögen und Chancen zu erreichen? Das kann nur die Gesellschaft selbst beantworten.

So schwierig es in der Realität sein mag, den Zusammenhang zwischen Ungleichheit und Wachstum zu identifizieren, so zeigen doch viele Ergebnisse – seien es Studien von Wissenschaftlern oder renommierten Institutionen wie der OECD, der EU oder des IWF – das gleiche Ergebnis: Das Absenken einer hohen Ungleichheit kann die gesamtwirtschaftliche Wirtschaftsleistung erhöhen – zumindest bis zu einem bestimmten Punkt. Bis zu diesem Punkt dominieren die oben genannten Mechanismen, die bei einem Anstieg der Ungleichheit die Minderung von Wachstum und Wohlstand bewirken.

Abbildung 15 zeigt für Industrieländer den Einfluss der gestiegenen Einkommensungleichheit auf das Wirtschaftswachstum zwischen 1990 und 2010. Für Deutschland ist die Wirtschaftsleistung pro Kopf zwischen 1990 und 2010 um etwa 26 Prozent gestiegen. Wenn in die Ungleichheit der verfügbaren Einkommen im gleichen Zeitraum nicht so stark angestiegen wäre, hätte das

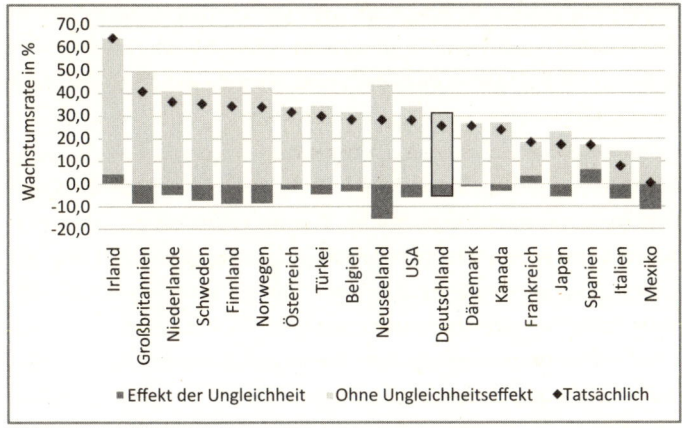

Abb. 15: Effekt der Veränderung der Einkommensungleichheit auf das Wirtschaftswachstum

Erläuterung: Die Abbildung zeigt die geschätzten Auswirkungen einer Veränderung der Einkommensungleichheit zwischen 1985 und 2005 auf die kumulierte Wachstumsrate des BIP pro Kopf in der Zeit von 1990–2010.
Quelle: OECD (2015a)

Wachstum um sechs Prozentpunkte höher gelegen. In anderen Worten: Deutschlands Wirtschaftsleistung hätte um knapp ein Fünftel stärker sein können, wäre die Einkommensungleichheit in Deutschland nicht gestiegen.

Die Verluste für die deutsche Volkswirtschaft und die Bevölkerung sind immens. Ein verlorenes Wachstum von sechs Prozent entspricht einer jährlichen Wirtschaftsleistung von 160 Milliarden €, oder, für eine vierköpfige Familie in Deutschland, 8000 €. Und das sind nur die Verluste für die Jahre zwischen 1990 und 2010. Dieses Wachstum ist aber auch als Grundlage für die Zukunft verloren. Die Verluste setzen sich also so lange fort, wie die Ungleichheit der verfügbaren Einkommen auf jetzigem Niveau verbleibt. Kritiker werden nun einwenden, dass man die Verluste wohl kaum so genau auf Euro und Cent berechnen kann. Natürlich ist bei solchen Zahlen stets Vorsicht geboten, weil sie mit statistischer Unsicherheit verbunden sind. Sie zeigen aber sehr wohl, wie hoch die wirtschaftlichen Kosten der Einkommensungleichheit sind.

Gerade in Zeiten mit wenig Wirtschaftswachstum, das hat Thomas Piketty gezeigt, wachsen die Vermögen der reichsten Bürger stärker als die der Mittelschicht. Dass das Wirtschaftswachstum in den Industrieländern in den vergangenen Jahrzehnten so gering war, trug Piketty zufolge deswegen entscheidend zum Anstieg der Vermögensungleichheit bei.

Viele Menschen konzentrieren sich beim Thema Ungleichheit nach wie vor auf die Einkommen der Reichsten. Wissenschaftliche Studien zeigen jedoch, dass es vor allem die hohe Ungleichheit im unteren Bereich ist, die die wirtschaftliche Leistungsfähigkeit eines Landes schädigt. Auch in Deutschland sind es die schwachen verfügbaren Einkommen der unteren 40 Prozent, die uns das Wachstum kosten. Die Tabelle zeigt die Auswirkungen einer höheren Ungleichheit am unteren Ende der Einkommensverteilung – das durchschnittliche Einkommen relativ zu denen der niedrigsten vier Dezile der Einkommensverteilung und der beiden höchsten Einkommensdezile – relativ zum durchschnittlichen Einkommen. Die negativen Zahlen bedeuten, dass vor allem eine höhere Ungleichheit der unteren 40 Prozent das Wirtschaftswachstum reduziert. Die Ungleichheit am oberen Ende der Einkommensverteilung hat keinen signifikanten Einfluss auf das Wachstum einer Volkswirtschaft.

Dies ist eine extrem wichtige Botschaft: Nicht jede Ungleichheit ist schädlich. Ein Land kann hohes Wachstum erzielen, auch wenn das oberste ein Prozent über unverhältnismäßig hohe Vermögen verfügt. Es wird jedoch scheitern, langfristig Wachstum und Wohlstand zu sichern, wenn die finanziell Schwächsten einer Gesellschaft zurückbleiben und den Anschluss verlieren.

Ungleichheit kann also einen positiven Einfluss auf eine Wirt-

Effekt von Ungleichheit an den Rändern der Einkommensverteilung auf das mittelfristige Wirtschaftswachstum									
	-1	-2	-3	-4	-5	-6	-7	-8	-9	-10
	Untere Einkommensgruppen				Untere und obere Einkommensgruppen				Obere Einkommensgruppen	
	1. Dezil	2. Dezil	3. Dezil	4. Dezil	1. und 8. Dezil	2. und 8. Dezil	3. und 8. Dezil	4. und 8. Dezil	9. Dezil	10. Dezil
Effekt der Ungleichheit (untere Einkommensgruppen)	-0,031**	-0,071*	-0,121*	-0,196*	-0,032*	-0,084***	-0,133***	-0,198**		
Effekt der Ungleichheit (obere Einkommensgruppen)					-0,038	-0,367	-0,22	-0,066	-0,571	-0,065
M2 (p-val)	0,318	0,305	0,333	0,537	0,266	0,193	0,248	0,338	0,311	0,378
Beobachtungen	94	94	94	94	94	94	94	94	94	94
Länderanzahl	30	30	30	30	30	30	30	30	30	30

Abb. 16: Effekt von Ungleichheit über die Einkommensverteilung auf das Wirtschaftswachstum

Erläuterung: Die Abbildung zeigt den Effekt von Ungleichheit auf das Wirtschaftswachstum über fünf Jahre. So bedeutet ein Anstieg des Indikators in der ersten Spalte (erstes Dezil) einen erhöhten Unterschied zwischen dem Durchschnittseinkommen der Gesamtbevölkerung und dem Durchschnittseinkommen der 10 % mit den geringsten Einkommen. Die Ungleichheit an der Spitze (Spalten 9 und 10) wird über das Verhältnis zwischen dem durchschnittlichen Einkommen in diesen Einkommensgruppen und dem Durchschnittseinkommen der Gesamtbevölkerung gemessen.

***, **, * entsprechen 1, 5 und 10 % Signifikanzniveau.

Quelle: OECD (2015a)

schaft haben, indem sie Menschen Anreize setzt, zu investieren und Risiken einzugehen. Investitionen und Unternehmertum stärken die Wirtschaft. Wenn sich die Risiken auszahlen, führen sie zu hohen Einkommen und Vermögen für die Einzelnen und zu mehr Wachstum für die Gesamtwirtschaft. So mag ein relativ hohes Einkommen der oberen 10 Prozent der Verteilung – zumindest zu einem Teil – die Tatsache widerspiegeln, dass es in dieser Gesellschaft für Bürger möglich und attraktiv ist, Risiken einzugehen und den Erfolg dieser Investitionen zu ernten.

Ungleichheit muss also per se wirtschaftlich nicht unbedingt schädlich für eine Volkswirtschaft sein. Um die wirtschaftlichen Konsequenzen von Ungleichheit einschätzen zu können, müssen wir die Verteilung der Einkommen und Vermögen über einzelne Gruppen der Gesellschaft sehr viel genauer analysieren.

7 Ungleichheit vertieft Ungleichgewichte bei Schulden und Sparen

Ungleichheit beeinflusst auch das Sparverhalten der Bürger und ihre Verschuldung. Menschen mit weniger Einkommen und Vermögen geben prinzipiell einen größeren Teil ihres Geldes für Konsum aus. Ihre Sparquote ist niedriger. Das ist wenig überraschend: Menschen mit geringen Einkommen müssen den größten Teil dieses Einkommens aufwenden, um die Bedürfnisse ihres täglichen Lebens zu decken. Sie können daher nur wenig oder gar nicht sparen. Das Gegenteil trifft auf die Einkommensstärksten zu. Ihr Einkommen ist so groß, dass sie nur einen geringen Teil davon für Dinge des täglichen Bedarfs und anderen Konsum ausgeben. Ihnen bleibt somit ein größerer Anteil, den sie ansparen können.

Bei der Verschuldung ist die Quote unter den Einkommens- und Vermögensarmen höher. Der Anstieg der Ungleichheit in Einkommen und Vermögen hat in den vergangenen 30 Jahren in vielen Industrieländern zu einer erhöhten Verschuldung und in zahlreichen Fällen auch zur Überschuldung privater Haushalte geführt. Offenbar versuchten in zahlreichen Industrieländern und auch in Deutschland viele einkommensschwächere Gruppen, den eigenen Konsum und Lebensstandard kreditfinanziert aufrechtzuerhalten. Etwas weiter unten im Buch wird erklärt, wie diese Zunahme der Ungleichgewichte bei der Verschuldung und Vermögensbildung zur globalen Finanzkrise in den Jahren 2008–2010 beigetragen hat. Aber auch in weniger turbulenten Zeiten können diese Ungleichgewichte das Wachstum und die Leistungsfähigkeit einer Wirtschaft schädigen. Denn wenn der größte Teil der Einkommen an die reichsten Bürger geht und diese einen vergleichsweise geringen Anteil ihres Einkommens ausgeben, dann schwächt dies die Nachfrage und damit das Wirtschaftswachstum.

In Deutschland kommt dieser Mechanismus besonders zum Tragen, denn wir Deutschen sparen einen ungewöhnlich hohen Anteil unseres Einkommens. Eine Studie zweier Wissenschaftler

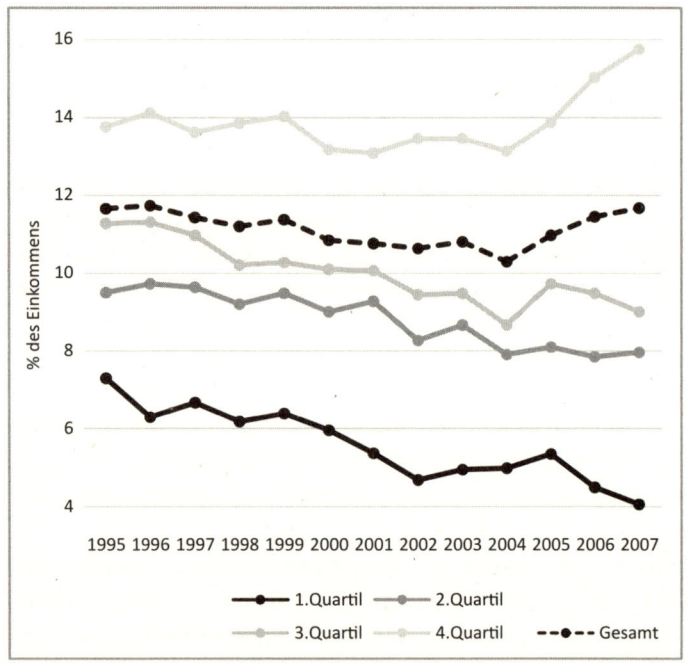

Abb. 17: Sparquote der Haushalte nach Einkommensgruppen

Erläuterung: Die Abbildung zeigt die durchschnittliche Sparquote der Haushalte verschiedener Einkommensgruppen: von den niedrigsten 25 % der Einkommen (1. Quartil) bis zu den höchsten 25 % (4. Quartil).

Quelle: Brenke und Wagner (2013)

des DIW Berlin[13] zeigt, dass die Sparquote unter den einkommensstärksten 10 Prozent in Deutschland knapp zehn Mal so hoch ist wie die eines Bürgers, der zu den einkommensschwächsten 10 Prozent gehört. Und selbst der Vergleich der reichsten 20 mit den ärmsten 20 Prozent zeigt immer noch massive Unterschiede. Die Kluft zwischen beiden ist zudem über die Zeit deutlich gewachsen. Abbildung 17 zeigt die Sparquote für jeweils ein Viertel der deutschen Gesellschaft, angefangen mit dem 1. Quartil, also den 20 Prozent mit dem geringsten Einkommen, bis hin zum 4. Quartil, den 20 Prozent mit dem höchsten Einkommen. Im Jahr 1995 betrug die durchschnittliche Sparquote im 1. Quartil 7 Prozent, die im 4. Quartil 14 Prozent. Im Jahr 2007 stieg dieser Unterschied vom Doppelten auf das Vierfache: Die Einkommensärmsten sparten nur noch 4 Prozent ihres Einkommens, die Reichsten dagegen 16 Prozent.

Die Ungleichheit in Vermögen und Einkommen in Deutschland hat somit auch zu der im internationalen Vergleich ungewöhnlich hohen deutschen Sparquote der privaten Haushalte geführt. Dies trug zum massiven Anstieg der gesamtwirtschaftlichen Sparquote Deutschlands seit dem Jahr 2000 bei. Sie wird in den Wirtschaftswissenschaften als Leistungsbilanz bezeichnet und beschreibt, ob in einem Land in einem bestimmten Jahr die Wirtschaftsleistung den gesamten Konsum und die Investitionen übersteigt – es also eine Nettoersparnis oder einen Leistungsbilanzüberschuss erwirtschaftet – oder ob das Gegenteil zutrifft.

Hatte Deutschland Anfang der 2000er Jahre noch ein leichtes Leistungsbilanzdefizit, so wuchsen die Leistungsbilanzüberschüsse bereits bis 2007 massiv an, auf über 6 Prozent der Wirtschaftsleistung. Auch während der globalen und europäischen Krisen wuchs Deutschlands Leistungsbilanzüberschuss weiter und wird im Jahr 2015 bei etwa 8 Prozent oder gigantischen 250 Milliarden € liegen. Diese 250 Milliarden € verleihen die deutschen privaten Haushalte und Unternehmen faktisch an ausländische Unternehmen, Staaten und Haushalte. Wenn dieses Geld aber ins Ausland fließt, kann es nicht im Inland investiert werden und dort für Arbeitsplätze, Nachfrage, Konsum und letztlich Wohlstand sorgen. Die hohe Sparquote inklusive der Leistungsbilanzüberschüsse, zu der die steigende Ungleichheit beiträgt, reduziert also das Wachstum und die Leistungsfähigkeit einer Wirtschaft, wenn sie die Nachfrage und das Angebot schwächt.

Im dritten Teil des Buches wird beschrieben, wieso diese riesige Nettoersparnis Deutschlands ein Fehler ist. Denn eine hohe Sparquote, egal ob für einen einzelnen Menschen oder für eine gesamte Volkswirtschaft, macht nur dann Sinn, wenn sich dieses Sparen lohnt, also eine hohe Rendite langfristig erwirtschaftet und das Vermögen vergrößert. Genau das Gegenteil ist jedoch bei uns der Fall: Deutsche Bürger und Unternehmen haben in den vergangenen 20 Jahren riesige Verluste gemacht und große Teile ihres Sparvermögens und ihrer Auslandsinvestitionen verloren.

8 Ungleichheit verschärft den gesellschaftlichen Verteilungskampf

Eine steigende Ungleichheit beschwört einen Verteilungskampf zwischen gesellschaftlichen Gruppen herauf. Auch dieser hemmt das Wirtschaftswachstum. Je höher die Ungleichheit in einer Gesellschaft ist, desto stärker tobt auch der Verteilungskampf. Denn wenn eine Verteilung als sehr unfair wahrgenommen wird, gibt es gesellschaftliche Gruppen, die diese Verteilung ändern wollen. Viele wissenschaftliche Studien belegen den Zusammenhang zwischen Ungleichheit von Einkommen und Vermögen, dem gesellschaftlichen Verteilungskampf und dem Wachstum einer Wirtschaft.[14]

Debatten und Streits über die Verteilung von Einkommen und Vermögen sind nicht prinzipiell schlecht – aber in der Regel extrem kostspielig für eine Gesellschaft. Denn die beteiligten Gruppen wenden häufig große Ressourcen und Gelder dafür auf. Viele finanzkräftige Lobbyorganisationen in Berlin und anderen Teilen Deutschlands zeigen, wie wichtig dieser Verteilungskampf letztlich ist. Natürlich mag es vielen dieser Organisationen um Informationsverbreitung und Transparenz gehen. Oft genug kommen die Früchte der Lobbyarbeit jedoch eher spezifischen Gruppen zugute als der Gesellschaft als Ganzes.

In extremeren Fällen führt der durch hohe Ungleichheit provozierte Verteilungskampf zu sozialen Konflikten und politischer Instabilität. Schon lange bevor und auch wenn diese sozialen Konflikte nicht in politischen Aufständen, Umstürzen und Bürgerkrieg enden, kosten sie die Gesellschaft Wachstum und Wohlstand. Die von den Konflikten und der Instabilität ausgehende wirtschaftliche und soziale Unsicherheit ist Gift für die Bereitschaft von Unternehmen, in einem Land zu investieren. Bleiben die Investitionen aus, fehlen auch Beschäftigung und Wohlstand. Die genannten wissenschaftlichen Studien belegen, wie durch diesen Mechanismus auch die Investitionen, Beschäftigung und das Wachstum einer Volkswirtschaft Schaden nehmen.

In Deutschland scheint die Lage ruhig. Selbst wenn man die vielen Streiks der jüngsten Zeit und die immense Lobbyarbeit mal außer Acht lässt, so sind auch hierzulande die politischen Kosten hoch: Viele der Entscheidungen, die die gegenwärtige Bundesregierung in den vergangenen zwei Jahren getroffen hat, waren letztlich Verteilungsentscheidungen. Die Mütterrente, die Rente mit 63 und der Mindestlohn sind drei prominente Beispiele, die zeigen, wie viel Platz Verteilungsfragen in der deutschen Politik einnehmen und wie sich der Verteilungskampf in Deutschland tagtäglich manifestiert. Ob das so sein muss, diskutiere ich im dritten Teil des Buches.

9 Ungleichheit mindert das Humankapital

Das größte Kapital einer Gesellschaft ist ihre Bevölkerung. Die Köpfe und Arbeitskräfte, die Wirtschaft, Politik und Gesellschaft am Laufen halten. Was aber passiert mit diesen Köpfen und Arbeitskräften, wenn sich die Ungleichheit im Land vergrößert? Und wie wirkt sich die Veränderung auf die Wachstumsaussichten aus? Wenn Menschen nur über ein geringes Einkommen und Vermögen verfügen können, ist es schwierig oder unmöglich für sie, in ihre eigene Bildung, Fortbildung und andere Qualifikationen zu investieren. Aber meist kann nur, wer solche Investitionen in sein Humankapital tätigt, seine Talente und Fähigkeiten wirklich voll entwickeln und nutzen. Menschen, die besser gebildet sind – das zeigen unzählige Studien –, können ihr Humankapital gewinnbringender einsetzen und sind stärker motiviert, die Investitionen in Bildung und Fortbildung fortzusetzen – wovon sie wiederum profitieren. Eine Positiv-Spirale setzt sich in Gang.

Die Menschen hingegen, die nicht in ihre Bildung investieren, können nicht nur ihre Talente nicht entwickeln, sondern sie profitieren wirtschaftlich und sozial auch weniger von ihren Fähigkeiten. Dies spiegelt sich in geringerem Einkommen, schlechteren Berufschancen, der höheren Wahrscheinlichkeit einer prekären Beschäftigung und vielen anderen Merkmalen wider. Für die Volkswirtschaft als Ganzes bedeutet dies einen riesigen Verlust.

Dabei ist enorm wichtig, sich klarzumachen, dass von einem besseren Humankapital nicht nur der Einzelne profitiert, sondern alle. Und zwar auch, wenn sich nicht das »Kapital in den

Köpfen« der Bildungselite verbessert, sondern auch das der sozial schwächsten und einkommensärmsten Bürger. Eine Arbeitnehmerin mit besserer Ausbildung und besseren Fähigkeiten ist produktiver, trägt somit zum Erfolg eines Unternehmens und letztlich der gesamten Wirtschaft bei. Sie bezahlt auch höhere Steuern und Abgaben, erhält weniger Transferleistungen und verbessert die Leistungsfähigkeit des Staates.

Es gibt zahlreiche Indikatoren, die anzeigen, dass Deutschland weniger in sein Humankapital investiert als andere OECD-Länder. So liegen die Bildungsausgaben insgesamt niedriger, die im frühkindlichen Bereiche sind in Deutschland sogar um mehr als die Hälfte geringer als in Ländern wie Frankreich. Ein weiterer Indikator ist die starke Konzentration der Berufe auf bestimmte Gesellschaftsgruppen. So hat sich in den vergangenen 40 Jahren in Deutschland kaum etwas an den typischen »Männerberufen« und »Frauenberufen« geändert. Pflege- und Erziehungsberufe etwa sind weiterhin sehr »weiblich geprägt«, technische Berufe werden weiterhin überwiegend von Männern ausgeübt. Obwohl Frauen riesige Fortschritte im Bildungsniveau gemacht haben, haben sie an den im Schnitt wesentlich besser bezahlten Männerberufen nur einen eher geringfügig höheren Anteil.

Andererseits sind Männer noch immer massiv in traditionellen Frauenberufen unterrepräsentiert. Das Gleiche gilt für andere Gruppen, wie zum Beispiel Migranten, die noch immer vor allem in einigen wenigen Berufsfeldern zu finden sind. Das hört sich zunächst mal nicht so problematisch an. Ob nun Person A oder B den Job erledigt, Hauptsache, er wird gemacht. Gesamtwirtschaftlich bedeutet diese »Vorbestimmung« jedoch, dass viel zu viele Menschen ihren Beruf nicht entsprechend ihrer Fähigkeiten auswählen und eine entsprechende Ausbildung machen. Wer aber einen Beruf ausübt, der nicht seinem Talent entspricht, arbeitet weniger produktiv. Auch damit entgeht dem Einzelnen und auch der gesamten Volkswirtschaft ein enormes wirtschaftliches Potenzial.

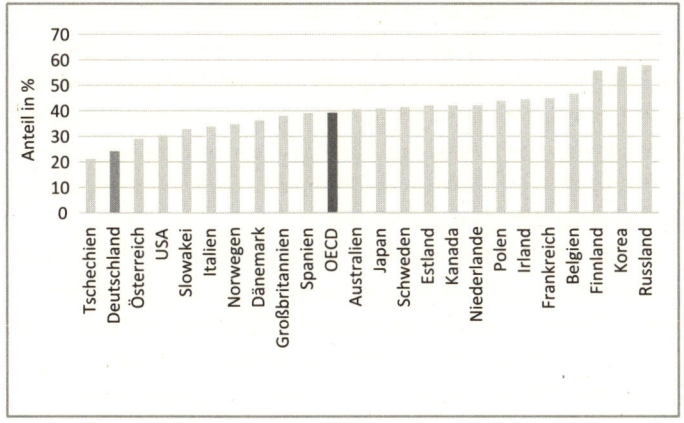

Abb. 18: Mobilität in der Bildung über die Generationen hinweg

Erläuterung: Die Abbildung zeigt den Anteil von 25- bis 64-jährigen Nichtschülern/Nicht-studierenden, die einen höheren Bildungsstand haben als ihre Eltern (absolute Bildungs-mobilität).

Quelle: OECD (2014)

Ein weiterer Indikator ist die schwache Entwicklung des Bildungs-niveaus der Deutschen. Abbildung 18 zeigt, dass in Deutschland lediglich 24 Prozent der Erwachsenen über ein höheres Bildungs-niveau als ihre Eltern verfügen. In den anderen OECD-Ländern sind dies 38 Prozent. Erstaunlich ist dabei, dass viele Männer in Deutschland ein geringeres Bildungsniveau haben als ihre Väter. So ist Deutschland eines von nur drei OECD-Ländern, in denen der Anteil der jungen Männer mit einem Universitätsabschluss geringer ist als in älteren Generationen. Dies bedeutet nicht, dass es eine geringere Quote von Universitätsabsolventen gibt als frü-her. Dieser Anstieg ist ausschließlich dadurch zustandegekom-men, dass heute viel mehr Frauen einen Universitätsabschluss erwerben. Mittlerweile gibt es mehr weibliche als männliche Uni-versitätsabsolventen.

Dies ist umso erstaunlicher, als die Bildungsrenditen – also die Möglichkeit, durch einen bestimmten Bildungsabschluss ein höheres Einkommen und bessere Karrierechancen zu erlangen – gerade in Deutschland außergewöhnlich hoch sind. So verdient eine deutsche Arbeitnehmerin mit einem Universitätsabschluss heute knapp 65 Prozent mehr als eine Arbeitnehmerin mit Abitur. Die Bildungsrendite liegt damit im oberen Drittel aller OECD-Länder.

Attraktive Bildungsrenditen sollten nicht nur Universitätsabsolventen locken – sie winken auf allen Bildungs- und Ausbildungsniveaus. Es lohnt sich in Deutschland fast immer, in Bildung zu investieren und das Bildungsniveau zu verbessern. Wie im dritten Teil dieses Buches gezeigt wird, sind die Bildungsrenditen vor allem für Menschen mit einem geringen Bildungsniveau hoch. Im dritten Teil werden auch die Höhe der Unterschiede von Bildungschancen über Bevölkerungsgruppen hinweg und die Ursachen für die geringe Chancengleichheit in Deutschland diskutiert.

10 Ungleichheit als Mitverursacher der globalen Finanz- und Wirtschaftskrise

Die Weltwirtschaft hat gerade die zwei tiefsten Krisen seit dem Zweiten Weltkrieg erlebt. Die globale Finanzkrise begann im Jahr 2007 in den USA, eskalierte mit dem Zusammenbruch der Investmentbank Lehman Brothers im September 2008 und riss die gesamte globale Volkswirtschaft in eine tiefe Rezession. Ihr folgte die europäische Krise, die viele Länder vor allem Südeuropas in den vergangenen fünf Jahren hart getroffen hat und der auch Deutschland nicht entkommen konnte.

Was haben diese Krisen mit der in den vergangenen Jahrzehnten gestiegenen Einkommens- und Vermögensungleichheit in den Industrieländern zu tun? Auf den ersten Blick nichts. Nimmt man die Fakten jedoch unter die Lupe, zeigt sich, dass die hohe Ungleichheit in Einkommen und Vermögen eine der wichtigsten Ursachen vor allem der globalen Finanzkrise war.

Um den Ursprung der globalen Finanzkrise zu verstehen, müssen wir einen Blick zurück in die 1980er und 1990er Jahre werfen, in die Jahrzehnte also, in denen die Ungleichheit in Einkommen und Vermögen in den USA besonders deutlich anstieg. Vor allem die US-Regierungen unter den Präsidenten Reagan und Bush Senior senkten die Steuern und fuhren viele staatliche Leistungen und Sicherungssysteme deutlich zurück. In der zweiten Hälfte der 1990er und der ersten Hälfte der 2000er Jahre wuchs der Druck auf die amerikanische Regierung, dieser steigenden Ungleichheit und der geringen sozialen und wirtschaftlichen Sicherung vor allem auch der amerikanischen Mittelschicht entgegenzuwirken.

Um die Jahrtausendwende drängten China und andere wichtige Schwellenländer wie Brasilien, Russland, Indien und Südafrika verstärkt auf die Weltmärkte. Die BRICS-Staaten bestimmten das Wirtschaftsgeschehen zunehmend mit und kurbelten das Wachstum der Weltwirtschaft deutlich an. Die Nachfrage nach Rohstoffen explodierte, und auch die europäischen und deutschen Exporte konnten kräftig profitieren. Andererseits warfen die neuen Global Player auch immer günstiger werdende Produkte auf die Weltmärkte. Produkte »Made in China« eroberten innerhalb weniger Jahre die Läden fast aller Länder in Europa und Nordamerika.

Zeitgleich senkten die amerikanische wie viele europäische Notenbanken nach dem Platzen der Technologieblase Anfang der 2000er Jahre die Zinsen auf Rekordtiefstände und ließen sie dort für viele Jahre. Die Zentralbanken in den USA und in Europa verfielen der Illusion, die niedrige Inflation sei vor allem ein Resultat ihrer Geldpolitik und ihrer hohen Glaubwürdigkeit – eine Illusion, die in Fachkreisen als »Great Moderation« bekannt ist. Die immer wichtiger werdende Rolle der Schwellenländer in der Weltwirtschaft unterschätzten sie dabei genauso, wie sie ihre eigene überbewerten.

Das Resultat waren zunehmende wirtschaftliche und finanzielle Ungleichgewichte in der Weltwirtschaft. Die niedrigen Zinsen und günstigen Preise der Importgüter, gekoppelt mit einer expansiven Fiskalpolitik vieler Regierungen, führten zu einem Boom vieler Volkswirtschaften in Europa und der in den USA. Dies spiegelte sich zum einen in den ansteigenden Leistungsbilanzdefiziten vieler Industrieländer wider. In den USA stiegen diese Defizite gegenüber dem Rest der Welt auf über 7 Prozent der Wirtschaftsleistung oder fast 700 Milliarden US-Dollar im Jahr 2007. Auch in Europa stiegen die Defizite vieler Länder wie Spanien, Irland, Portugal oder Griechenland, in manchen Fällen sogar auf weit über 10 Prozent der eigenen Wirtschaftsleistung. Diese Defizite zeigten letztlich auch einen massiven Anstieg der Verschuldung sowohl vieler Staaten als auch vieler Unternehmen und privater Haushalte. Auf der anderen Seite bauten Schwellenländer wie China, aber auch manche Industrieländer wie Deutschland immer höhere Überschüsse auf und somit Forderungen gegenüber den Defizitländern.

Genauso wichtig, wenn nicht sogar wichtiger, war aber der Versuch vor allem der US-amerikanischen Regierung Ende der 1990er und Anfang der 2000er Jahre, den steigenden Druck der amerikanischen Mittelschicht über die deutliche Zunahme der Ungleichheit in Einkommen und Vermögen zu bekämpfen. Die US-amerikanische Regierung sah die Lösung vor allem in der Unterstützung der amerikanischen Mittelschicht bei dem Versuch, ein Eigenheim zu erwerben.

Die Logik war simpel: Die meisten Amerikaner der Mittelschicht hatten – ebenso wie die Bezieher geringerer Einkommen – in den vorangegangenen 20 Jahren kaum an Kaufkraft und Wohlstand gewinnen können. Die schlechten sozialen Sicherungssysteme in den USA machten es für sie enorm schwierig, Vorsorge zu betreiben. So hatten in den 2000er Jahren fast 40 Millionen Amerikaner keine Krankenversicherung. Gleichzeitig hätten viele Vorsorge bitter nötig gehabt. Die Arbeitslosenversicherung etwa gewährt in den USA nur in wenigen Fällen Unterstützung und dann auch nur in sehr begrenztem Umfang. Auch die Altersvorsorge – die vor allem auf private Vorsorge baut – ist und war für viele US-Amerikaner eine riesige Herausforderung. Mit dem Erwerb eines Eigenheims, so die Idee der US-Regierung, könnte die Mittelschicht privates Vermögen aufbauen, das dann wiederum für die Vorsorge und Absicherung genutzt werden kann. Dafür brauchten die Menschen allerdings Unterstützung.

Die US-amerikanische Regierung tat also alles, um vor allem der Mittelschicht den Erwerb von Immobilien zu erleichtern. So deregulierte sie den Immobiliensektor, stärkte die staatlichen Immobilienfinanzierer Fannie Mae und Freddie Mac, gab Garantien, um die Zinsen auf Hypotheken zu senken und auch um die Eigenbeteiligung bei einem Immobilienerwerb zu reduzieren.

So konnten plötzlich in den 2000er Jahren viele US-Amerikaner zum ersten Mal eine Immobilie erwerben. Viele erhielten einen Hypothekenkredit zu extrem günstigen Konditionen, mit niedrigen Zinsen und häufig sogar, ohne jeglichen finanziellen Beitrag in Form von mitgebrachtem Eigenkapital leisten zu müssen. So kam es zu absurden Konstellationen, etwa dass Kreditnehmer Hypotheken aufnehmen konnten, die den Wert der Immobilie deutlich überschritten, um auch eine Renovierung oder andere Konsumgüter mitfinanzieren zu können. Ein Immobilien- und Kreditboom setzte ein, die private Verschuldung stieg wie selten zuvor.

Für eine weitere entscheidende Dynamik sorgte die massive Deregulierung des US-Finanzsektors Ende der 1990er Jahre. Bis dahin war das Risiko, das vor allem Banken eingehen konnten, sehr beschränkt, und auch ihrer regionalen Ausdehnung waren Grenzen gesetzt. Die Idee und Hoffnung hinter der Deregulierung war, dem Finanzsektor Anreize für Innovationen und Effizienzverbesserungen zu setzen. Zunächst schien der Plan der US-Regierung auch aufzugehen. Der Finanzsektor wuchs kräftig und gewann an Bedeutung – vor allem in den USA, aber auch in vielen Teilen Europas, in geringem Ausmaß auch in Deutschland. Es kam zu dem, was damals als »Innovation« im Finanzsektor bezeichnet wurde. Viele neue Finanzmarktprodukte entstanden. Die Verflechtung zwischen Finanzinstitutionen wuchs, und mit ihr verschwamm zunehmend die Unterscheidung zwischen verschiedenen Typen von Finanzinstitutionen – Banken, Investmentbanken, institutionellen Investoren und Versicherern.

Auch auf dem Immobiliensektor schien die »Medizin« der Regierung zu wirken. Die Immobilienquote und die Investitionen in den Häusermarkt nahmen bis 2007 in vielen Industrieländern massiv zu. Erst langsam und viel zu spät kamen Zweifel daran auf, ob diese immense Verschuldung der privaten Haushalte wirklich nachhaltig war. Viele Menschen hatten im Vertrauen darauf, dass – wie von den Banken versprochen – die Zinsen für lange Zeit niedrig bleiben und die Immobilienpreise stetig wachsen würden, viel zu große Hypothekenkredite aufgenommen. Selbst Bürgern, die sich die Rückzahlung der Hypothek kaum leisten konnten, wurde der Immobilienkredit mit dem Argument schmackhaft gemacht, der Vermögensaufbau und Wertgewinn der Immobilie würden eine Kreditaufnahme rechtfertigen.

Als die Immobilienblase in den USA und vielen Teilen Europas im Jahr 2008 platzte, waren unzählige Menschen auf einen Schlag unfähig, ihre Kredite zu bedienen. Der Wert ihrer Immobilie brach ein, und sie waren massiv überschuldet. Damit kamen auch viele Finanzinstitutionen in extreme Schieflage. Durch die massive Deregulierung des Finanzsektors waren zahlreiche Finanzinstitutionen viel zu hohe Risiken eingegangen und letztlich insolvent. Die hohe Intransparenz vieler Finanzmarktprodukte hatte dazu geführt, dass deutlich mehr Finanzinstitutionen betroffen waren als ursprünglich angenommen und keiner mehr einen Überblick hatte, wie groß die Probleme wirklich waren. Über das wahre Ausmaß herrschte große Unsicherheit. Der Zusammenbruch der Investmentbank Lehman Brothers im September 2008 löste dann eine Kettenreaktion in den Finanzmärkten aus, die sich sofort auf die gesamte Weltwirtschaft ausbreitete. Das Resultat war die Weltwirtschaftskrise von 2008 und 2009 – die verheerendste seit dem Zweiten Weltkrieg.

Wichtig hierbei ist die Rolle der hohen und noch steigenden Ungleichheit von Vermögen und Einkommen in den USA als Ursache für diese Entwicklung. Die drei renommierten Ökonomen Raghu Rajan (2007), früher Volkswirt des Internationalen Währungsfonds (IWF) und heute Zentralbankchef Indiens, Joseph Stiglitz (2012), Nobelpreisträger in Volkswirtschaft, und Daron Acemoglu (2011) haben diese Zusammenhänge und die Bedeutung der Ungleichheit in den USA für die globale Finanzkrise detailliert beschrieben.

Auch die europäische Krise seit 2010 hatte ähnliche Ursachen. Vor allem Länder wie Spanien und Irland hatten vor der Krise einen Immobilienboom und einen Anstieg der privaten Verschuldung erlebt, der teilweise noch extremer ausgefallen war als in den USA vor 2008. Einige Iren und Spanier verschuldeten sich nicht für den Erwerb und die Finanzierung eines Eigenheims. Sie erwarben zweite und dritte Immobilien in der Erwartung, auch diese würden in den kommenden Jahren deutlich an Wert gewinnen und die übergroßen Hypothekenzahlungen – über den Weiterverkauf oder steigende Mieten – sich als gewinnbringend erweisen.

Wer glaubt, Deutschland hätte in dieser globalen Dynamik keine Rolle gespielt, der täuscht sich. Zwar gab es in Deutschland vor 2008 keinen Immobilienboom. Die realen Immobilienpreise waren hierzulande in den 2000er Jahren vielerorts sogar rückläufig. Aber deutsche Banken und Finanzinstitutionen haben sich an der direkten oder indirekten globalen Finanzierung dieses Booms fleißig beteiligt. So vergaben deutsche Banken nicht nur zunehmend mehr Kredite an ausländische Institutionen und Bürger – meist in Europa. Viele erwarben darüber hinaus auch die vermeintlich attraktiven, aber höchst intransparenten Finanzmarktprodukte, in denen vor allem US-amerikanische Institutionen ihre Risiken versteckt hatten.

Ohne eine globale Finanzierung hätten sich weder in den USA noch in Spanien und Irland so viele Bürger und Institutionen derartig verschulden können. Der deutsche Beitrag zur Finanzierung dieses Booms sollte also nicht unterschätzt werden. Auch der deutsche Steuerzahler musste – als die Blase 2008 platzte und die Schockwellen die Wirtschaft auch 2009 schwer zittern ließen – einen hohen Preis zahlen. Die Verluste deutscher Banken waren die zweihöchsten Europas – direkt nach Irland. Bezahlt hat sie in großen Teilen der deutsche Steuerzahler. Dies ist auch ein Grund dafür, dass selbst die deutschen Haushalte, die in den vergangenen Jahrzehnten versuchten, Ersparnisse und Vermögen aufzubauen, wenig Erfolg damit hatten. Sie sparten viel, aber schlecht und machten hohe Verluste. Eine detaillierte Diskussion zu diesem Thema folgt im dritten Teil des Buches.

11 Ungleichheit verschärft das Armutsproblem

Steigende Ungleichheit schädigt das Wirtschaftswachstum, schmälert den Wohlstand und verschlechtert die Wettbewerbsfähigkeit. Wie aber wirkt sie sich auf das tägliche Leben der Menschen aus? Macht sie die Bürger ärmer oder hat sie keinerlei Auswirkungen auf das in einer Gesellschaft herrschende Armutsrisiko? Und welche Folgen hat steigende Armut für die Teilhabe der Bürger an der Gesellschaft? Steigende Ungleichheit schädigt also die Wirtschaft als Ganzes. Aber ist es für den Einzelnen wirklich so schlimm? Kann es unserer fiktiven Lena nicht egal sein, wenn Pauls Wohlstand steigt, solange ihr nichts verloren geht? In der Theorie ja. In der Praxis zeigt sich jedoch, dass mit steigender Ungleichheit auch das Armutsrisiko in einer Gesellschaft wächst.

Es gilt, das Konzept der »absoluten« Armut von dem der »relativen« Armut zu unterscheiden. Das erste Konzept versucht, solche Menschen zu erfassen, denen wichtige, für das alltägliche Leben als notwendig angesehene Alltagsgüter fehlen. Das zweite Konzept definiert einen Menschen als arm, wenn er in einem Haushalt lebt, der weniger als 60 Prozent des Einkommens eines durchschnittlichen Haushaltes zur Verfügung hat. Beide Armutskonzepte sind umstritten. Bei der absoluten Armut stellt sich die Frage, mit welchen Alltagsgütern man sie erfasst und wer dabei über die Kriterien entscheidet. Die Schwierigkeit bei der relativen Armut hingegen ist, dass dieses Konzept lediglich das Verhältnis der Einkommen zueinander misst: Selbst wenn sich die Einkommen aller Bürger verdoppeln, wären die gleichen Menschen genauso »relativ arm« wie vorher. Ihre Lebensumstände hätten sich deutlich verbessert, ihre relative Armut wäre unverändert. Trotzdem ist das Konzept der relativen Armut wichtig. Denn selbst wenn einem Menschen keine wichtigen Alltagsgüter im Leben fehlen, so bewirkt ein relativ niedriges Einkommen häufig, dass diese Person kaum am sozialen und gesellschaftlichen Leben teilnehmen kann. Das schränkt wiederum die Fähigkeit ein, sich auch wirtschaftlich in die Gesellschaft und den Arbeitsmarkt einzubringen, und schädigt damit die Chancen dieser Personen, durch die eigene Arbeit ein vom Staat unabhängiges Auskommen zu erzielen.

Zur Verdeutlichung: Niemand würde bestreiten, dass ein Bewohner einer warmen, gemauerten, schimmelfreien Ein-Zimmer-Wohnung mit fließend Wasser, Strom und Badezimmer in einem Drittwelt-Land, in dem Hunger und Verzweiflung herrschen, »relativ reich« wäre. In München angelegt führt dieser Maßstab jedoch zu einem ganz anderen Urteil. Hier lässt sich anhand dieser Kriterien nicht beurteilen, ob diese Person genug Geld für Busfahrten, ein neues Paar Schuhe oder einen Wintermantel hat. Ob sie über Finanzmittel verfügt, um in Fortbildungen, eine neue Brille oder gute Bewerbungsfotos zu investieren. Hat die Person das nicht, würden die wenigsten ihre relative Armut anzweifeln.

Deutschlands Armutsrisikoquote, also der Anteil der Menschen, die hierzulande in »relativ armen« Haushalten leben, ist seit dem Jahr 2000 stark angestiegen. Diese relative Armut wird auf der Basis von verfügbaren Einkommen kalkuliert. Staatliche Sozialleistungen und Transfers sind also bereits berücksichtigt. Lebten im Jahr 2000 noch 11,5 Prozent der Deutschen unter der relativen Armutsschwelle, so waren es im Jahr 2013 bereits 15,5 Prozent. Wer sind diese Menschen? Vor allem Kinder, Jugendliche und junge Erwachsene. Sie sind überdurchschnittlich oft von Armut bedroht. Mehr als 17 Prozent der Kinder und Jugendlichen leben in Haushalten, die unter die relative Armutsgrenze fallen. Bei jungen Erwachsenen im Alter von 18 bis 25 Jahren liegt diese Quote sogar bei über 21 Prozent.

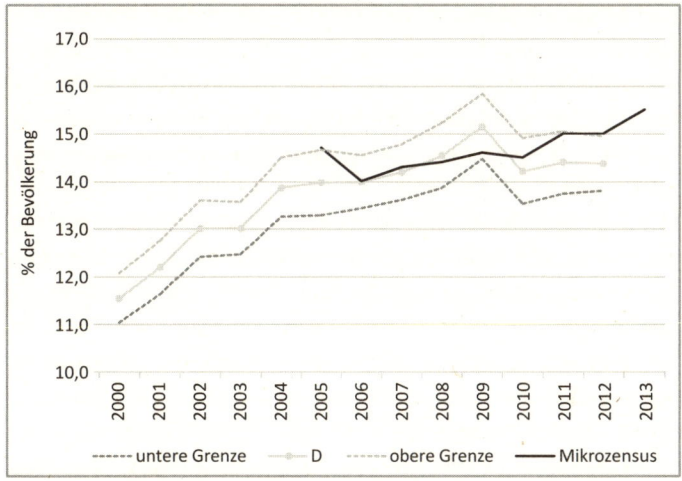

Abb. 19: Entwicklung der Armutsquote

Erläuterung: Die Abbildung zeigt den Anteil der von Armut bedrohten Personen in Deutschland, d. h. Personen mit weniger als 60 % des Medians der verfügbaren Einkommen.

Quelle: Goebel, Grabka und Schröder (2015)

Besonders hoch ist die Armut unter allein lebenden jungen Menschen und Alleinerziehenden mit zwei oder mehr Kindern. Bei der letzten Gruppe liegt die Armutsquote bei über 40 Prozent – fast jeder zweite dieser Haushalte fällt unter die Armutsgrenze. In den meisten Gruppen der Gesellschaft ist die Armut in den vergangenen 15 Jahren größer geworden. Auch Altersarmut ist in unserer Gesellschaft ein wachsendes Problem. Aber es gibt auch einen Lichtblick: Die Armutsquote der Alleinerziehenden ist in den vergangenen Jahren etwas gesunken.

Um wiederum absolute Armut messen zu können, wird häufig das Maß der »materiellen Deprivation« bestimmt. Diese liegt nach der Definition der europäischen Sozialberichterstattung dann vor, wenn mindestens drei von neun als notwendig erachteten Alltagsgütern aus finanziellen Gründen nicht erworben werden können. Zum Beispiel, wenn ein Mensch über keinen angemessenen Wohnraum verfügt, sich an zwei Tagen keine warme Mahlzeit leisten kann, keinen Farbfernseher besitzt oder keinerlei finanzielle Rücklagen hat, auf die er in einem Notfall zurückgreifen kann.

Der Anteil der Menschen, die in Deutschland unter solchen materiellen Entbehrungen leiden, ist von 12,9 Prozent im Jahr 2001 auf 16,1 Prozent im Jahr 2013 gestiegen. Das ist enorm und auch im internationalen Vergleich eine sehr hohe Zahl. Trotzdem gibt es in diesem dramatischen Bild ebenfalls Lichtblicke: So lag der Anteil der Personen in Deutschland mit einer solchen materiellen Deprivation im Jahr 2007 bei 21 Prozent – vor allem aufgrund der hohen Arbeitslosigkeit – und ist seitdem gesunken. Der zuletzt starke Anstieg der Erwerbstätigkeit und die geringere Arbeitslosigkeit senken auch die materiellen Entbehrungen.

12 Ungleichheit beeinträchtigt die Gesundheit

Die Ungleichheit der Einkommen und Vermögen wirkt sich über direkte und indirekte Kanäle auf die Gesundheit der Menschen aus. So ist es in einer sehr ungleichen Gesellschaft für den schwächeren Teil der Gesellschaft prinzipiell schwieriger, Zugang zu einer guten medizinischen Versorgung zu erhalten. Eine hohe Ungleichheit beeinflusst auch das Verhalten der Menschen, was sich wiederum auf die Gesundheit auswirkt.

Ungleichheit und Gesundheit beeinflussen sich vor allem auf drei verschiedenen Wegen: Ein erster ist die gesundheitliche Belastung der Menschen. Menschen mit geringen Arbeitseinkommen haben häufig Berufe, in denen sie sich im wahrsten Sinne des Wortes schinden müssen. Zudem sind Menschen mit geringen Einkommen und Vermögen viel häufiger einer weniger gesunden Umwelt ausgesetzt, seien es die Wohnbedingungen, die Ernährung oder die allgemeine Umweltbelastung. Zudem ist eine hohe Ungleichheit häufig eine starke psychische Belastung für die betroffenen Menschen am unteren Ende der Verteilungsskala, die versuchen, eine gesellschaftliche Akzeptanz zu erreichen.

Ein hohes Maß an Ungleichheit in Einkommen und Vermögen führt zudem zu einem sehr ungleichen Zugang zu medizinischer Versorgung. Zwar ist eine sehr gute Gesundheitsvorsorge für alle grundsätzlich denkbar. In der Praxis zeigt sich jedoch, dass bei den Basisleistungen aus Kostengründen gekürzt wird. Viele Wohlhabende wandern in private Versicherungen ab, ein Zwei-Klassen-System entsteht. Die Begründung dafür, die jedoch wissenschaftlich nicht unumstritten ist, besagt, dass ein geringeres

Einkommen zu geringeren Einnahmen der Versicherer, geringeren Leistungen, somit zu einer schlechteren Absicherung führt, die wiederum zusätzliche medizinische Leistungen notwendig macht. Ein Extrembeispiel sind die USA, wo bis vor wenigen Jahren noch knapp 40 Millionen Einwohner keinerlei Krankenversicherung hatten und so medizinisch miserabel versorgt waren. Die Lebenserwartung dieser unversicherten US-Bürger ist im Schnitt – trotz des Reichtums und hohen durchschnittlichen Pro-Kopf-Einkommens der USA – niedriger als in einigen Entwicklungsländern. In Deutschland sind diese Unterschiede sicherlich weniger extrem. Aber auch hierzulande haben die Versorgungsunterschiede durch die Unterteilung in öffentliche und private Krankenversicherungen zugenommen.

Der dritte Mechanismus wirkt über das Verhalten der Menschen: Zwischen den einzelnen Einkommensgruppen gibt es große Unterschiede im Genussmittel-, Bewegungs- und Essverhalten. Ärmere Menschen rauchen und trinken häufiger, treiben seltener Sport und ernähren sich schlechter. Auch hier ist der Zusammenhang zwischen Einkommen und Gesundheit selbstverständlich nicht zwangsläufig. Denn es gibt keinen direkten Mechanismus, der Menschen mit geringen Einkommen zwingen würde, mehr Alkohol oder Nikotin zu konsumieren. Trotzdem ist der Zusammenhang statistisch eindeutig zu belegen.

Auch ist der Wirkungszusammenhang, die Kausalität zwischen Einkommensungleichheit und Gesundheit nicht immer eindeutig: Viele wissenschaftliche Studien weisen darauf hin, dass eine schlechte Gesundheit häufig erst zu niedrigeren Einkommen und Vermögen führt. Menschen, die durch eine schlechte Gesundheit nicht ihre vollen körperlichen und geistigen Fähigkeiten entfalten können, haben schlechtere Berufschancen und werden häufiger arbeitslos.

Sooft die Wirkungszusammenhänge in der Theorie angezweifelt werden, so deutlich zeigen sich die Auswirkungen in den Fakten. Die Ärmeren beurteilen ihren Gesundheitszustand selbst als schlechter, und zahlreiche Statistiken belegen, dass sie damit Recht haben. Menschen mit geringerem Einkommen geben in Umfragen sehr viel häufiger als Menschen mit hohen Einkommen an, ihre Gesundheit sei »weniger gut« oder gar »schlecht«. Mit steigendem Alter klafft dies immer stärker auseinander. So beurteilen in Deutschland über ein Drittel der Frauen, die weniger als 70 Prozent des Medianeinkommens verdienen und zwischen 45 und 64 Jahren alt sind, ihren Gesundheitszustand als schlecht. Bei den Besserverdienenden der gleichen Altersgruppe gab nur ein Fünftel der Frauen dieses Urteil ab. Zu ähnlichen Ergebnissen führten Umfragen unter deutschen Männern.

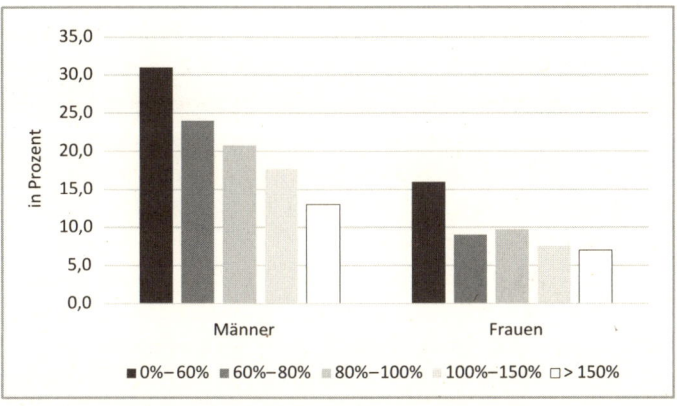

Abb. 20: Vorzeitige Sterblichkeit nach Einkommen und Geschlecht

Erläuterung: Die Abbildung zeigt den prozentualen Anteil des Median-Nettoäquivalenzeinkommens von Männern und Frauen für 1995–2005, die vor dem 65. Lebensjahr sterben, nach Einkommenshöhe.
Quelle: Lampert, Kroll und Dunkelberg (2007)

Noch massiver sind die Unterschiede zwischen Arm und Reich in Bezug auf Lebenserwartung und vorzeitige Sterblichkeit. Die Abbildung 20 zeigt, dass 31 Prozent der Männer, die unter der Armutsgrenze leben – die also über weniger als 60 Prozent des

Medianeinkommens verfügen –, vor ihrem 65. Geburtstag sterben. Von den einkommensreichsten Männern trifft es in diesem Alter nur 13 Prozent. Bei den Frauen ist der Unterschied deutlich geringer.

Nicht nur bei der vorzeitigen Sterblichkeit schneiden reiche Männer deutlich besser ab als arme, sondern auch in der Lebenserwartung. Männer mit einem Einkommen unterhalb der Armutsgrenze haben bei Geburt eine durchschnittliche Lebenserwartung von 70 Jahren. Bei den Beziehern der höchsten Einkommen liegt sie bei über 80 Jahren. Der Unterschied bei den Frauen ist ähnlich groß, nur dass Frauen in der Regel eine um sechs Jahre höhere Lebenserwartung haben.

Menschen mit geringen Einkommen sind in Deutschland auch schlechter medizinisch versorgt als einkommensreiche. Die Abbildung 21 verdeutlicht, dass es viel mehr Menschen mit einem geringen Einkommen an medizinischen Untersuchungen und Be-

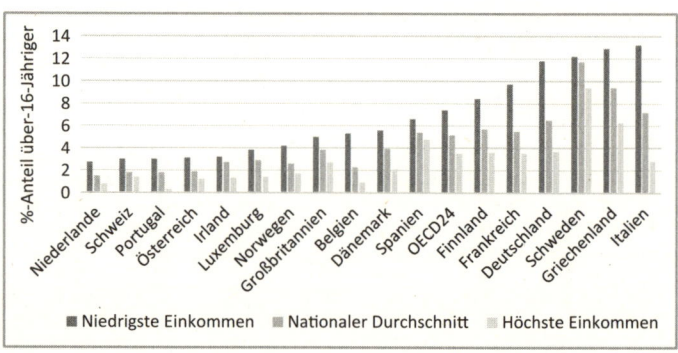

Abb. 21: Unerfüllte Gesundheitsbedürfnisse nach Einkommensniveau

Erläuterung: Die Abbildung zeigt den Anteil der über 16-jährigen Personen in Prozent, die über unerfüllte Gesundheitsbedürfnisse berichteten (Frage: »Kam es in den letzten zwölf Monaten einmal oder mehrmals vor, dass Sie wegen einer schwerwiegenden Erkrankung dringend eine medizinische Untersuchung oder Behandlung benötigt hätten, diese aber nicht in Anspruch genommen haben?«).

Quelle: OECD (2013a), EU-SILC 2011

handlungen mangelt als Menschen mit hohen Einkommen. Dieser Unterschied ist massiv: Nur 4 Prozent der Einkommensstarken fehlten im Jahr 2011 medizinische Untersuchungen, die sie nach ärztlicher Empfehlung hätten durchführen sollen oder wollen. Bei den deutschen Bürgern mit geringen Einkommen war die Zahl dreimal so hoch.

Auch beim gesundheitsfördernden Verhalten eines Menschen gibt es eine klare Korrelation mit dem Einkommen. So beeinflusst etwa der Bildungsgrad der Mütter das Verhalten während der Schwangerschaft und damit, natürlich wieder nicht direkt und es gibt auch andere Faktoren, das Geburtsgewicht von Kindern. Mütter mit einem Hauptschulabschluss bringen 50 Prozent häufiger ein Kind mit zu niedrigem Geburtsgewicht zur Welt als Mütter mit Abitur oder Fachabitur. Viele dieser Kinder haben mit gesundheitlichen Problemen zu kämpfen und im Verlauf ihres Lebens große Nachteile. So besteht bei ihnen etwa sehr viel häufiger sonderpädagogischer Förderbedarf als bei Kindern, die mit einem Normalgewicht zur Welt kamen.

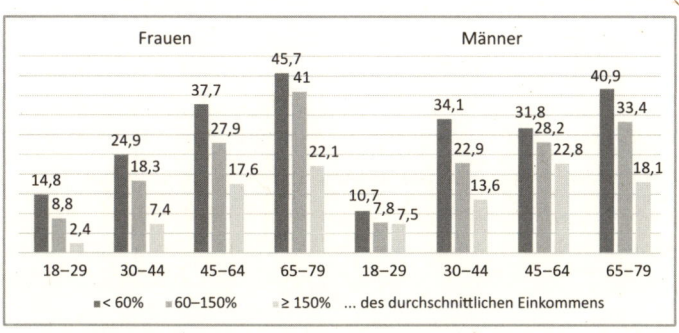

Abb. 22: Fettleibigkeit nach Einkommens- und Altersgruppen

Erläuterung: Die Abbildung zeigt den Anteil von fettleibigen Personen (BMI ≥ 30) nach Einkommensgruppen für das Jahr 2011.

Quelle: Lampert, Kroll, Kuntz und Ziese (2013)

Menschen mit geringem Einkommen ernähren sich deutlich schlechter, was zu großen gesundheitlichen Problemen führt. Abbildung 22 zeigt das Risiko zur Fettleibigkeit von Männern und Frauen nach unterschiedlichen Einkommens- und Altersgruppen. So haben Männer im Alter von 30 bis 44 Jahren, die über weniger als 60 Prozent des Medianeinkommens verfügen, eine fast dreimal so hohe Wahrscheinlichkeit, fettleibig zu sein, als solche mit einem hohen Einkommen. Bei den Frauen ist die Lücke zwischen Arm und Reich über Einkommensgruppen hinweg deutlich größer als bei Männern.

Eine wissenschaftliche Hypothese (Wilkinson 1996) besagt, dass sich Ungleichheit in Einkommen und gesellschaftlicher Stellung über die Zeit immer stärker auf die Gesundheit auswirkt. Früher erkrankten und starben die Menschen demnach sehr viel häufiger als heute an schweren Infektionskrankheiten wie zum Beispiel Lungenentzündungen. Diese Infekte standen sehr viel weniger mit dem unterschiedlichen Verhalten der einzelnen Gesellschaftsgruppen in Verbindung. Sie trafen reiche Menschen nicht viel seltener als arme. In der heutigen Zeit erkranken und sterben die Menschen aber sehr viel öfter an chronischen Erkrankungen als an schweren Infektionskrankheiten. Diese hängen viel stärker vom Wohlstandsniveau des einzelnen Menschen ab. Damit werden sowohl die Versorgung als auch das Verhalten der Menschen um ein Vielfaches wichtiger für deren Gesundheit, als dies in früheren Zeiten der Fall war.

Fazit: Viele Beispiele zeigen die Verbindung zwischen Einkommensungleichheit und Gesundheit. Diese Verbindung ist häufig indirekt, Unterschiede in Bildung, Vorsorge und Verhalten der Menschen wirken sich auf die Gesundheit aus. Aber gerade in einer alternden Gesellschaft, in der die Gesundheitskosten massiv ansteigen, wird es immer wichtiger, diese Verbindung zu verstehen und in der Gesundheitspolitik zu berücksichtigen.

13 Ungleichheit schafft Abhängigkeit vom Staat und schränkt individuelle Freiheiten ein

Die hohe Ungleichheit in Vermögen und Markteinkommen in Deutschland führt dazu, dass immer mehr Menschen immer stärker von staatlichen Leistungen und Transfers abhängig sind. Dies bedeutet konkret, dass viele Menschen nicht mehr selbstständig über die finanziellen und wirtschaftlichen Aspekte ihres Lebens entscheiden können. So bedeutet Ungleichheit eine Einschränkung von »negativer« Freiheit nach Isaiah Berlin.

Die Grafiken A bis D von Abbildung 23 zeigen den Anteil verschiedener Einkommensarten (aus Erwerbstätigkeit, Transfers und verschiedenen Formen von Vermögen und Kapital) für Menschen in verschiedenen Einkommensgruppen, unterschieden zwischen Ost- und Westdeutschland für die Jahre 1991 und 2007. In Westdeutschland erhielten die 10 Prozent mit dem geringsten Einkommen (1. Dezil) fast die Hälfte ihres verfügbaren Einkommens im Jahr 1991 über staatliche Transfers und in Form von staatlicher Rente. Im Jahr 2007 kamen bereits mehr als 60 Prozent ihrer Einkommen vom Staat.

In Ostdeutschland ist das Bild noch dramatischer. Hier machten die staatlichen Zahlungen im Jahr 2007 mehr als 70 Prozent des verfügbaren Einkommens der einkommensschwächsten 10 Prozent der Bevölkerung aus. Der Anteil der staatlichen Transfers stieg zwischen 1991 und 2007 also um mehr als zehn Prozentpunkte im Vergleich zum Westen. Allerdings war das Jahr

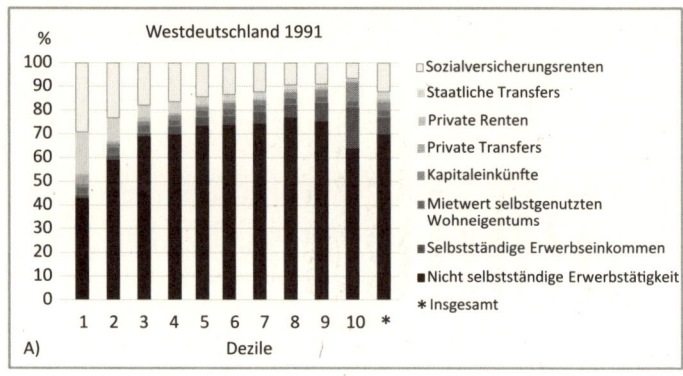

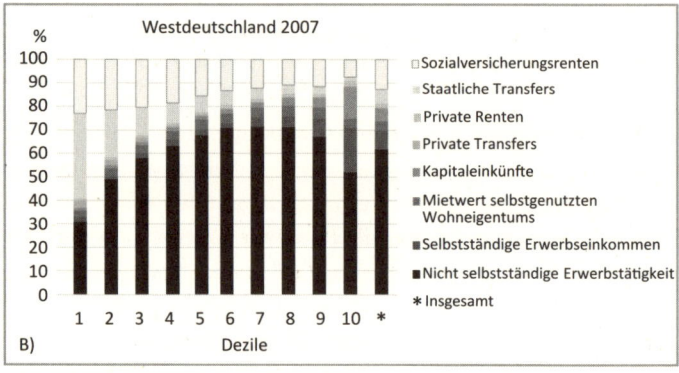

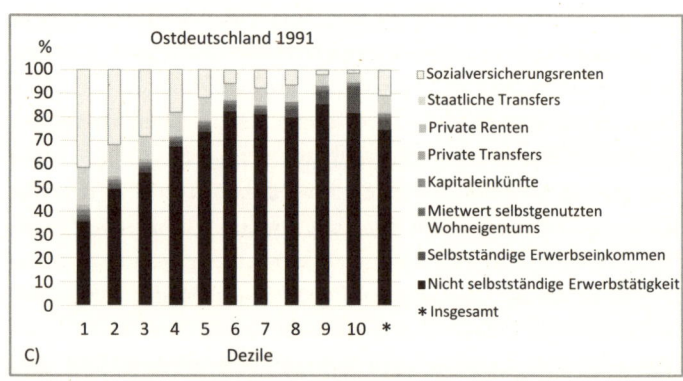

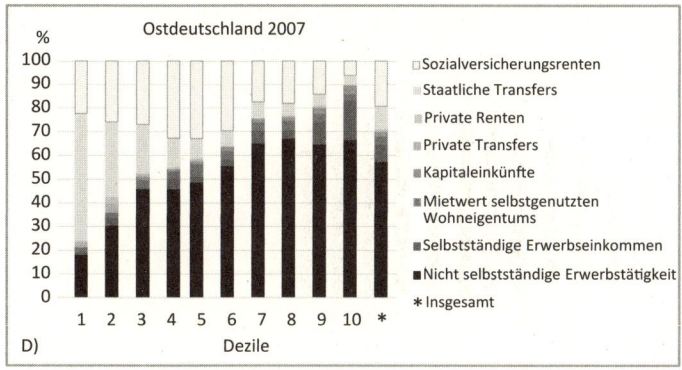

Abb. 23: Einkommensarten in Westdeutschland (A und B) und Ostdeutschland (C und D)

Erläuterung: Die Abbildungen zeigen jeweils die Komponenten des Gesamteinkommens für die Jahre 1991 und 2007. Kapitaleinkünfte: Zinsen, Dividenden sowie Einkünfte aus Vermietung und Verpachtung. Private Renten: z. B. Renten aus privaten Rentenversicherungen, Betriebsrenten und Renten aus der Zusatzversorgung des öffentlichen Dienstes. *Quelle:* Sachverständigenrat (2010), basierend auf SOEP-Daten

2007 auch von einer hohen Arbeitslosigkeit geprägt, so dass der Staat allein aus diesem Grunde viele Transferzahlungen leisten musste.

Auch die Mittelschicht, wie immer man sie genau definieren mag, ist stark von staatlichen Transferleistungen und Renten abhängig. Für einen Menschen mit einem Medianeinkommen in Ostdeutschland machten solche staatlichen Zahlungen fast die Hälfte des verfügbaren Einkommens im Jahr 2007 aus, für westdeutsche Mittelschichtler immerhin noch knapp ein Fünftel.

Für die 10 Prozent mit den höchsten verfügbaren Einkommen spielt das Einkommen aus nicht selbstständiger Arbeit eine relativ geringe Rolle. Über die Zeit ging ihr Anteil immer weiter zurück. Die Abbildung zeigt, wie stark der Anstieg der Einkommen aus selbstständiger Arbeit und Kapital zwischen 1991 und 2007 für die 10 Prozent der einkommensreichsten Deutschen war. Fast 40 Prozent der gesamten verfügbaren Einkommen dieser Gruppe kamen in Westdeutschland im Jahr 2007 aus diesen beiden Quellen. Auch dies zeigt, wie stark die privaten Vermögen für die Einkommen der Wohlhabenden in Deutschland an Bedeutung gewonnen haben.

Es gilt festzuhalten, dass ein immer größerer Teil der deutschen Bevölkerung zu einem erheblichen Maße von staatlichen Leistungen und Transfers abhängig ist und sein Auskommen immer weniger aus eigener Arbeit bestreiten kann.

14 Ungleichheit schädigt soziale und politische Teilhabe

Eine hohe Ungleichheit in Vermögen und Einkommen schafft nicht nur eine hohe Abhängigkeit vom Staat, sondern führt auch zu einer geringeren sozialen und politischen Teilhabe. Eine politische Teilhabe möglichst vieler Bürger aus allen gesellschaftlichen Gruppen ist enorm wichtig, damit politische Entscheidungen die Interessen der gesamten Gesellschaft widerspiegeln. Vor allem ein Fehlen gesellschaftlich schwacher Gruppen, die sehr viel stärker auf staatliche Unterstützung angewiesen sind, führt zu einem politischen Ungleichgewicht und letztlich zu einem weiteren Anstieg der sozialen und wirtschaftlichen Ungleichheit.

Ähnliches gilt für die soziale Teilhabe. Gruppen, die aus dem gesellschaftlichen Leben ausgegrenzt sind, haben es deutlich schwerer, sich in den wirtschaftlichen Prozess einzubringen, gute Arbeit zu finden und ihre Chancen zu verbessern, ihre Fähigkeiten zu entwickeln und ihre Ziele zu erreichen. Eine geringe soziale und politische Teilhabe einiger Gruppen führt häufig verstärkt zu sozialen Konflikten und politischer Instabilität. Dies trägt zu einer höheren wirtschaftlichen Unsicherheit bei, reduziert Investitionen in die Wirtschaft und das Humankapital und schadet so einem Land auch wirtschaftlich und finanziell.

Dieses Buch kann diese Problematik nur kurz ansprechen – als eine von vielen Konsequenzen der Ungleichheit in Vermögen, Einkommen und Chancen in Deutschland. Drei Indikatoren für die Abnahme politischer Teilhabe sollen hier als Beispiele aber immerhin genannt werden: die Unterschiede in der Wahlbeteili-

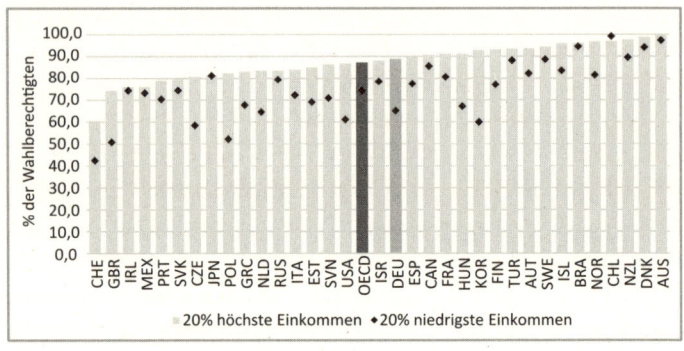

Abb. 24: Wahlbeteiligung nach Einkommensgruppen

Erläuterung: Die Abbildung zeigt den Anteil der Wahlberechtigten, die ihre Stimme im Jahr 2009 abgegeben haben. So lag der OECD-Durchschnitt der Wahlbeteiligung bei Personen mit niedrigen Einkommen bei 74 %. In der obersten Einkommensgruppe lag die Wahlbeteiligung bei 87 %.

Quelle: OECD (2013b)

gung, die in politischer Mitarbeit und die in der Ausprägung von sozialen Netzwerken.

So ist die Wahlbeteiligung der Bürger in allen Industrieländern signifikant mit dem Einkommen und dem Bildungsgrad der Menschen korreliert. In Deutschland aber – das zeigt Abbildung 24 – ist dieser Unterschied über Einkommensgruppen hinweg deutlich höher als in den meisten anderen Industrieländern. Betrachtet man nur das einkommensreichste Fünftel der Bevölkerung, so beteiligten sich von diesen Menschen in den 2000er Jahren fast 90 Prozent an den Wahlen. Im unteren Fünftel der Einkommensskala gaben nur knapp 65 Prozent ihre Stimme ab. Mit diesem großen Unterschied sticht Deutschland unter den Industrieländern hervor: Es ist eines der Länder mit der größten Ungleichverteilung von politischer Teilhabe.

Ähnliches gilt für das politische Interesse und die Mitarbeit der Bürger. Menschen mit hohen Einkommen engagieren sich wesentlich häufiger politisch. Vor allem bei solchen, die unter der

Armutsgrenze leben, ist das politische Engagement sehr gering: Deutsche mit einem Einkommen über der Armutsgrenze haben eine 60 Prozent höhere Wahrscheinlichkeit, sich politisch zu engagieren, als die, die darunter liegen.[15]

Aber auch die soziale Teilhabe leidet, wenn man durch ein geringes Einkommen Schwierigkeiten hat, am sozialen Leben aktiv teilzunehmen. Nach wissenschaftlichen Studien haben Menschen mit geringerem Einkommen und geringerem Bildungsniveau ein schwächeres soziales Netzwerk aus Freunden und Verwandten, auf die sie sich in schwierigen Zeiten verlassen können. Solche Netzwerke sind jedoch nicht nur für die Lebenszufriedenheit wichtig, sondern auch für ihren Erfolg im Wirtschaftsleben. Studien zeigen, dass viele ihre Jobs über soziale Kontakte finden.

Fazit: Eine gewisse finanzielle Ungleichheit kann wirtschaftlich wünschenswert sein. Etwa wenn sie entsteht, weil Einzelne in einer funktionierenden Marktwirtschaft Erfolg haben und für ihren Einsatz belohnt werden. Sie ist wirtschaftlich positiv, wenn sie allen Menschen Anreize setzt, in ihre Bildung und Entwicklung zu investieren und Risiken einzugehen, die für die Gesellschaft wünschenswert sind. Ungleichheit wird dann aber zu einem wirtschaftlichen und gesellschaftlichen Problem, wenn sie aus einer fehlenden Chancengerechtigkeit entsteht, aber auch dann, wenn sie so stark wird, dass sie Menschen ihrer Chancen und Fähigkeiten beraubt, am wirtschaftlichen und sozialen Leben teilzunehmen. Es gibt einen immer breiteren wissenschaftlichen Konsens, dass die Ungleichheit in Einkommen und Vermögen in Industrieländern ein Ausmaß angenommen hat, welches massive Kosten für die Wirtschaft und für die Gesellschaft verursacht. Dies ist das Kernargument dieses zweiten Teils des Buches.

Ganz konkret hat die hohe Ungleichheit in Einkommen und Vermögen in Deutschland nicht nur gesamtwirtschaftliche Kosten verursacht – durch ein niedrigeres Wachstum, schlechteres Humankapital sowie eine höhere wirtschaftliche und finanzielle Instabilität. Sie hat darüber hinaus auch signifikante soziale und politische Kosten provoziert. Hohe Ungleichheit hat in Deutschland zu einer außergewöhnlich hohen Abhängigkeit vieler Menschen von staatlichen Leistungen und Transfers und einer stark ansteigenden Armut beigetragen. Diese Ungleichheit in Einkommen hat aber auch Kosten für die Gesundheit und die soziale und politische Teilhabe der Menschen am gesellschaftlichen Leben in Deutschland bewirkt.

Viele dieser Auswirkungen verstärken sich gegenseitig und treiben die Ungleichheit im Land weiter nach oben: Geht Wachstum verloren, können Menschen weniger in ihre Bildung und Ausbildung investieren. Schlecht ausgebildete Arbeitskräfte hemmen das Wachstum weiter, machen mehr Menschen von Transfers abhängig, was den Staat weiter schwächt und die Armut steigen lässt. Der Verteilungskampf droht somit immer härter zu werden.

III. DIE MACHT DES MARKTS

»Poverty is the deprivation of opportunity.«
Amartya Sen, *Development as Freedom,* 2001

Was sind die Ursachen und was mögliche Lösungen für diesen Verteilungskampf in Deutschland? Der erste Teil des Buches hat die drei Ebenen der Ungleichheit in Deutschland analysiert: die geringen Vermögen und die hohe Vermögensungleichheit, die hohe Einkommensungleichheit und die geringe Chancengleichheit. Der zweite Teil des Buches hat die Konsequenzen der Ungleichheit in Einkommen und Vermögen für Wirtschaft, Gesellschaft und Individuen beschrieben. Der dritte Teil des Buches geht nun zurück zu den Ursachen der Ungleichheit und damit zugleich zu den möglichen Lösungen.

Es gibt drei große Ursachen der zunehmenden Ungleichheit: Die erste ist die Rolle der Marktwirtschaft und der sich über die Zeit stark verändernde Einfluss von Globalisierung, Digitalisierung und immer individueller werdende Arbeitswelt. Diese Entwicklungen gehen in Deutschland genauso vonstatten wie in anderen Industrieländern. Sie tragen zwar signifikant zum weltweiten Trend steigender Ungleichheit bei, können aber nicht erklären, warum die Ungleichheit gerade in Deutschland so außergewöhnlich hoch ist.

Sehr spezifisch für Deutschland ist die zweite Ursache der Ungleichheit: die fehlende Chancengleichheit – die in unserem Land besonders markant ist. Sie umfasst all das, was in den wirtschaftlichen und sozialen Prozess einer Gesellschaft eingeht, und beschreibt den Marktprozess, der bestimmt, welche Löhne und Arbeitseinkommen Arbeitnehmer erhalten, welche Rendite sie auf ihr Kapital erzielen und wie ihre Beschäftigungs- und Karrierechancen sind. Gewährleistet dieser Marktprozess einen fairen Wettbewerb, in dem alle Menschen ihre Fähigkeiten entwickeln, einbringen und die Früchte der eigenen Arbeit ernten können? Oder gibt es Hindernisse und Verzerrungen, die verhindern, dass diese Potenziale voll ausgeschöpft werden können und so den Individuen und der Gesellschaft als Ganzes große Verluste bescheren? Gibt es historische Gründe, warum die Startposition der Menschen in unserem Land so unterschiedlich ist?

Die dritte Ursache ist die Umverteilung. Sie trägt in Deutschland dazu bei, die Ungleichheit, die durch die Marktprozesse entstanden ist, zu senken. Sind die deutschen Markteinkommen im internationalen Vergleich noch sehr ungleich, so liegt Deutschland nach Steuern und Transfers im internationalen Vergleich nur noch im Mittelfeld der Ungleichheit. Aber was kostet uns diese Umverteilung? Welche Auswirkungen hat sie? Wäre es nicht besser, die Umverteilung wäre überflüssig – etwa weil bereits die Markteinkommen gleicher verteilt wären? Könnte man sie effizienter regeln?

Bildlich gesprochen geht es bei der Untersuchung der ersten und zweiten Ursache um die Frage, wie ein möglichst großer Kuchen für den Wohlstand einer gesamten Gesellschaft geschaffen werden kann, wohingegen es sich bei der dritten um die Frage dreht, wie genau dieser Kuchen verteilt werden soll und was bei diesem Verteilungsprozess verloren geht.

15 Die Globalisierung

Globalisierung, Digitalisierung und die stark zunehmende Bedeutung von Finanzmärkten allgemein haben die Balance zwischen den Interessen verschiedener gesellschaftlicher Gruppen
fundamental verändert. Wie beeinflussen diese Entwicklungen
den weltweiten Trend einer steigenden Einkommens- und Vermögensungleichheit? Über welche Mechanismen wirken diese
Zusammenhänge?

Alle Auswirkungen der Globalisierung detailliert zu beschrei-
ben, würde mehrere Bücher füllen. Aber auch zu analysieren, wie
sich der Globalisierungsprozess auf die Ungleichheit von Einkommen, Vermögen und Chancen auswirkt, ist nicht leicht. Zunächst muss man unterscheiden zwischen der Globalisierung
durch Handel, durch Kapital und Produktionsprozesse sowie
durch den Faktor Arbeit.

Der Handel von Gütern und Dienstleistungen ist seit 1980 für
viele Länder um über die Hälfte gestiegen. Dazu beigetragen
haben vor allem der Abbau von Handelsbarrieren und die stärkere Einbindung von riesigen und rasant wachsenden Volkswirtschaften wie China und Indien. Zu den größten Profiteuren gehört Deutschland. Unsere Volkswirtschaft ist eine der am stärksten
auf den Weltmarkt ausgerichteten. Rund 40 Prozent unserer gesamten Wirtschaftsleistung entstehen durch Exporte. Fast jeder
zweite Job in Deutschland hängt direkt oder indirekt von Expor-
ten ab.

Der globale Handel bietet den einzelnen Ländern viele Vorteile: Sie können sich auf ihre jeweiligen komparativen, wirt-

schaftlichen Vorteile konzentrieren und somit auf Bereiche, in denen sie Güter und Dienstleistungen effizienter und günstiger herstellen können als andere. Länder, die wie Deutschland auf eine hohe technologische Entwicklung, Arbeitsproduktivität und starke Institutionen zurückgreifen können, spezialisieren sich auf Produkte und Dienstleistungen, für die diese Charakteristika von entscheidender Bedeutung sind. So sind deutsche Unternehmen vor allem im Maschinenbau, der Chemie, der Pharmazie und bei den Automobilen global führend und erwirtschaften hier oder in eng verwandten Bereichen einen Großteil der deutschen Exporte. Schwellenländer wie China dagegen haben traditionell einen komparativen Vorteil, wenn es um die Herstellung sehr arbeitsintensiver Produkte geht.

Die immense Ausweitung des globalen Handels hat vor allem zwei Konsequenzen: Sie lässt die Wirtschaftsleistung weltweit ansteigen – auch in den Ländern, in denen die Produktivität geringer ist. Die zweite Auswirkung zeigt sich hingegen nur in reichen und produktiven Ländern wie Deutschland: Dort geht die Nachfrage nach relativ wenig qualifizierten Arbeitnehmern zurück, und die nach hoch qualifizierten Arbeitnehmern steigt. Tendenziell führt dies zu einer höheren Ungleichheit der Löhne und Einkommen: Die steigende Nachfrage nach qualifizieren Kräften hebt die Löhne am oberen Ende der Verteilungsskala an, am unteren Ende sinken sie durch die nachlassende Nachfrage und das Überangebot. Dies muss jedoch nicht so sein. Nämlich dann nicht, wenn eine Volkswirtschaft so flexibel ist, dass Arbeitnehmer ihre Qualifikationen anpassen können, um die Nachfrage nach besser qualifizierten Jobs zu befriedigen. Die konkreten Auswirkungen des Welthandels auf die Ungleichheit von Löhnen und Einkommen hängen somit davon ab, wie sich die einzelnen Länder auf die Globalisierung einstellen, und die Antwort muss in der empirischen Analyse dieser Wirkungszusammenhänge gesucht werden.

Eine dritte Konsequenz der Globalisierung sind die zunehmenden globalen Kapitalströme. Eine wichtige Unterscheidung ist hierbei zwischen Finanzkapital – also Bankkrediten und Finanzprodukten wie Aktien und Anleihen – und Produktionskapital – also Direktinvestitionen einheimischer Unternehmen im Ausland und ausländischer Unternehmen im Inland – zu treffen. Die globalen Ströme von Finanzkapital haben in den letzten 35 Jahren massiv zugelegt. Seit 1980 sind sie um über sechshundert Prozent gestiegen, haben sich also mehr als versechsfacht. Auch Direktinvestitionen von Unternehmen im Ausland sind in den vergangenen Jahrzehnten deutlich gewachsen. Dieser Anstieg war weniger stark, was zu erwarten war, denn eine Verlagerung von Produktions- ist generell viel schwieriger als die von Finanzkapital.

Die Globalisierung der Kapitalströme ist prinzipiell positiv für die wirtschaftliche Leistungsfähigkeit der globalen Volkswirtschaft. So kann Kapital effizienter sein, wenn es in die Sektoren und Volkswirtschaften fließt, die am produktivsten sind und die die höchsten Renditen ermöglichen. Die Flexibilität des Kapitals senkt somit die Zinsen global. Niedrigere Zinsen setzen Anreize für Unternehmen, mehr zu investieren, damit mehr und produktivere Jobs zu schaffen und somit das Wachstum und den Wohlstand zu vergrößern.

Kapital, das in arbeitsintensive Sektoren mit vielen relativ gering qualifizierten Arbeitnehmern fließt, kann deren Löhne und Einkommen verbessern und somit die Ungleichheit innerhalb von Ländern reduzieren. Kapital kann aber auch Sektoren zugutekommen, in denen Arbeitnehmer mit hohen Einkommen profitieren, und die Ungleichheit so erhöhen. Im Ländervergleich hingegen sollte die Globalisierung des Kapitals die Einkommensunterschiede reduzieren, die Pro-Kopf-Einkommen der verschiedenen Länder sollten sich einander angleichen. Ein beeindruckendes Beispiel ist China, dessen Pro-Kopf-Einkommen sich in den vergangenen 15 Jahren fast verdreifacht hat, wogegen es in Deutschland oder Frankreich nur sehr schwach gewachsen ist.

Die vierte Auswirkung der Globalisierung ist die zunehmende Mobilität von Arbeitnehmern. Die Anzahl der Migranten weltweit ist in den vergangenen Jahrzehnten massiv angestiegen. Allein innerhalb Chinas gibt es nach Schätzungen weit über 100 Millionen Migranten, die auf der Suche nach Arbeit und besseren Lebensbedingungen aus den ländlichen Regionen vor allem in die Städte im Osten des Landes ziehen. Auch in Europa hat die Bedeutung der Migration in den vergangenen Jahrzehnten deutlich zugenommen. Die Zuwanderung von Arbeitnehmern ist prinzipiell gut für die Empfängerländer. Wie insbesondere in der Vorbemerkung des Buchs ausgeführt, können zugewanderte Menschen durch ihre Arbeit zur Leistungsfähigkeit einer Wirtschaft und Gesellschaft beitragen.

Ob die Mobilität von Arbeitnehmern die Einkommensungleichheit steigert oder senkt, hängt von den Bedingungen vor Ort, den Qualifikationen und etwa dem Alter der Migranten ab. Die Zuwanderung von qualifizierten Arbeitnehmern nach Deutschland beispielsweise reduziert prinzipiell die Ungleichheit in Löhnen und Einkommen, da das Angebot qualifizierter Arbeitnehmer im Vergleich zu den weniger qualifizierten ansteigt. Vor allem wenn Zuwanderung freiwillig stattfindet, wenn Migranten Chancen in den Empfängerländern sehen und damit auch beispielsweise Lücken bei Fachkräften füllen können, kann der Nutzen für das Empfängerland signifikant sein und gleichzeitig die Ungleichheit reduzieren.

Globalisierung als Versicherung

Es gibt einen weiteren wichtigen Vorteil der Globalisierung für einzelne Länder und vor allem für die schwächsten Arbeitnehmer. Diese Globalisierung bedeutet eine deutlich höhere gemeinsame Abhängigkeit von Ländern, denn beispielsweise eine tiefe Rezession in China heute würde Arbeitnehmer in Deutschland sehr viel stärker treffen als noch vor 30 Jahren. Zugleich hat sie aber den zentralen Vorteil, dass sich Länder besser gegen Schocks und Unwägbarkeiten absichern können. Erstaunlich ist, wie gut Deutschland die Krise in Südeuropa in den vergangenen Jahren wirtschaftlich verkraften konnte. Die deutsche Wirtschaft hat sich erholt und der deutsche Arbeitsmarkt einen wahren Boom mit steigender Beschäftigung und starkem Lohnanstieg erlebt. Deutschlands Handel und die Direktinvestitionen nach Südeuropa haben zwar stark gelitten, dies konnte jedoch mehr als kompensiert werden durch den Anstieg der deutschen Exporte und Direktinvestitionen vor allem nach Asien, aber auch in andere Teile der Welt.

Noch instruktiver war Deutschlands eigene Krise Anfang der 2000er Jahre, als das Land als »kranker Mann Europas« galt. Die Arbeitslosigkeit stieg bis 2005 auf über 5 Millionen Menschen oder mehr als 12 Prozent aller Arbeitnehmer, und die Wirtschaft lahmte und musste einen schwierigen Anpassungsprozess durchlaufen. Bis 2008 konnte Deutschland jedoch gegenüber seinen europäischen Nachbarn wieder aufholen, und die Arbeitslosenzahl begann zu sinken. Der wichtigste Grund des deutschen Wachstums in diesen Jahren waren die Exporte, die vom Wirtschaftsboom im Rest Europas und in der Welt massiv profitieren konnten. Deutschland hätte sich in den 2000er Jahren bei weitem nicht so schnell aufrappeln können, wenn es nicht vom Globalisierungsprozess hätte profitieren können. Kurzum, Globalisierung schafft zwar Abhängigkeiten, aber sie funktioniert wie eine Versicherung für Volkswirtschaften gegen Schocks und Krisen im eigenen Land.

Der Binnenmarkt der Europäischen Union ist ein Beispiel, wie die europäische Integration gestaltet werden kann. Er erlegt der Mobilität von Gütern und Dienstleistungen, von Kapital und von Menschen keinerlei Restriktionen auf. Dies heißt nicht, dass es nicht noch immer große Barrieren in allen drei Bereichen gibt, vor allem durch unterschiedliche Regulierung und Gesetzgebung über Mitgliedsländer hinweg. Aber durch den gemeinsamen Binnenmarkt ist die Wirtschaft der EU in den vergangenen Jahrzehnten deutlich zusammengewachsen und die wirtschaftliche und finanzielle Abhängigkeit zwischen den einzelnen Mitgliedsländern massiv angestiegen. Diese Abhängigkeit ist jedoch nicht schlecht, sondern erlaubt es einzelnen Volkswirtschaften, von anderen zu profitieren und eine Krise und Rezession im eigenen Land abzufedern und damit auch die eigenen Arbeitnehmer zu schützen.

Globalisierung bedeutet also eine deutlich höhere Mobilität aller dieser drei Faktoren – von Gütern und Dienstleistungen, von Kapital und von Menschen. Prinzipiell schafft die Globalisierung Chancen und Wohlstand – global und in den einzelnen Mitgliedsländern.

Zudem ist Globalisierung alles andere als eine Einbahnstraße, die Ungleichheit in Einkommen und Vermögen reduziert. Viel hängt von der Wirtschaftspolitik eines Landes ab, wie diese mit dem Druck der Globalisierung umgeht und ob es ihr gelingt, den Verlierern des Globalisierungsprozesses, die es in jeder Volkswirtschaft unweigerlich gibt, zu helfen, sich umzuorientieren, um auch von der Globalisierung profitieren zu können, oder diese Gruppen zumindest zu kompensieren.

16 Digitalisierung – Von Superstar-Effekten und schrumpfender Mittelschicht

Der technologische Fortschritt und vor allem der globale, schnelle und immer günstiger werdende Transfer von Informationen sind ein weiteres zentrales Element der Globalisierung der vergangenen Jahrzehnte. In der Praxis sind sie stark von der Globalisierung von Gütern, Kapital und Arbeit abhängig. Die beeindruckende Entwicklung der Informations- und Kommunikationstechnologie (IKT) wäre ohne einen globalen Markt, der es dieser Technologie oft erst erlaubt, produktiv und rentabel zu sein, sicherlich anders und langsamer verlaufen.

Abbildung 25 gibt nur ein Beispiel für die zunehmende Bedeutung der Informations- und Kommunikationstechnologie weltweit. Seit 1980 hat sich der Anteil, den die Investitionen im IKT-Bereich an den Gesamtinvestitionen der Industrieländer ausmachen, verdoppelt. Deutschland war im Jahr 1980 von diesem Anteil der IKT-Investitionen weltweit nach den USA und der Schweiz führend. Aber seit 1980 ist der Anteil der IKT-Investitionen in Deutschland praktisch nicht mehr gewachsen, während er sich in anderen OECD-Ländern verdoppelt hat. Es gibt eine kontroverse Debatte darüber, ob Deutschland heute genug in diesen innovativen und zukunftsweisenden Bereichen investiert.[16] Sicherlich ist Deutschland in Bezug auf die Forschungs- und Entwicklungsausgaben sowie Innovationen und Patente noch immer eines der führenden Länder. Andere Staaten holen jedoch zunehmend auf. Deutschland ist also dabei, einen Teil seiner hohen Wettbewerbsfähigkeit einzubüßen.

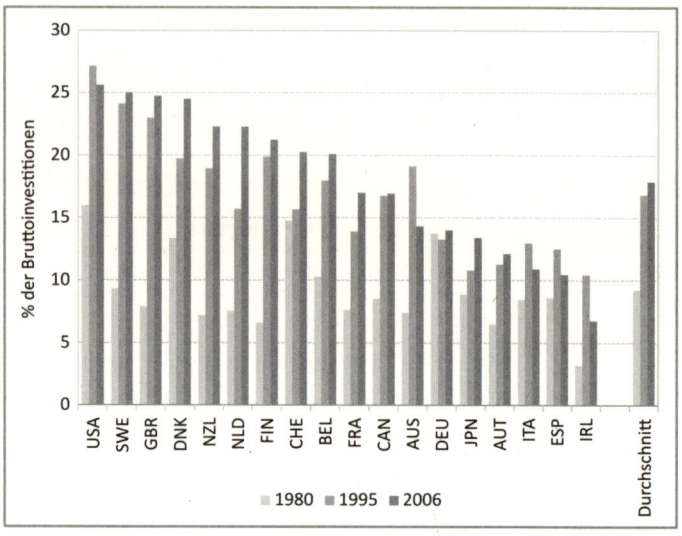

Abb. 25: Investitionen in Informations- und Kommunikationstechnologie

Erläuterung: Die Abbildung zeigt den Anteil der IKT-Investitionen an den gesamten Bruttoinvestitionen, die im jeweiligen Jahr getätigt wurden. Im Jahr 2006 waren 14 % der Investitionen im IKT-Bereich. Bemerkung: Werte für Deutschland starten 1991.
Quelle: OECD (2011)

Unstrittig ist jedoch, dass von diesem technologischen Fortschritt vor allem die qualifiziertesten Arbeitnehmer profitieren können und sich somit die Ungleichheit der Einkommen und Löhne innerhalb der Länder als auch über die Grenzen hinweg erhöht. Ein Friseur profitiert direkt nur wenig von der Digitalisierung. Er mag zwar nun mit einer eigenen Webseite für sich Werbung machen können. Da seine Leistung jedoch an seinen physischen Ort gebunden ist, nützt es ihm wenig, dass jemand Hunderte Kilometer entfernt Zugang zu dieser Webseite und Informationen hat.

Ein bekannter Musiker dagegen kann sein Produkt – der Digitalisierung sei Dank – innerhalb weniger Sekunden potenziell an Milliarden von Menschen weltweit verkaufen. Dies war vor

20 Jahren nicht möglich, damals musste Musik physisch zu den Menschen gebracht werden. Die Digitalisierung hat das Phänomen der »Superstar-Effekte« ermöglicht – Menschen, die in ihrem Bereich führend sind, können durch die enorme globale Erreichbarkeit hohe Profite und Einkommen erzielen.

	Marktwert (Mrd. US-Dollar)	Beschäftigte
Volkswagen	120	~ 600.000
Microsoft	330	~ 99.000
Google	404	~ 50.000
f	170	~ 6.000
WhatsApp	19	55
Instagram	1	~ 12

Abb. 26: Marktwert und Beschäftigte von multinationalen Unternehmen im Vergleich

Quelle: Offizielle Informationen der Unternehmen aus den Jahren 2014 und 2015, Bloomberg

Abbildung 26 ist eine Illustration dieser »Superstar-Effekte«. Microsoft, ein relativ altes Unternehmen im IKT-Bereich, hatte im Jahr 2014 einen Marktwert von 330 Milliarden $ bei knapp 100 000 Angestellten. Dies ist ein Marktwert von 3,3 Millionen $

pro MitarbeiterIn. Für Facebook liegt der Wert bereits bei knapp 30 Millionen $ pro MitarbeiterIn, und bei WhatsApp bei 350 Millionen $ für jeden der nur 55 Mitarbeiter (im Jahr 2014). Bei WhatsApp ist eine einzelne Ingenieurin für 14 Millionen aktive Nutzer zuständig! Bei traditionellen Industrieunternehmen ist der auf die Mitarbeiter hochgerechnete Wert deutlich geringer. So hat Volkswagen ca. 600 000 Mitarbeiter bei einem Marktwert von knapp 120 Milliarden US Dollar. Das sind 200 000 US Dollar pro Mitarbeiterin.

Natürlich ist bei diesen Zahlen Vorsicht geboten, unter anderem weil der Marktwert eines Unternehmens zu einem großen Teil Zukunftserwartungen für das Unternehmen widerspiegelt. Ob sie sich erfüllen, ist höchst unsicher. Und auch aus verschiedenen anderen Gründen mag der an den Börsen gelistete Marktwert nur sehr ungenau den wirklichen Wert eines Unternehmens widerspiegeln. Trotzdem sind diese Zahlen ein Hinweis darauf, wie riesig das wirtschaftliche Potenzial im IKT-Bereich ist. Es ist daher nicht überraschend, dass die privaten Forschungs- und Entwicklungsausgaben sowie die Patente im IKT-Sektor im vergangenen Jahrzehnt in die Höhe geschossen sind.

Polyanis Paradox und die schrumpfende Mittelschicht

Solche Innovationen und Superstar-Effekte durch technologischen Fortschritt erhöhen zweifelsohne die Ungleichheit der Einkommen und Vermögen. Aber wie auch schon im ersten Teil des Buches diskutiert, ist eine Ungleichheit, die durch eine solche Innovation und Schaffung neuer Ideen und Dienstleistungen zustande kommt, nicht unbedingt problematisch. Denn die Digitalisierung und IKT-Technologie schaffen nicht nur »Superstars«, sondern sie machen fast alle Wirtschaftsbereiche produktiver. Große Industrieunternehmen können Informationen und Wissen besser organisieren und teilen sowie Produktionsprozesse effizienter machen. Selbst kleine Dienstleister, wie etwa ein Restaurant, erhalten bessere Möglichkeiten, Kunden zu gewinnen und letztlich erfolgreich zu sein.

Die Frage ist daher vielmehr, wie der technologische Fortschritt existierende Unternehmen und Arbeitsplätze verändert. David Autor und andere Wissenschaftler haben gezeigt, wie die Digitalisierung und der technische Fortschritt allgemein die grundlegenden Charakteristika der Arbeit verändern. Einer der Vordenker dieser Forschung war Michael Polyani,[17] dessen Hauptargument auf der Unterscheidung zwischen »explizitem Wissen« und »implizitem Wissen« beruht. Explizites Wissen ist solches, das man leicht erklären und damit auch automatisieren kann. Ein Beispiel ist das Stanzen eines Metallblocks in einer Produktionsanlage zur Herstellung von Autos.

Implizites Wissen dagegen ist das, was man zwar zu tun vermag, aber nicht ausreichend erklären kann, um es leicht automatisieren zu können. Ein Beispiel ist das Fahrradfahren: Ein Vater mag selbst gut Fahrrad fahren können, aber es seiner Tochter so zu erklären, dass sie es auch sofort kann, ist enorm schwierig. Letztlich gelingt das Erlernen solcher Fähigkeiten nur durch eigenen Versuch und Übung. Hierin besteht Polyanis Paradox: Das implizite Wissen über eine eigene Fähigkeit ist nicht ausreichend, um diese Fähigkeit automatisieren zu können.

Diese Unterscheidung ist wichtig, um zu verstehen, wie sich technologischer Fortschritt auf Beschäftigung und Löhne auswirkt. Jobs, die in erster Linie auf explizitem Wissen beruhen, können sehr viel leichter durch Automatisierung substituiert werden. Jobs, die ein implizites Wissen erfordern, werden dagegen seltener substituiert und sind eher komplementär zu neuer Technologie.

Wie wirkt sich dies auf Jobs und Löhne aus? Die Antwort hängt von drei Faktoren ab. Erstens davon, in welchem Maße eine jeweilige Beschäftigung komplementär zur technologischen Entwicklung ist. Zum Zweiten von der Elastizität der Nachfrage. Technologischer Fortschritt senkt in der Regel Kosten für Unternehmen und Preise für Konsumenten signifikant – denn er führt meist dazu, dass nicht nur neue, bessere Produkte und Dienstleistungen entstehen, sondern sie auch günstiger werden, weil weniger Arbeitskraft eingesetzt werden muss. Wenn die Nachfrage nicht ansteigt und der Wettbewerb des Marktes funktioniert, dann bedeutet dies prinzipiell weniger Beschäftigung und geringere Löhne. Ein Beispiel dafür ist die Landwirtschaft, in der Beschäftigung und Preise über die Jahrzehnte massiv zurückgegangen sind, vor allem weil die Nachfrage für die meisten Produkte recht elastisch ist. Wenn die Nachfrage jedoch aufgrund besserer Produkte und niedriger Preise ansteigt, dann profitieren nicht nur die Konsumenten, sondern auch die Arbeitnehmer und Produzenten. Ein Beispiel sind Mobiltelefone: Waren diese vor 20 Jahren noch unpraktisch und sehr teuer, so gab es seitdem einen Quantensprung, bei der Qualität nach oben und bei den Preisen nach unten.

Der dritte Faktor, der den Einfluss des technologischen Fortschritts auf Beschäftigung und Löhne bestimmt, ist die Elastizität des Arbeitsangebots. Wenn Arbeitnehmer die erforderlichen Fähigkeiten und Grundvoraussetzungen für einen Job in einem Sektor mit starkem technologischen Fortschritt relativ schnell erlangen können, dann wirkt sich der Fortschritt zwar positiv auf die Beschäftigung aus – aber die Löhne und Einkommen können stagnieren oder sogar fallen, weil die Konkurrenz unter den Arbeitnehmern hoch ist.

Abbildung 27 illustriert, dass die Verlierer der Beschäftigungsentwicklung seit Beginn der 1990er Jahre vor allem in der Mittelschicht zu finden sind. Dagegen ist die Beschäftigung bei den Beziehern hoher und niedriger Einkommen gestiegen. Dafür gibt es viele Gründe. Der technologische Fortschritt der vergangenen Jahrzehnte war jedoch eine der wichtigsten Ursachen dieser »Job-Polarisierung«, die in den vergangenen zwei Jahrzehnten in Deutschland sehr viel stärker war als in den meisten anderen Industrieländern.

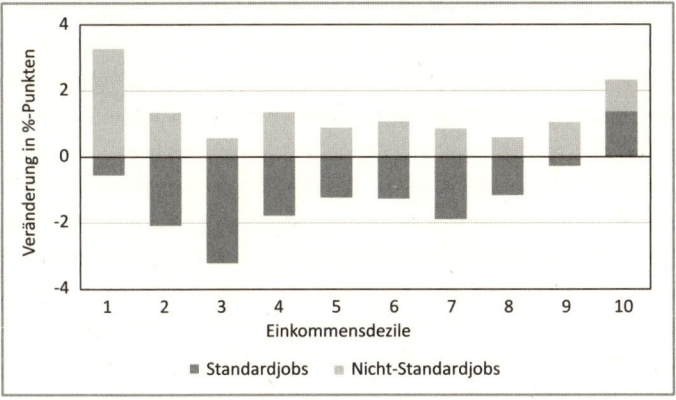

Abb. 27: Jobpolarisierung in Deutschland

Erläuterung: Die Abbildung zeigt die Veränderung der Beschäftigungsanteile zwischen 1990 und 2010 für Deutschland von Nicht-Standardjobs (meist Routinetätigkeiten) und Standardjobs (meist keine Routinetätigkeiten) entlang der Jobdezile (in Prozentpunkten). Die Daten beziehen sich auf arbeitende Personen zwischen 15 und 64 Jahren (exkl. Studierende, Teilzeitangestellte und Arbeitgeber).

Quelle: OECD (2015a)

Es ist schwierig, diese in Deutschland so ausgeprägte Entwicklung zu interpretieren. Lag es daran, dass Deutschlands Arbeitsmarkt schon stärker von technologischen Veränderungen betroffen ist als andere Länder? Aufschlussreich ist die Prognose des US-Arbeitsministeriums für die Nachfrage nach verschiedenen Jobs über das kommende Jahrzehnt. Die Prognose antizipiert eine deutliche Zunahme der Beschäftigung für Jobs mit (heute noch) recht geringen Einkommen, vor allem im Dienstleistungsbereich. Die größte Beschäftigungszunahme wird beim Pflegepersonal im Gesundheitsbereich und in Dienstleistungsgewerben prognostiziert, für solche Jobs, die relativ geringe Qualifikationsanforderungen haben. Eine ähnliche Entwicklung lässt die Demographie auch für Deutschland erwarten, so dass sich der Trend der Job-Polarisierung hierzulande in Zukunft wohl fortsetzen wird.

Mit zunehmendem materiellen Wohlstand und fortschreitendem technologischen Fortschritt steigt vor allem die Nachfrage nach solchen Dienstleistungen, die ein starkes »implizites Wissen« und Fähigkeiten erfordern. Keine noch so smarte und fähige Maschine wird je eine so persönliche Dienstleistung erbringen können wie ein Altenpfleger. Sie kann ihn nicht ersetzen. Somit werden zumindest manche Berufe, die heute vielleicht zu wenig geschätzt und in denen noch immer sehr niedrige Löhne gezahlt werden, in Zukunft an Bedeutung gewinnen. Trotzdem ist Vorsicht geboten, denn nicht alle Arbeitnehmer werden profitieren können, wenn das Arbeitsangebot sehr flexibel und die Nachfrage unelastisch ist.

Fazit: Die technologische Entwicklung hat bereits jetzt zu einem starken Trend der Job-Polarisierung geführt. Dieser Prozess wird sich in den kommenden Jahrzehnten noch weiter beschleunigen. Vor allem die Jobs der heutigen Mittelschicht stehen durch diesen Trend unter enormem Druck. Somit wird die Ungleichheit in Löhnen und Einkommen durch die Technologisierung wohl weiter zunehmen, auch wenn ein positiver Aspekt die wachsende Bedeutung von solchen Dienstleistungsberufen sein wird, die heute eine noch vergleichsweise geringe Wertschätzung erfahren.

Atypische Beschäftigung

Eine weitere ganz wichtige Facette des heutigen globalen Arbeitsmarktes ist die zunehmende Bedeutung der atypischen Beschäftigung. Diese Jobs sind entweder in ihrer Vertragslaufzeit oder ihrem Stundenumfang begrenzt oder in anderer Hinsicht prekär. Die Zunahme solcher unsicherer Beschäftigung hat nicht nur den Arbeitsmarkt stark verändert, sondern sie hat einen wichtigen Beitrag zum Anstieg der Ungleichheit in Löhnen und Einkommen in den vergangenen Jahrzehnten geleistet.

Die atypische Beschäftigung ist heute in fast allen Industrieländern von enormer Bedeutung. Mehr als ein Drittel aller Jobs in Deutschland war entweder temporär begrenzt, wurde in Teilzeit oder in Selbstständigkeit ausgeübt. Deutschland liegt beim Anteil der Beschäftigten in temporären und Teilzeitjobs über dem Durchschnitt der Industrieländer. Zwei von drei der atypischen Jobs in Deutschland werden zudem von Frauen ausgeübt – auch das ist im internationalen Vergleich ungewöhnlich viel. Schließlich finden sich vergleichsweise viele junge Menschen am Anfang ihrer Berufskarriere, Arbeitnehmer mit einem geringeren Ausbildungsniveau und solche in kleinen Unternehmen in einer solchen Beschäftigung.

Die OECD (2011) weist jedoch auf eine weitere Erklärung hin: die veränderte Regulierung im Arbeitsmarkt. Die Abbildung zeigt die deutliche Abnahme der Regulierung von Produktmärkten,

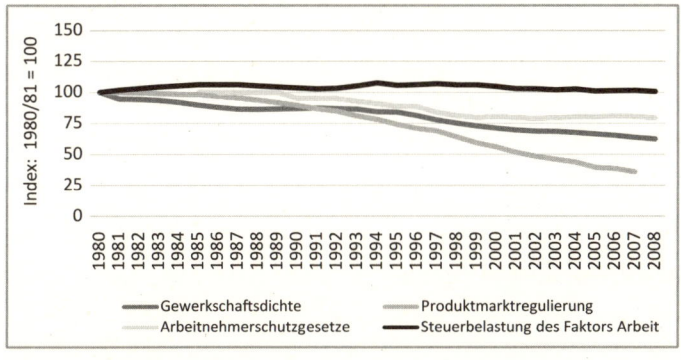

Abb. 28: Deregulierung von Arbeits- und Produktmärkten 1980 bis 2008

Erläuterung: Die Abbildung zeigt unterschiedliche Indikatoren für Arbeits- und Produktmarktregulierung. Steuerbelastung des Faktors Arbeit: Durchschnittliche Steuerlast der Einkommensteuer des Arbeitnehmers und Lohnsteuer des Arbeitgebers als Prozent der gesamten Arbeitskosten. Produktmarktregulierung: Maßzahl für das Ausmaß von formaler Regulierung in den Bereichen staatliche Kontrolle von Firmen, rechtliche und verwaltungstechnische Hürden für Selbstständigkeit und internationale Handels- und Investitionsbeschränkungen.

Quelle: OECD (2011)

von Arbeitsmärkten, vom rechtlichen Beschäftigungsschutz und der Bedeutung von Gewerkschaften seit 1980 in den Industrieländern. Auch diese Entwicklungen, so die OECD, können die Ungleichheit der Einkommen innerhalb von Gesellschaften massiv vergrößern.[18]

Fazit: Atypische Beschäftigung hat in den vergangenen Jahrzehnten signifikant an Bedeutung gewonnen. Dies ist das Resultat der Globalisierung, des technologischen Fortschritts und auch der Veränderung der institutionellen Rahmenbedingungen.

17 Ungleichheit und die globale Marktwirtschaft

Bisher ist der Einfluss unterschiedlicher globaler Phänomene diskutiert worden: die Globalisierung durch Handel, Kapital und Migration; die technologische Entwicklung vor allem des Bereichs der Informations- und Kommunikationstechnologie; und die Veränderungen der Regulierung und Strukturen des Arbeitsmarktes, der sowohl einen starken Anstieg von atypischer Beschäftigung

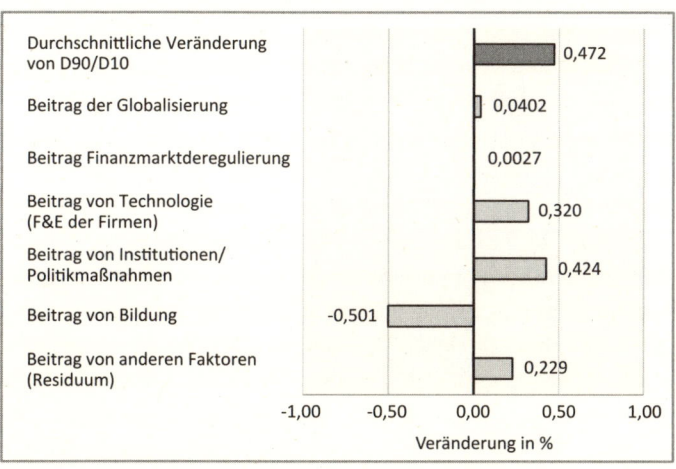

Abb. 29: Faktoren der Veränderung in der Lohnungleichheit, 1980 bis 2010.

Erläuterung: Die Abbildung zeigt die durchschnittliche prozentuale Veränderung in der Lohnungleichheit durch verschiedene Faktoren.

Quelle: OECD (2011)

erfahren hat als auch eine Veränderung des Humankapitals und Bildungsniveaus. Wie haben diese verschiedenen Faktoren die Ungleichheit der Einkommen und Löhne beeinflusst?

Abbildung 29 zeigt den Einfluss dieser verschiedenen globalen Phänomene auf die Veränderung der Ungleichheit von Löhnen in den vergangenen beiden Jahrzehnten für alle OECD-Länder.[19] Die Ungleichheit wird hier durch die jährliche Veränderung des Verhältnisses der Löhne der oberen 10 Prozent im Vergleich zu den Löhnen der unteren 10 Prozent abgebildet. Dieses Verhältnis ist seit Anfang der 1980er Jahre um durchschnittlich 0,47 Prozent pro Jahr gewachsen. Dies bedeutet also einen Anstieg der Einkommen eines Beschäftigten mit hohen Einkommen, der im Durchschnitt knapp 5 Prozent über dem eines Beschäftigten mit niedrigen Einkommen in jedem der letzten vier Jahrzehnte gelegen hat. Die Resultate zeigen, dass die Globalisierung – weder durch den stärkeren Handel noch durch die engeren Verflechtungen der Finanzmärkte und Kapitalströme – diese Ungleichheit weder erhöht noch reduziert hat.

Im Gegensatz dazu hat die technologische Veränderung – gemessen an der Intensität von privaten Forschungs- und Entwicklungsausgaben – zu einem deutlichen Anstieg der Lohnungleichheit beigetragen. Noch ausschlaggebender waren die institutionellen Faktoren und die Deregulierung der Arbeitsmärkte. Quantitativ war jedoch die Verbesserung der Bildungsstandards in den Industrieländern der allerwichtigste Einflussfaktor: Sie hat die Ungleichheit der Löhne in den vergangenen 30 Jahren deutlich reduziert und bildet somit ein bedeutsames Gegengewicht zur Technologie und zur Deregulierung der Arbeitsmärkte. Eine feinere Analyse über Lohngruppen hinweg zeigt, dass technischer Fortschritt Ungleichheit vor allem dadurch erhöht, dass er die Löhne der Besserverdienenden anhebt, jedoch wenig Einfluss auf die Löhne der Geringverdiener ausübt. Im Gegensatz dazu hat die Deregulierung auf dem Arbeitsmarkt die Ungleichheit vor allem durch ein Absenken der Löhne und Einkommen am unteren Ende vergrößert.

Dies sind extrem wichtige Resultate, denn sie zeigen nicht nur die relative Bedeutung verschiedener Einflussfaktoren, sondern ermöglichen auch wichtige Schlussfolgerungen für die Politik: Die Globalisierung sollte nicht prinzipiell als ein negativer Faktor für Verteilungsfragen angesehen werden. Zudem kann der Einfluss der technologischen Entwicklung auf die Ungleichheit durch eine gezielte Bildungspolitik mehr als neutralisiert werden.

Veränderung in:	Auswirkungen der Veränderung auf		
	Lohnspreizung	Beschäftigung	Einkommens-ungleichheit
Arbeitsmarkt			
Verringerung des Arbeitnehmerschutzes	+	=/+	=/+
Verringerung der Arbeitsmarktspaltung	-	+	-
Verringerung des Mindestlohns	+	=/+	=
Verringerung der Einkommens-ersatzraten bei Arbeitslosigkeit	+	+	=
Verstärkung der aktiven Arbeitsmarktpolitik	=	+	-
Verringerung der Steuerlast des Faktors Arbeit	+	+	-/=
Verringerung von Beschäftigungsbarrieren für Frauen	-	+	-
Innovation und Technologie			
Technischer Fortschritt (höhere TFP)	+	=	+
Höhere F&E-Intensität	+	=	+
Globalisierung			
Verstärkte Integration in den Welthandel	=	=	=
Höhere Offenheit gegenüber ausländischen Direktinvestitionen	=	=	=
Bildung/Humankapital			
Höherer Anteil von Fachkräften	-	+	-
Produktmarktwettbewerb			
Verringerung der Markteintrittsbarrieren	+	+	=

Abb. 30: Einfluss verschiedener Faktoren auf Beschäftigung und Lohnspreizung

Erläuterung: Die Abbildung zeigt, wie verschiede Politikmaßnahmen und strukturelle Veränderungen Einfluss auf Lohnungleichheit, Beschäftigung und Einkommensungleichheit nehmen. »+« bedeutet eine Erhöhung der Variable, »-« bedeutet eine Verringerung der Variable, »=« bedeutet, dass der Nettoeffekt gering ist.
Quelle: OECD (2015b)

Sicherlich müssen auch diese Zahlen mit Vorsicht genossen werden, denn jede wissenschaftliche Analyse unterscheidet sich von anderen in punkto Daten, Ländern, Definitionen und Zeitperioden. Die Resultate sind jedoch konsistent mit einer großen wissenschaftlichen Literatur zu den einzelnen Einflussfaktoren.

Abbildung 30 gibt einen Überblick über den in der wissenschaftlichen Literatur gefundenen Einfluss der Globalisierung, von Innovation und Technologie, arbeitsmarktpolitischen Maßnahmen und Regulierung und von Bildung sowohl auf die Ungleichheit von Löhnen und Einkommen als auch auf die Beschäftigung. So hat die Globalisierung weder einen negativen Einfluss auf die Ungleichheit der Löhne noch auf die Beschäftigung. Innovation und Technologie vergrößern die Lohnungleichheit, wirken sich jedoch nicht negativ auf die Beschäftigung aus. Die Arbeitsmarktpolitik hat gegenläufige Effekte: Viele der Maßnahmen verbessern die Beschäftigung, führen aber auch zu einer größeren Ungleichheit bei Löhnen, jedoch nicht unbedingt bei den Einkommen. Uneingeschränkt positiv ist der Einfluss des Humankapitals und der Bildung, die sowohl die Ungleichheit von Löhnen und Einkommen reduzieren als auch die Beschäftigung erhöhen.

IV. DIE CHANCENUNGLEICHHEIT

»Unterschiede der Bildung sind ...
eine der allerstärksten ...
wirkenden sozialen Schranken.«
Max Weber, *Gesammelte politische Schriften,* 1921

Die zunehmende Macht des Marktes durch Technologisierung und Digitalisierung mag einen Teil der immer ungleicheren Verteilung von Einkommen und Vermögen in der Welt und auch in Deutschland erklären. Aber diese Phänomene betreffen alle Länder in der Welt, nicht nur Deutschland. Sie können daher nur zu einem sehr geringen Teil die Frage beantworten, wieso Deutschland anders ist, also was die Erklärungen für die drei im ersten Teils des Buches aufgezeigten Puzzles sind – das Vermögen-Puzzle, das Einkommens-Puzzle und das Mobilitäts-Puzzle.

Der folgende Teil des Buches konzentriert sich auf einen in Deutschland mehr als irgendwo sonst relevanten Aspekt zunehmender Ungleichheit: die Frage, ob und inwiefern Unterschiede in der Teilhabe am wirtschaftlichen und sozialen Leben – also eine fehlende Chancengleichheit – relevant sind, um die höhere Ungleichheit in Deutschland zu erklären.

18 Historische Gründe

Die heutige Höhe und Verteilung des Vermögens zwischen deutschen Bürgern und Regionen hat eine ihrer Ursachen in der Geschichte unseres Landes. Aber auch die Wirtschaftsstruktur, die sich auf einen starken Mittelstand stützt, also Unternehmen, die häufig über mehrere Generationen in Familienhand verbleiben, erklärt, wieso Vermögen und Einkommen in Deutschland sehr ungleich verteilt sind – man also qua Geburt stark verschiedene Chancen hat.

Zwei Neustarts in Ostdeutschland und Westdeutschland

Die historischen Gründe liegen auf der Hand: Mit der Wiedervereinigung im Jahr 1990 mussten knapp 20 Millionen Ostdeutsche praktisch von vorne anfangen. Zwar hatten sie meist eine gute Ausbildung, ihre Vermögen waren jedoch sehr gering. Die Währungsunion im Juli 1990 war noch recht vorteilhaft – der größte Teil des Ersparten der Ost-Bürger wurde eins zu eins umgetauscht. Jedoch hatte kaum ein Ost-Bürger die Gelegenheit oder die finanziellen Mittel, um eine Immobilie, Lebensversicherung, einen Bausparvertrag, Aktien oder andere Anlagewerte der westlichen Marktwirtschaft zu erwerben.

Die Wiedervereinigung hat zu großen Veränderungen der ostdeutschen Wirtschaft geführt und bedeutete in den ersten Jahren eine enorm große Unsicherheit für die Menschen in Ostdeutschland. Viele DDR-Unternehmen konnten nach der wirtschaftlichen Öffnung nicht mit westlichen Unternehmen konkurrieren. Arbeitslosigkeit und Unterbeschäftigung in Ostdeutschland stiegen, viele Menschen verloren ihre Lebensgrundlage und mussten sich eine neue Existenz aufbauen.

Bis Ende der 1990er Jahre gab es jedoch einen signifikanten Aufholprozess der neuen Bundesländer, der viele Menschen wieder in Arbeit brachte. Die durchschnittlichen Einkommen in Ostdeutschland wuchsen in den 1990er Jahren auf knapp 82 Prozent der westdeutschen. Seitdem stockt der Konvergenzprozess. Aber es wäre auch vermessen, eine vollkommene Gleichheit von Einkommen und Produktivität über verschiedene Regionen hinweg zu erwarten. Tatsache ist, dass selten zuvor eine Volkswirtschaft so erfolgreich und so schnell eine derart fundamentale Umstrukturierung und einen Neustart bewältigen konnte.

Auch wenn signifikante Unterschiede in den Pro-Kopf-Einkommen innerhalb Deutschlands auch heute noch präsent sind, so sind die Unterschiede zwischen Ostdeutschland und West-

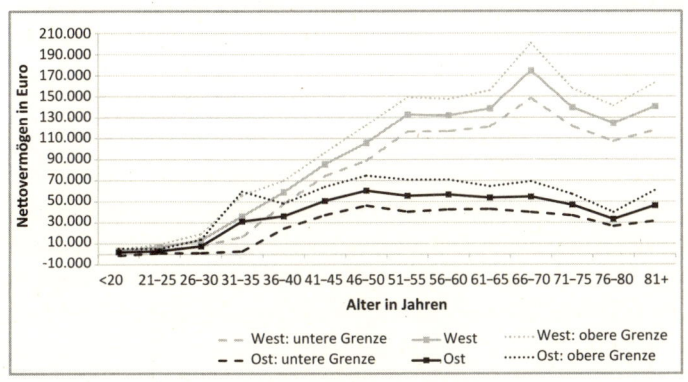

Abb. 31: Individuelles Nettovermögen nach Altersgruppen und Region

Erläuterung: Die Abbildung zeigt die Höhe des Nettovermögens (Vermögen abzüglich der Schulden) für verschiedene Altersgruppen in Ost- und Westdeutschland im Jahr 2012.

Quelle: Grabka und Westermeier (2014)

deutschland heute sehr viel geringer als regionale Unterschiede beispielsweise zwischen Norditalien und Süditalien oder zwischen den spanischen Regionen Katalonien und Andalusien.

Für die Unterschiede in privaten Vermögen ist dagegen die Teilung Deutschlands bis 1990 prägend. Abbildung 31, basierend auf einer Studie des DIW Berlin mit SOEP-Daten,[20] zeigt die Unterschiede der individuellen Nettovermögen für Ostdeutschland und Westdeutschland nach Alter des Individuums. Die Grafik zeigt, wie beeindruckend groß die Unterschiede zwischen Ost- und Westdeutschland sind: Eine westdeutsche Bürgerin hat an ihrem Lebensende ein fast dreimal so hohes Nettovermögen wie eine ostdeutsche Bürgerin. Im jungen Alter bis 30 Jahre unterscheiden sich die beiden Teile Deutschlands kaum. Erst danach entsteht eine riesige Lücke, vor allem bei Menschen in ihrem siebten Lebensjahrzehnt, die also bei der Wiedervereinigung in ihren einkommensstärksten Vierzigern waren. Die gezeigten Zahlen sind Durchschnittswerte, die üblicherweise über den Medianwerten liegen. Der Medianwert für das Nettovermögen westdeutscher Haushalte liegt bei über 70 000 €, der der Ostdeutschen jedoch nur bei 21 000 €, also um mehr als zwei Drittel darunter.

Große Unterschiede bestehen jedoch nicht nur zwischen Ost- und Westdeutschland, sondern auch innerhalb Westdeutschlands. Die vermögendsten Haushalte findet man in Süddeutschland – in den Bundesländern Bayern, Baden-Württemberg und Hessen. Hier liegt das Nettovermögen des durchschnittlichen Haushalts bei über 100 000 €, es ist also mehr als doppelt so hoch wie in Deutschland insgesamt. In Westdeutschland sind die Nettovermögen im Norden am geringsten, vor allem in den Bundesländern Schleswig-Holstein und Niedersachsen.

Interessanterweise sind in den süddeutschen Bundesländern nicht nur die Nettovermögen am höchsten, dort ist auch die Ungleichheit der Vermögen am geringsten. Dies liegt vor allem auch an der größeren Teilhabe in Süddeutschland. So haben sehr viel mehr Menschen in Süddeutschland ein Eigenheim – ein zentrales Element der Vermögensbildung.

Jedoch mussten auch die westdeutschen Bürger nach dem Zweiten Weltkrieg praktisch bei null beginnen, sich eine neue Existenz aufbauen, zumeist ohne jegliche Vermögen. Viele Westdeutsche konnten daher vor allem in den ersten Jahrzehnten wenig Vermögen aufbauen. Die Politik der Bundesregierung war in den ersten Jahrzehnten nach dem Zweiten Weltkrieg sogar sehr auf einen Ausgleich von Immobilieneigentum ausgerichtet. Sie erhob eine hohe Vermögenssteuer auf Immobilieneigentum, so dass der Mittelstand in Deutschland kaum oder nur schwer Immobilieneigentum aufbauen konnte. Diese Historie ist sicherlich einer der Gründe, wieso ein durchschnittlicher westdeutscher Haushalt auch heute noch ein geringeres Vermögen besitzt als beispielsweise ein Durchschnittshaushalt in Italien oder Frankreich, in denen Vermögen über viele Generationen hinweg weitergegeben wurden.

19 Im Land der reichen Familienunternehmen

Da Deutschland über eine Wirtschaftsleistung verfügt, die auch pro Kopf höher ist als in den meisten anderen Industrieländern, muss das Land auch einen großen Kapitalstock und somit Vermögenswerte haben. Wenn diese Vermögen nicht in Staatshand sind, müssen sie sich in privater Hand befinden. In Statistiken erfassen lassen sie sich jedoch nicht. Die zentrale Frage ist daher: Wo sind diese Vermögenswerte versteckt? Wem gehören sie?

Eine erste Möglichkeit ist, dass viele private Vermögenswerte in Deutschland von ausländischen Investoren gehalten werden. Ausländische Unternehmen haben in den vergangenen Jahrzehnten deutsche Unternehmen aufgekauft oder neue Unternehmen in Deutschland aufgebaut. Sie haben auch Immobilien und andere Vermögenswerte erworben. Vor allem haben ausländische Investoren deutsche Staatsanleihen gekauft, da sie als sicher und wertstabil gelten. Gleichzeitig halten deutsche Bürger, Unternehmen und Investoren aber auch Vermögenswerte im Ausland.

Viele Länder sind über die Jahrzehnte zu großen Nettoschuldnern geworden – in ihnen halten ausländische Unternehmen und Investoren also sehr viel höhere Vermögenswerte im Inland als Inländer Vermögenswerte im Ausland. Die USA haben beispielsweise eine Nettoverschuldung von um die 30 Prozent der jährlichen Wirtschaftsleistung. Auch viele unserer europäischen Nachbarn sind Nettoschuldner gegenüber dem Rest der Welt. Für Deutschland gilt jedoch genau das Gegenteil. Kaum ein Land hat über die Jahre so viele Vermögenswerte im Ausland erworben wie deutsche Unternehmen und direkt oder indirekt auch deutsche Bürger – beispielsweise über Aktien oder andere Anleihen. Deutsche Bürger und Unternehmen halten daher heute über 40 Prozent der jährlichen Wirtschaftsleistung des Landes, oder knapp 1500 Milliarden €, an Nettoforderungen gegenüber dem Ausland.

Welche deutschen Bürger halten diese hohen Vermögen und wieso können wir diese statistisch nicht erfassen? Ein wichtiger Teil der Antwort liegt in der schlechten statistischen Messung und Erfassung der Superreichen, des reichsten 1 Prozents in Deutschland. Wie im ersten Teil des Buches beschrieben, basieren Vermögenserhebungen privater Haushalte auf Bürgerbefragungen. Diese Umfragen messen generell sehr akkurat die wirklichen Vermögens- und Einkommensverhältnisse von 99 Prozent aller Bürger. Aber sie sind schlecht darin, das obere 1 Prozent zu erfassen.

Eine Studie des DIW Berlin[21] schätzt, dass das reichste 1 Prozent in Deutschland 24 Prozent des gesamten Privatvermögens hält – damit wären sie 33 Prozent, also ein Drittel größer, als die offiziellen Statistiken vermelden. In anderen Ländern wie Frankreich und Spanien sind diese Verzerrungen deutlich geringer. Damit halten die reichsten Deutschen im internationalen Vergleich nicht nur deutlich mehr des Gesamtvermögens, sondern die Ungleichheit der Vermögen, die in Deutschland schon zu den höchsten in der Welt gehört, ist in Wirklichkeit noch deutlich größer. Wie bereits besprochen, sind die Zahlen, die im ersten Teil des Buches diskutiert wurden, daher eher konservativ.

Kurzum, die massive Unterschätzung der tatsächlichen Nettovermögen des reichsten 1 Prozents in Deutschland ist eine zentrale Erklärung für die geringen Vermögenswerte für Deutschland im internationalen Vergleich.

Wieso liegt so viel des Kapitalstocks und des Nettovermögens in Deutschland konzentriert in so wenigen Händen? Ein wichtiger Grund hierfür ist die Wirtschaftsstruktur Deutschlands, bei der das Eigentum vieler Unternehmen traditionell in Familienbesitz liegt. In Ländern wie Großbritannien ist kaum eines der

300 größten Unternehmen in Familienhand. In Deutschland dagegen sind es knapp ein Drittel.

Deutschland ist zu Recht stolz auf diese Wirtschaftsstruktur, die wie keine zweite durch einen starken Mittelstand und Familienunternehmen geprägt ist. Noch vor zehn Jahren klagten viele, diese Wirtschaftsstruktur Deutschlands sei global nicht wettbewerbsfähig. Sie sprachen von einer »Basarökonomie«, in der deutsche Unternehmen lediglich als Zulieferer, als Teil einer langen globalen Wertschöpfungskette genutzt würden, ohne innovativ Wettbewerbsvorteile behaupten zu können.

Spätestens seit der globalen Finanzkrise und der darauffolgenden europäischen Krise wissen wir die Stärken und Vorteile der deutschen Wirtschaftsstruktur zu schätzen. Deutschland hat eine ungewöhnlich hohe Anzahl sogenannter »hidden champions«, also kleiner oder mittlerer Unternehmen, die bei spezifischen Produkten und Dienstleistungen Weltmarktführer sind und ihre Marktführerschaft in diesen Nischen über Jahrzehnte behauptet haben. Diese Unternehmen sind hoch innovativ. Sie investieren enorm viel in Forschung und Entwicklung, um ihren Wettbewerbern einen Schritt voraus zu sein.

Diese mittelständischen Unternehmen können häufig sehr viel flexibler auf veränderte Marktsituationen reagieren und sich ihnen anpassen. Gerade in einer immer stärker globalisierten Welt ist diese Flexibilität von enormer Bedeutung, um Wettbewerbsfähigkeit zu erhalten und auszubauen. Mittelständische Unternehmen nehmen im Allgemeinen auch eine sehr viel langfristigere Perspektive ein als börsennotierte Unternehmen, bei denen die kurzfristigen Interessen der Anteileigner einen großen Einfluss auf die unternehmerischen Entscheidungen haben. Die Vorteile einer langfristigen Orientierung haben sich gerade während der globalen Finanzkrise 2008–2010 gezeigt. Auch durch das System der Mitbestimmung haben viele deutsche Unternehmen ihre Arbeitsplätze geschützt und konnten so den Anstieg der Arbeitslosigkeit in Deutschland überschaubar halten.

	Untere Grenze	Schätzung	Obere Grenze	Median	Anteil mit einem Vermögen kleiner oder gleich 0 Euro	Nachrichtlich: Struktur der Bevölkerung ab 17 Jahren
	In Euro				In Prozent	
In Ausbildung, Praktikant	5.310	7.881	10.452	10	**49,9**	7,2
Un-, angelernte Arbeiter, Angestellte ohne Ausbildungsabschluss	27.417	32.527	37.637	2.000	43,8	10,6
Gelernte Facharbeiter, Angestellte mit einfacher Tätigkeit	39.690	45.076	50.462	9.858	27,6	10,6
Vorarbeiter, Meister, Poliere, Angestellte mit qualifizierter Tätigkeit	76.466	83.039	89.611	34.000	15,3	23,6
Angestellte mit umfassenden Führungsaufgaben	162.013	209.096	256.178	114.595	13,8	0,7
Beamte, einfacher und mittlerer Dienst	60.813	79.776	98.738	42.468	11,0	1,2
Beamte, gehobener und höherer Dienst	95.329	113.810	132.291	80.100	9,7	2,4
Selbstständige ohne Mitarbeiter	131.671	172.334	212.996	50.018	19,1	3,6
Selbstständige mit 1 bis 9 Mitarbeitern	266.513	329.044	391.576	145.124	6,5	1,8
Selbstständige mit 10 oder mehr Mitarbeitern	551.172	952.264	1.353.355	504.860	3,0	0,3
Nicht Erwerbstätige	51.911	61.901	71.890	5.578	39,1	5,8
Arbeitslose	12.560	**17.797**	23.035	0	**65,5**	5,0
Rentner, Pensionäre	104.056	112.163	120.269	49.900	21,9	27,2
Insgesamt	79.218	83.308	87.399	16.663	7,4	100,0

Abb. 32: Individuelles Nettovermögen nach sozialer Stellung

Erläuterung: Die Tabelle zeigt die Höhe des individuellen Nettovermögens (Vermögen abzüglich Schulden) der über 17-jährigen Personen für verschiedene soziale Gruppen im Jahr 2012. Statistisch signifikante Veränderungen gegenüber 2002 sind fett gedruckt. Die untere und obere Grenze geben das 95-Prozent-Konfidenzintervall wieder.
Quelle: Grabka und Westermeier (2014)

Eine der Kehrseiten der deutschen Wirtschaftsstruktur ist jedoch die aus ihr resultierende hohe Vermögensungleichheit. Durch sie ist ein extrem hoher Anteil des Vermögens des Landes – Unternehmen und damit verbunden Immobilien, Land und andere Vermögenswerte – in den Händen weniger Familien und Individuen. In fast allen anderen Industrieländern sind die Unternehmen zu einem viel größeren Teil an der Börse und sind so Eigentum von sehr viel mehr Bürgern – mit allen genannten Vor- und Nachteilen.

Die außergewöhnliche Wirtschaftsstruktur Deutschlands spiegelt sich daher auch in den individuellen Nettovermögen wider. Abbildung 32 zeigt beeindruckend, wie viel höher etwa die Nettovermögen der Selbstständigen im Vergleich zu denen der Angestellten sind. So besitzt ein Selbstständiger mit zehn oder mehr Mitarbeitern ein Nettovermögen von durchschnittlich knapp

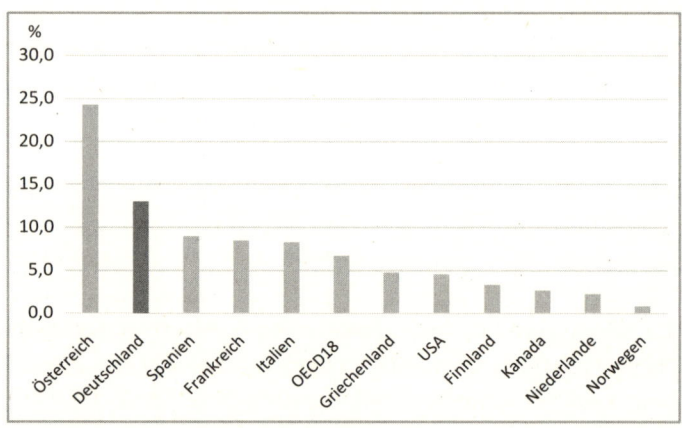

Abb. 33: Vermögen im eigenen Unternehmen

Erläuterung: Die Abbildung zeigt den Prozentanteil des Haushaltsvermögens, der aus Eigenkapital an eigenen Personengesellschaften besteht, in denen auch Haushaltsmitglieder arbeiten.

Quelle: OECD (2015a)

1 Million €, ein Selbstständiger mit 1–9 Mitarbeitern immerhin noch 329 000 €. Die meisten Angestellten dagegen verfügen nur über einen Bruchteil davon.

Diese Wirtschaftsstruktur erzeugt zudem Superreiche. So ist beispielsweise die Anzahl deutscher Milliardäre in der Forbes-Liste von 34 im Jahr 2002 auf 55 im Jahr 2012 gestiegen und das Gesamtvermögen dieser Milliardäre von 160 Milliarden € auf knapp 190 Milliarden €. Kalkulationen des DIW Berlin zeigen, dass der Anteil des reichsten 1 Prozents in Deutschland am gesamten Nettovermögen aller Menschen in Deutschland nicht etwas weniger als 20 Prozent beträgt, wie in den offiziellen Statistiken bekannt gegeben, sondern zwischen 30 und 35 Prozent.[22] Die meisten dieser Milliardäre, oder genauer gesagt, in vielen Fällen deren Vorfahren, haben ihre Vermögen ursprünglich durch Familienunternehmen erwirtschaftet.

Im internationalen Vergleich ist in Deutschland also ein enorm großer Teil des Vermögens von Haushalten und Individuen im Besitz privat gehaltener, nicht börsennotierter Unternehmen. Mit 13 Prozent aller Vermögenswerte ist dieser Anteil fast doppelt so hoch wie in anderen OECD-Ländern (siehe Abbildung 33).

Deutschlands außergewöhnliche Wirtschaftsstruktur beeinflusst auch die Verteilung der Einkommen. So entsteht ein im internationalen Vergleich relativ hoher Anteil der deutschen Einkommen durch selbstständige Arbeit und Kapitalerträge. Dies ist natürlich wenig überraschend, denn eine hohe Konzentration im privaten Vermögen führt auch zu einer relativ hohen Konzentration und Ungleichheit privater Arbeitseinkommen. Der erste Teil des Buches hat aufgezeigt, wie eng diese Beziehung zwischen Vermögen und Einkommen gerade in Deutschland ist.

Nicht jeder Selbstständige ist jedoch im Besitz eines wertvollen Familienunternehmens. Im Gegenteil, der Großteil der Selbstständigen betreibt letztlich eine »Ich-AG«, arbeitet also für sich selbst. Viele von ihnen würden gerne eine Anstellung annehmen, werden jedoch in die Selbstständigkeit gezwungen, weil sie keinen adäquaten Job finden können.

Der erste Teil des Buches hat gezeigt, wie gering die Mobilität der Menschen ganz oben in der Vermögenspyramide ist. Diejenigen, die auf ein Vermögen zurückgreifen können, sei es durch Erbe, Schenkungen oder eigenständige Arbeit, verlieren dieses Vermögen nur sehr selten. Häufig kann es über Generationen hinweg in einer Familie gehalten werden.

Auch hier ist Vorsicht vor einer Überinterpretation geboten. Denn am unteren Ende der Verteilung kann diese Wirtschaftsstruktur jedoch nicht als Ursache der geringen Mobilität bei Vermögen und Einkommen herangezogen werden. Knapp 40 Prozent der Deutschen gehen ohne nennenswertes Privatvermögen durchs Leben. Hierfür muss es andere Erklärungen geben.

Fazit: Deutschland hat eine ungewöhnliche Wirtschaftsstruktur, die wie in keinem zweiten Land auf einem starken Mittelstand von Familienunternehmen basiert. Die Zahlen zeigen überzeugend, dass diese Struktur ein wichtiger Grund für die hohe Ungleichheit privater Vermögen in Deutschland und in einem geringeren Maße auch für die Ungleichheit der Markteinkommen und die geringe Vermögensmobilität verantwortlich ist.

Die Erbschaftsteuer

Was bedeutet dies für die Wirtschaftspolitik? Es besteht ein breiter gesellschaftlicher Konsens darüber, die Wirtschaftsstruktur in Deutschland nicht grundlegend ändern zu wollen. Denn es sind gerade mittelständische Familienunternehmen, die enorm viele gute und gut bezahlte Arbeitsplätze bereitstellen.

Derzeit stehen die deutschen Familienunternehmen im Zentrum eines Verteilungskampfes: Er dreht sich um die Frage, ob und inwiefern die riesigen, in Familienunternehmen gebundenen privaten Vermögen stärker besteuert und umverteilt werden sollen und können. Das Bundesverfassungsgericht entfachte diese Debatte im Jahr 2015 neu, als es die bisherigen weitläufigen Ausnahmen und Vergünstigungen bei Erbschaften und Schenkungen von Unternehmensvermögen für verfassungswidrig erklärte. Seitdem wird sie hitzig und kontrovers geführt.

Die Erbschaft- und Schenkungsteuer sieht – in ihrer alten und neuen Form – eine progressive Besteuerung vor. Nach verwandtschaftsspezifischen Freibeträgen steigen die Steuersätze mit der Höhe des Wertes der Übertragung deutlich an. In der Spitze beträgt beispielsweise der Steuersatz für Steuerklasse II 43 Prozent auf Erbschaften von über 26 Millionen €. Es gibt jedoch Ausnahmen für die Besteuerung von Unternehmensvermögen. Sie gelten, wenn die Erben für sieben Jahre die Fortführung des Unternehmens und den weitgehenden Erhalt der Lohnsumme – also der Arbeitsplätze – sicherstellen. Dann können die Erben unter der sogenannten »Optionsverschonung« sogar ganz, also zu 100 Prozent, von der Erbschaftsteuer freigestellt werden.

Die Zahlen zeigen, zu welchem Problem diese Freistellungen und Erleichterungen geführt haben: Für die gut 70 Milliarden €, die im Jahr 2013 vererbt oder verschenkt wurden, hat der Staat nur knapp 4,7 Milliarden € an Erbschaft- oder Schenkungsteuer eingenommen. Dies entspricht einer effektiven Besteuerung von nur knapp 7 Prozent. Das wirkliche Dilemma besteht darin, dass Menschen, die geringe Vermögen erben oder geschenkt bekommen, anteilig sehr viel stärker besteuert werden als die, die große Vermögen in der Form von Betriebsvermögen erhalten. Dabei gilt: Je höher das Erbe, desto geringer die effektive Steuer. Abbildung 34 zeigt, dass Bürger, die im Jahr 2013 ein Erbe von 50 000–100 000 € erhielten, eine effektive Steuer von 13 Prozent entrichteten und dabei Erleichterungen von knapp 8 Prozent erhielten. Im Vergleich dazu haben Deutsche, die im Jahr 2013 mehr als 20 Millionen € erbten, eine effektive Steuer von 2,9 Prozent gezahlt und Erleichterungen von 91 Prozent auf die Vermögenssumme erhalten.

Wert der Erwerbe vor Abzügen	Erwerbe vor Abzügen		Abzüge			Persönlicher Freibetrag	Festgesetzte Steuer	Effektive Steuerbelastung
von ... bis unter ... Euro	Fälle	Millionen Euro	Millionen Euro	Anteil an Erwerben in Prozent	Je Fall in 1 000 Euro	Millionen Euro		Prozent
2013								
unter 0	474	-129	-30	23	-63	35		
0	-	-	0	-		29		
0–5.000	5.583	8	3	38	1	195	1	7,1
5.000–10.000	3.711	27	3	10	1	154	1	5,0
10.000–50.000	54.875	1.652	95	6	2	1.543	122	7,4
50.000–100.000	32.207	2.269	190	8	6	1.081	294	13,0
100.000–200.000	24.334	3.414	375	11	15	1.470	495	14,5
200.000–300.000	11.523	2.797	409	15	36	1.315	332	11,9
300.000–500.000	14.002	5.483	1.046	19	75	2.954	439	8,0
500.000–2,5 Mill.	18.522	17.420	6.278	36	339	5.267	1.407	8,1
2,5 Mill.–5 Mill.	1.593	5.567	3.210	58	2.015	464	437	7,8
5 Mill.–10 Mill.	722	5.044	3.467	69	4.802	228	340	6,7
10 Mill.–20 Mill.	357	4.750	3.924	83	10.993	151	205	4,3
20 Mill. und mehr	356	22.060	19.992	91	56.159	91	630	2,9
Insgesamt	168 259	70.363	38.962	55	231.562	14.977	4.717	6,7

Abb. 34: Erbschaftsteuer – steuerpflichtige Erwerbe, Abzüge und Steuerbelastungen für das Jahr 2013

Erläuterung: Die Tabelle zeigt die erbschaftsteuerpflichtigen Erwerbe, Abzüge von Steuerbefreiungen, die persönliche und effektive Steuerbelastung geordnet nach der Erbschaftssumme vor Abzügen. Abzüge: Abzug von Steuerbefreiungen nach § 13 ErbStG (insbesondere für Hausrat oder andere bewegliche Gegenstände, Immobilien, Sammlungen, Zuwendungen), Steuerbegünstigungen für Unternehmensübertragungen nach § 13a ErbStG, Steuerbefreiung für zu Wohnzwecken vermietete Grundstücke nach § 13c ErbStG, Summe der abzugsfähigen Nutzungs- und Duldungsauflagen sowie abzugsfähigen Erwerbsnebenkosten und DBA-Vermögen (Doppelbesteuerungsabkommen). Effektive Steuerbelastung: Festgesetzte Steuer bezogen auf den Erwerb vor Abzügen.
Quelle: Bach (2015)

Noch einmal in anderen Worten: Menschen mit geringem Erbe oder kleinen Schenkungen werden steuerlich sehr viel stärker belastet als die, die große Unternehmensvermögen erhalten. Die Erleichterungen des alten Gesetzes führten zu Steuerausfällen alleine aus den Unternehmensübertragungen von insgesamt mehr als 7 Milliarden € im Jahr 2013.

Die große Frage bei der Festsetzung des Steuersatzes und den Verschonungsregeln ist, ob eine stärkere Besteuerung den Unternehmen schaden und Beschäftigung und wirtschaftliche Aktivität beeinträchtigen würde. Die Mehrheit der Experten[23] hält diese möglichen Beschäftigungseffekte jedoch nicht für eine ausreichende Rechtfertigung für so weitreichende Vergünstigungen bei der Besteuerung von Unternehmensvermögen.

Studien zeigen zudem, dass im Gegenteil die in Deutschland bisher praktizierten Begünstigungen negative Auswirkungen auf die Wirtschaft haben können. Denn bei der Gestaltung einer Schenkung oder eines Erbes spielen Steuererwägungen heute häufig eine dominante Rolle – nicht die Kompetenzen des Erben und die komparativen Vorteile für die Unternehmen. Die Erben eines Unternehmens mögen nicht unbedingt die besseren Manager sein. Der Verkauf oder das Einsetzen eines neuen Managements könnten ein Unternehmen häufig erfolgreicher machen und die Arbeitsplätze damit erfolgreicher sichern. Dem steht die langfristigere Orientierung von Unternehmensentscheidungen in Familienunternehmen entgegen, die sich über die Jahrzehnte in Deutschland als erfolgreich erwiesen hat.

In der Praxis bereitet die Trennung von betriebsnotwendigen und anderem Vermögen große Schwierigkeiten. Experten klagen über einen häufigen Missbrauch, bei dem beispielsweise private Immobilien, Sammlungen oder andere Wertgegenstände einem Unternehmen überschrieben werden, um diese von der Erbschaft- oder Schenkungsteuer zu befreien.

Trotzdem ist nicht von der Hand zu weisen, dass es in einigen oder sogar vielen Fällen zu Beschäftigungsverlusten kommen könnte, wenn Vergünstigungen deutlich beschnitten würden. Einige Länder, wie Österreich oder Schweden, haben aus all diesen Schwierigkeiten und Gründen die Erbschaftsteuer komplett abgeschafft und verlassen sich stärker auf andere Steuereinnahmen. Weitere Länder, wie die USA, erlauben prinzipiell keine Erleichterungen, sondern gestehen nur Stundungen zu, also eine zeitliche Verzögerung der Zahlung der Erbschaftsteuer, um wirtschaftlichen Schaden vom Familienunternehmen abzuwenden.

Das neue Gesetz, das in Deutschland im Sommer 2015 verabschiedet wurde, hat im internationalen Vergleich einen Mittelweg zwischen den Extremen gewählt. Die Idee des neuen Gesetzes ist, die Vergünstigungen nicht prinzipiell aufzuheben, sondern eine starke fallspezifische Prüfung für größere Erbschaften und Schenkungen durchzuführen. Dies hat den Vorteil, dass mit betriebsnotwendigem Kapital sehr vorsichtig umgegangen wird und so in den meisten Fällen keine negativen Auswirkungen auf die Leistungs- und Wettbewerbsfähigkeit der Unternehmen zu befürchten sind. Der Nachteil ist sicherlich, dass auf die betroffenen Erben und Unternehmen sehr viel Aufwand zukommt.

Auch der Streit um die Erbschaft- und Schenkungsteuer in Deutschland zeigt, wie der Verteilungskampf in der deutschen Gesellschaft immer intensiver wird. Die entgangenen Steuereinnahmen durch die genannten Vergünstigungen sind massiv und die Mehrbelastung derjenigen, die ein kleines Erben antreten, häufig wirtschaftlich kontraproduktiv. Das neue Gesetz der Bundesregierung ist nicht mehr als eine Kompromisslösung, die nichts an der steigenden Ungleichheit in Einkommen und Vermögen ändern und so zum immer intensiveren Verteilungskampf in Deutschland beitragen wird.

20 Bildung und soziale Mobilität

Der zweite Teil des Buches hat gezeigt, dass die gesellschaftliche Akzeptanz und die wirtschaftlichen Konsequenzen einer Ungleichheit in Einkommen und Vermögen auch von den Ursachen abhängen. Eine Ungleichheit, die in erster Linie auf den freien Entscheidungen der Bürger beruht, ist prinzipiell weniger problematisch als die, die durch eine hohe Chancenungleichheit zustande kommt.

Wenn es aber darum geht, aus der Tatschache, dass Chancenungleichheit der größte Treiber destruktiver Ungleichheit ist, wirtschaftspolitische und gesellschaftspolitische Entscheidungen abzuleiten, ist es enorm wichtig, wiederum die Ursachen der Chancenungleichheit zu verstehen. Viele der Bildungs- und Ausbildungsentscheidungen beispielsweise werden von den Eltern für ihre Kinder getroffen. Wie weit will und kann der Staat sich in solche Entscheidungen einmischen? Welche Rahmenbedingungen und Anreize will der Staat schaffen, um eine egalitärere Verteilung von Chancen und Möglichkeit zu gewährleisten, um die Leistungsfähigkeit des Landes zu verbessern und existierende Ungleichheiten in Einkommen und Vermögen abzubauen? Das sind zentrale Fragen, auf die es keine leichten Antworten gibt. Dieses Kapitel will vor allem die Ursachen der Chancenungleichheit aufzeigen: Barrieren, die in Deutschland vor allem im Bereich der Bildung und Ausbildung existieren.

»Great Gatsby« – Mobilität in Deutschland

Eine Gesellschaft, die ein hohes Maß an individuellen Freiheiten im Sinne Isaiah Berlins und damit eine hohe Chancengleichheit bietet, sollte auch ein hohes Maß an sozialer und wirtschaftlicher Mobilität aufweisen. In einer solchen Gesellschaft sollten vorwiegend die individuellen Talente und die persönlichen Präferenzen – und nicht Barrieren und Beschränkungen – entscheidend für den Lebensweg des Einzelnen sein. Wir wissen, dass angeborene Fähigkeiten nur sehr schwach oder gar nicht über Generationen hinweg weitergegeben werden. Damit sollte ein Individuum ein hohes Maß an sozialer und wirtschaftlicher Mobilität genießen können. Und vor allem sollte die intergenerationale Mobilität in einer solchen Gesellschaft hoch sein – das Einkommen, der Beruf, die gesellschaftliche Stellung und andere individuelle Charakteristika sollten somit nur in relativ begrenztem Maße von einer Generation zur nächsten weitergegeben werden.

Eine hohe Chancengleichheit und Mobilität dämpfen somit auch die negativen Auswirkungen anderer Ungleichheiten: Hohe Einkommens- und Vermögensungleichheit etwa wirkt sich dann weniger schädlich aus und hat über die Zeit weniger Bestand.

Dies bedeutet nicht, dass es keine Kontinuität über die Generationen hinweg geben kann. Es bedeutet nicht, dass ein Kind reicher Eltern nicht aus eigenem Antrieb reich werden kann. Oder aus einem Schreinersohn kein Schreinergeselle werden darf. Präferenzen und Entscheidungen eines Menschen werden immer stark von ihrem familiären und gesellschaftlichen Umfeld beeinflusst. Über Generationen hinweg ähnliche Lebenswege können das Ergebnis einer freien Ausbildungs- und Berufswahl bedeuten. Die Frage, wo Chancengleichheit beginnt und wo sie aufhört, ist extrem schwierig. Die Antwort muss vorsichtig abgewogen werden.

Trotzdem ist die intergenerationale Mobilität – wie stark oder schwach der Lebensweg eines Individuums von Familie und Umfeld beeinflusst sein mag – ein gutes Maß für die Chancengleichheit in einer Gesellschaft. In einer Gesellschaft mit einer über Generationen hinweg hohen Mobilität sollte sich nur eine relativ schwach ausgeprägte Beziehung zwischen den sozialen und wirtschaftlichen Umständen der Eltern und denjenigen der Kinder ergeben – und damit auch ein geringes Maß an Einkommens-

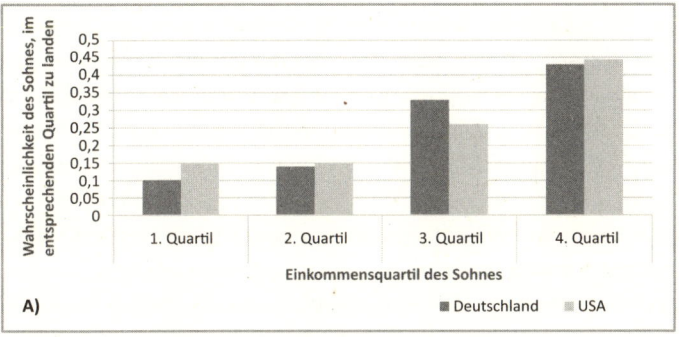

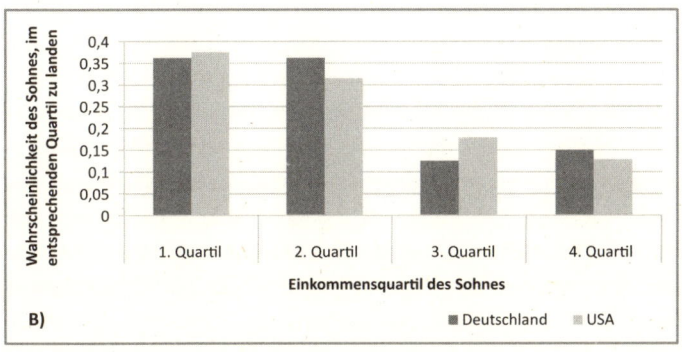

Abb. 35: Einkommensmobilität in Deutschland und den USA

Erläuterung: Die Abbildungen zeigen die Einkommensquartile von Söhnen, deren Väter zu den 25 % einkommensstärksten (A) und zu den 25 % einkommensschwächsten (B) in der Bevölkerung gehören.

Quelle: Schnitzlein (2015)

und Vermögensungleichheit. Diese Beziehung ist auch als »Great Gatsby« bekannt, nach F. Scott Fitzgeralds gleichnamigem Roman, der den Aufstieg des Jay Gatsby aus einfachen Verhältnissen zur führenden Persönlichkeit in Long Island beschreibt.

Auch im internationalen Vergleich, schneidet Deutschland, je nach Zeitraum und Berechnung, meist nicht besonders gut ab.

Die Grafiken von Abbildung 35, basierend auf der Analyse meines Kollegen Daniel Schnitzlein vom DIW Berlin, zeigen, wie stark Eltern das Einkommen ihrer Kinder beeinflussen. Sie stellen die Einkommensverteilung bei Söhnen nach Einkommensquartilen dar – von den 25 Prozent der Einkommensärmsten im ersten Quartil bis hin zu den 25 Prozent der Einkommensreichsten im vierten Quartil –, deren Väter zu den oberen 25 Prozent (Grafik A) bzw. zu den unteren 25 Prozent (Grafik B) der Einkommensverteilung gehören. Rund 75 Prozent der Söhne von Vätern mit hohem Einkommen schaffen es, selber ein über dem Median liegendes Einkommen zu erzielen. Dagegen verblieben 74 Prozent der Söhne von einkommensarmen Vätern auch selbst in der einkommensarmen Gruppe. Die Analyse zeigt auch deutlich, dass die Einkommensmobilität in Deutschland sogar noch geringer ist als die in den USA.

Menschen mit einem niedrigen Einkommen haben kaum Chancen, in der Einkommensverteilung aufzusteigen. Solche mit hohen Einkommen schaffen es meist, sich während ihrer Lebenszeit in dieser Einkommensgruppe zu behaupten. Noch geringer ist die Mobilität bei den Vermögen. Menschen mit hohen Vermögen schaffen es zum allergrößten Teil, diese Vermögen zu mehren. Solchen ohne Vermögen gelingt es meist auch über die Zeit nicht, ein Vermögen aufzubauen.

Ein drittes Element dieser geringen Mobilität ist die hohe Korrelation zwischen Einkommen und Vermögen in Deutschland. Die vorangegangenen Teile des Buches haben unterstrichen, wie wichtig vor allem die Vererbung und Schenkung für den Vermögensaufbau ist. Da diese meist innerhalb der Familie stattfinden, reduziert dieser Mechanismus die Mobilität bei Einkommen und Vermögen sowohl über Generationen als auch innerhalb einer Generation weiter.

Soziale Barrieren

Diese geringe wirtschaftliche Mobilität deutet auf eine geringe Chancengleichheit hin. Jedoch ist die Analyse der Mobilität nur ein indirektes Maß für die Chancengleichheit. Es ist deshalb sinnvoll, die direkten Barrieren für eine höhere soziale und wirtschaftliche Mobilität zu identifizieren und zu analysieren. Zu diesen gehören physische Barrieren in dem Sinne, dass die Umgebung, in die Menschen hineingeboren werden und in der sie aufwachsen, sie daran hindert, ihre Talente zu entwickeln und eine freie Wahl bezüglich Bildung, Karriere und ihres Lebens treffen zu können.

Zu diesen Umweltbedingungen gehört die Gesundheit. So haben Kinder von Müttern aus einem sozial schwachen und bildungsfernen Haushalt eine deutlich höhere Wahrscheinlichkeit, mit Untergewicht geboren zu werden. Sie weisen zudem in den ersten Lebensjahren eine deutlich schlechtere Gesundheit auf. Wissenschaftliche Studien zeigen, dass diese zu einer deutlich schwächeren Lernfähigkeit und einem höheren Bedarf an sonderpädagogischen Förderungen führt.[24]

Diese Kinder sind auch deutlich häufiger von Armut und materieller Deprivation betroffen. Vor allem Kinder, die mit mehreren Geschwistern und mit einem alleinerziehenden, nicht erwerbstätigen Elternteil mit geringerem Bildungsniveau aufwachsen, leiden deutlich häufiger unter Armut und materieller Deprivation. Die Armutsquote unter Kindern in Haushalten mit einem alleinerziehenden Elternteil ist beispielsweise mehr als dreimal so hoch wie unter solchen, die mit zwei Erwachsenen zusammenleben.[25]

Auch die Nachbarschaft, in der Kinder groß werden, hat einen großen Einfluss auf die Lernfähigkeit und Kompetenz. Wissenschaftliche Studien zeigen, dass vor allem Kinder in sehr privilegierten Nachbarschaften – mit geringer Arbeitslosigkeit, einer guten Infrastruktur und hoher Sicherheit – in ihrer Leistungsfähigkeit stark von diesen »Quartiereffekten« profitieren können.[26]

Bildungsbarrieren

Dies führt zur Frage, welche Bildungsbarrieren existieren und wer von ihnen betroffen ist. Solche Barrieren können ganz unterschiedliche Formen annehmen. Sie lassen sich nach dem Lebensalter des Menschen in vier verschiedenen Stufen unterteilen: den frühkindlichen Bereich, in dem wichtige Weichen für die kognitiven und nicht-kognitiven Fähigkeiten, das sind etwa Motivation, Disziplin, Durchsetzungsfähigkeit oder soziale Kompetenzen, eines Kindes gestellt werden; den Primärbereich, wenn eine der wichtigsten Entscheidungen für den späteren beruflichen Lebensweg, nämlich über die weiterführende Schule, getroffen wird; den Sekundärbereich mit dem Übergang ins Berufsleben, der vielen schwerfällt; und der Bildungs- und Fortbildungsbereich für Erwachsene, der ihnen Chancen eröffnet, sich beruflich zu verbessern. In allen vier Bereichen zeigt Deutschland Schwächen. Zusammen bilden diese Schwächen den wichtigsten Grund für die geringe soziale und wirtschaftliche Mobilität in Deutschland.

Nobelpreisgewinner James Heckman hat belegt, dass die Rendite auf Bildungsausgaben im Leben eines Menschen einen stark degressiven Verlauf zeigt. Das bedeutet: Ein Euro, der in die frühkindliche Bildung investiert wird, hat einen deutlich höheren gesamtwirtschaftlichen und gesellschaftlichen Nutzen als ein Euro für die tertiäre Bildung an Universitäten. Denn wenn ein Kind schon sehr früh gefördert wird, ist es nicht nur offener und flexibler, neue Dinge zu erlernen und die eigenen Fähigkeiten zu

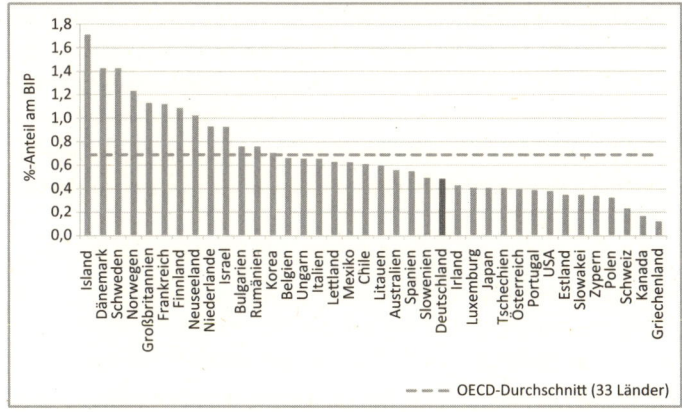

Abb. 36: Öffentliche Ausgaben für die Betreuung von Kindern unter sechs Jahren im internationalen Vergleich

Erläuterung: Die Abbildung zeigt den Anteil öffentlicher Ausgaben für die Betreuung von Kindern unter 6 Jahren am gesamten Bruttoinlandsprodukt für das Jahr 2009.
Quelle: BMAS (2014)

entwickeln, sondern es profitiert davon auch in allen weiteren Lebensphasen. Es ist dagegen sehr viel schwieriger und mit sehr viel mehr Kosten verbunden, einem Erwachsenen zu helfen, eigene Fähigkeiten zu entwickeln und neue zu erlernen.

Leider ist Deutschland jedoch ein Land, das gerade in der frühkindlichen Bildung ungewöhnlich wenig Geld ausgibt, wie auch der Armuts- und Reichtumsbericht der Bundesregierung belegt. Abbildung 36 verdeutlicht, dass Deutschland gemessen an seiner Wirtschaftsleistung nur knapp die Hälfte des OECD-Durchschnitts für frühkindliche Bildung ausgibt. Einige skandinavische Länder geben gar dreimal so viel für frühkindliche Bildung aus wie Deutschland. Auch wenn diese Ausgaben in den vergangenen Jahren gestiegen sind, beispielsweise durch den gezielten Ausbau von Kitas, so steht Deutschland im internationalen Vergleich weiterhin relativ schlecht da.

Natürlich zählt nicht nur die Höhe der Ausgaben allein, sondern vor allem die Effizienz der Aufwendungen für Bildung und deren Qualität. Doch selbst bei hoher Effizienz stößt ein Bildungssystem mit zu begrenzten Ressourcen schnell an seine Grenzen. Aber in Deutschland gibt es sowohl bei der Höhe als auch bei der Effizienz der Bildungsausgaben fraglos viele Verbesserungsmöglichkeiten.

Wissenschaftliche Studien untermauern, dass die frühkindliche Phase im Leben des Kindes ausschlaggebend ist für die Lernfähigkeit und letztlich damit auch für die Chancengleichheit und soziale Mobilität innerhalb einer Gesellschaft. So haben beispielsweise Studien zum berühmten Perry Preschool Experiment[27] gezeigt, dass gezielte Förderung und Betreuung in den ersten vier Jahren eines Kindes einen großen Teil der Unterschiede in den kognitiven Fähigkeiten bis hin zum 15. Lebensjahr und darüber hinaus ausgleichen können. In dem Experiment aus den 1960er Jahren wurden Kinder aus sozial schwächeren Familien in den ersten 3 bis 4 Lebensjahren besonders gefördert – und zeigten später deutlich bessere schulische Leistungen. Sie hatten eine fast 50 Prozent höhere Wahrscheinlichkeit, einen Schulabschluss machen und deutlich mehr Erfolg in ihrem Berufsleben.

Die genannten Beispiele zeigen nur einige der Dimensionen, durch welche auch in Deutschland große Unterschiede in den Bildungschancen entstehen. Diese Unterschiede werden mit jedem Lebensjahr des Kindes größer und setzen sich nahtlos bis zum Einstieg in den Beruf fort. Frühkindliche Bildung ist von enormer Bedeutung.

Die Chancengleichheit bei der Bildung wird weiter deutlich eingeschränkt, wenn in der Grundschule die Entscheidung über den Schulwechsel hin zur Sekundarstufe getroffen wird. Dieser Übergang nach der Grundschule in Deutschland ist der entscheidendste Schritt für die Bildungskarriere und damit den weiteren Lebensweg und die soziale Mobilität. Denn für ein Kind wird es mit jedem Jahr schwieriger, den Übergang von Hauptschule auf Realschule oder von Realschule auf das Gymnasium zu schaffen, da die Lehrpläne der unterschiedlichen Schultypen deutlich voneinander abweichen.

Zahlreiche Studien belegen, dass nicht die schulischen Leistungen das wichtigste Kriterium für die Wahl der weiterführenden Schule eines Kindes sind. Den größten Einfluss haben die Eltern und Lehrer. Manche Eltern blockieren die Aufstiegschancen ihrer eigenen Kinder, indem sie sie nicht auf das Gymnasium, sondern auf die Realschule oder Hauptschule schicken. Aber auch die Lehrer selbst haben eine große Verantwortung, denn auch hier zeigen Studien, dass diese bei ihrer Grundschulempfehlung häufig

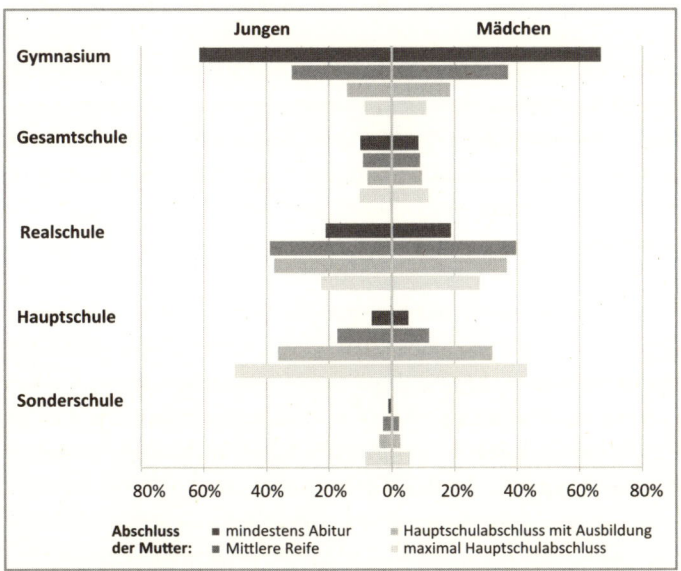

Abb. 37: Schulbesuch von 12- bis 15-jährigen Kindern nach Bildungsniveau der Mutter

Erläuterung: Die Abbildung zeigt die unterschiedlichen Bildungsabschlüsse für Jungen und Mädchen in Abhängigkeit des Bildungsniveaus der Mutter im Jahr 2008.
Quelle: BMAS (2014)

von der sozialen Herkunft und dem Migrationshintergrund der Kinder beeinflusst werden.

Abbildung 37 zeigt, welche Schulart ein Kind besucht, aufgegliedert nach dem Bildungsabschluss der Mutter. Der Unterschied ist dramatisch: Mehr als 60 Prozent der Kinder von Müttern, die mindestens Abitur haben, gehen aufs Gymnasium. Bei Müttern mit maximal einem Hauptschulabschluss hingegen sind es wenig mehr als 10 Prozent. Die Hauptschule wird hauptsächlich von Kindern besucht, deren Mütter auch zur Hauptschule gegangen sind. Dies unterstreicht, wie gering die Mobilität über die Generationen hinweg ist.

Nach den Analysen des Armuts- und Reichtumsbericht der Bundesregierung setzt sich diese Divergenz in der Bildung nahtlos bei Berufsfindung und Berufseinstieg fort. Hier gibt es zwei wichtige Barrieren: Eine der größten ist die geringe Flexibilität und Durchlässigkeit des Bildungssystems. Zwischen den jeweiligen Schulformen sind die Unterschiede in den Lehrplänen und der Qualität des Unterrichts so groß, dass es in der Praxis enorm schwierig und unwahrscheinlich ist, beispielsweise einen Schulwechsel von der Realschule auf das Gymnasium zu schaffen, selbst für Kinder, die eigentlich über die dafür notwendigen kognitiven und nicht-kognitiven Fähigkeiten verfügen. Diesen Kindern werden Bildungschancen verbaut, Optionen für ihre Berufswahl werden deutlich eingeschränkt. Die Gesellschaft verschenkt damit Potenziale, die Wirtschaft Wachstumschancen.

Die zweite Barriere betrifft den Übergang von der Schule in die berufliche Ausbildung. Jugendliche mit Haupt- oder Realschulabschluss, und vor allem solche aus sozial schwächeren Familien oder mit Migrationshintergrund, haben deutlich größere Schwierigkeiten, den Übergang in den Beruf reibungslos zu gestalten und nach dem Schulabschluss schnell einen Ausbildungsplatz oder eine berufliche Tätigkeit zu finden. Viele dieser Jugendlichen beginnen ihr Berufsleben, ohne eine Ausbildung abgeschlossen zu haben. Diese Menschen werden später mit einer sehr viel höheren Wahrscheinlichkeit arbeitslos und von staatlichen Leistungen abhängig.

Bildungschancen sind jedoch nicht nur vom Staat und von staatlichen Leistungen abhängig. Einen wichtigen Teil der Bildung macht die familiäre Umgebung des Kindes aus. Dabei spielen nicht nur Zeit und Fähigkeiten der Eltern oder Betreuenden eine Rolle, sondern immer stärker auch die finanziellen Ressourcen, die Eltern für die Bildung ihrer Kinder aufbringen können. In Deutschland wurden im Jahr 2011 fast 180 Milliarden € für Bildung ausgegeben. Etwa 80 Prozent dieser Bildungsausgaben kamen vom Staat – also vom Bund, den Ländern und den Gemeinden. Aber 20 Prozent, oder mehr als 35 Milliarden €, brachten die privaten Akteure, also Familien, Unternehmen und private Organisationen auf.

Durch diese privaten Bildungsausgaben vergrößert sich die Ungleichheit der Bildungschancen weiter. Abbildung 38 aus einer Studie meiner Kollegen Carsten Schröder, Katharina Spieß und Johanna Storck[28] zeigt, wie ungleich die privaten Bildungsausgaben über verschiedene Einkommensgruppen verteilt sind – angefangen bei den Familien, die zu den einkommensschwächsten 5 Prozent gehören, bis hin zu den 5 Prozent mit dem höchsten Einkommen. Die Hälfte der einkommensschwächsten Familien tätigt überhaupt keine Bildungsausgaben für ihre Kinder, bei den einkommensstärksten Familien sind dies weniger als 10 Prozent. Auch die Höhen dieser privaten Aufwendungen für die Bildung der Kinder unterscheiden sich: Sie reichen von weniger als 30 € pro Monat bei den einkommensschwächsten bis hin zu über 200 € bei den Familien mit den höchsten Einkommen. Der Anteil solcher Bildungsausgaben zeigt jedoch, dass die ärmsten Haushalte – wenn sie in die Bildung ihrer Kinder investieren – dadurch relativ zum gesamten Familieneinkommen deutlich stärker belastet werden.

Im vierten Bereich, der Erwachsenenbildung, zeigt sich in Deutschland eine im internationalen Vergleich sehr geringe Mo-

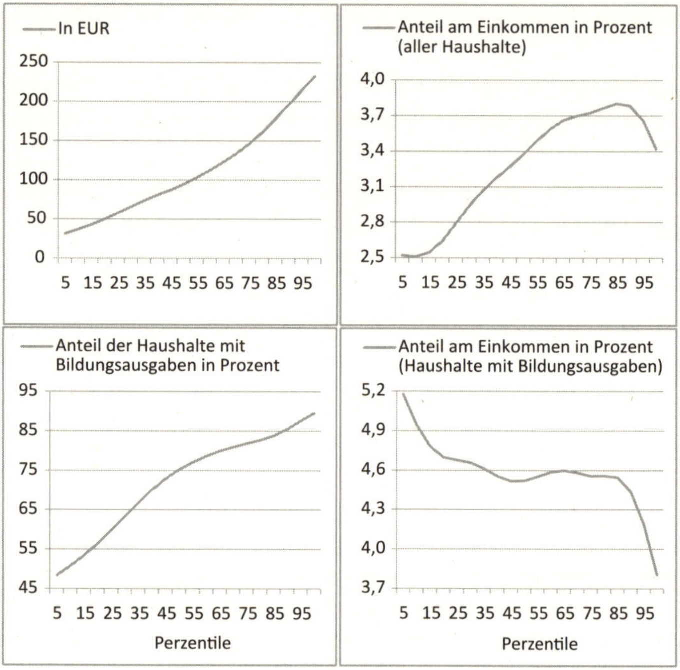

Abb. 38: Monatliche Ausgaben für frühe formale Bildung und Betreuung von Familien mit mindestens einem nicht schulpflichtigen Kind

Erläuterung: Die Abbildungen zeigen die monatlichen Ausgaben für frühe formale Bildung von Kindern im Jahr 2012. Auf der horizontalen Achse sind die Haushaltseinkommen in Perzentilen abgetragen.

Quelle: Schröder, Spieß, Storck (2015)

bilität. Das heißt, dass die Ausbildung im jungen Alter meist entscheidend ist für den gesamten beruflichen Lebensweg. Die wichtigste Ursache hierfür ist die in Deutschland stark ausgeprägte Zertifizierung von Qualifikationen. Eine Arbeitnehmerin kann bestimmte Berufe nur mit einer formalen Qualifikation erreichen und ausüben. Ein Anlernen und Weiterentwickeln der Fähigkeiten »on the job« ist häufig dafür nicht ausreichend. Eine formale

Weiterbildung ist für viele Menschen schwierig, da sie Zeit und beträchtliche finanzielle Ressourcen erfordert. Auch diese starke Bewertung formale Zertifikate beschränkt die Karrierechancen vieler Menschen in Deutschland in einem erheblichen Maße.

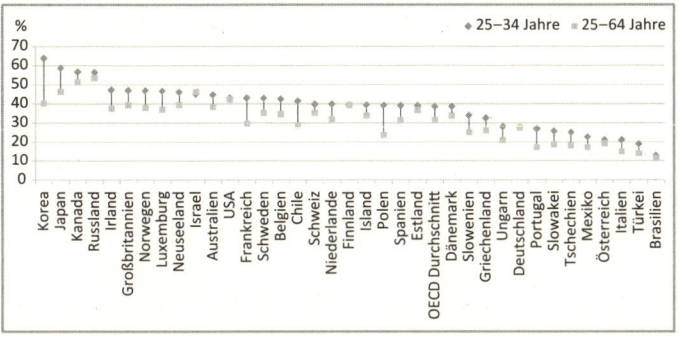

Abb. 39: Inhaber eines tertiären Bildungsabschlusses

Erläuterung: Die Abbildung zeigt den Anteil der Bevölkerung, der einen tertiären Bildungsabschluss erreicht hat.

Quelle: OECD (2012)

Für viele Berufszweige ist darüber hinaus auch der Zugang sehr beschränkt. So haben in Deutschland im internationalen Vergleich ungewöhnlich wenige Menschen einen Hochschulabschluss. Weniger als 30 Prozent, also wenig mehr als einer von vier Deutschen, hat heute einen Hochschulabschluss. Der Durchschnitt der OECD-Länder liegt bei 40 Prozent, in Ländern wie Großbritannien sogar nahe 50 Prozent. Während der Anteil der Menschen mit einem Hochschulabschluss in den OECD-Ländern seit den 1980er Jahren um fast zehn Prozentpunkte gestiegen ist, war in Deutschland fast Stagnation angesagt. Der Anteil der Männer mit einem Hochschulabschluss nimmt sogar ab, während der Anteil der Frauen deutlich zunimmt. Da Berufe, die ein hohes Einkommen versprechen, häufig einen Hochschulabschluss erfordern und Löhne vor allem durch Angebot und Nachfrage bestimmt werden, trägt auch diese Entwicklung, wenn auch moderat, zur Ungleichheit von Löhnen und Einkommen in Deutschland bei. Schlimmer jedoch: Sie beschränkt die Berufschancen vieler und damit auch die soziale Mobilität.

In Deutschland bestehen große Barrieren, die Bildung und Aufstieg junger Menschen behindern – angefangen in der frühkindlichen Bildung, über den Schulwechsel, die geringe Durchlässigkeit des Bildungssystems bis hin zum Übergang in den Beruf und die Karriere. Diese Barrieren sind in Deutschland sehr viel höher als in den meisten anderen Industrieländern. Dazu kommt, dass Deutschland vor allem im entscheidenden frühkindlichen Sektor nicht nur weniger finanzielle Ressourcen aufbringt, sondern auch enormes Potenzial bei der Verbesserung der Qualität hat.

Bildungssystem und Betreuungsgeld

Deshalb könnte Deutschland durch Investitionen in die Bildung eine »doppelte Dividende« erzielen: Durch eine verbesserte Qualität der Bildung und mehr Chancengleichheit werden gleichzeitig die wirtschaftliche Leistungsfähigkeit des Landes verbessert und die Ungleichheit in Einkommen und Vermögen reduziert.

Die Abgrenzung zwischen der Verantwortung des Staates und der Verantwortung der Familie und Eltern ist enorm schwierig. Welche Entscheidungen müssen bei der Familie verbleiben, in welche sollte sich der Staat einmischen? Tatsache ist jedoch, dass die Bildungschancen sehr ungleich verteilt sind und mit dem Lebensalter ungleicher werden. Der Staat kann diese Ungleichgewichte und Verzerrungen bei den Bildungschancen durch eine exzellente Bildungsinfrastruktur sowie finanzielle und nichtfinanzielle Anreize reduzieren. Was konkret kann und sollte der deutsche Staat tun?

| Erwerbsstatus der Mutter, Erwerbsstatus LP der Mutter, Migrationsstatus, Bildungsstatus | Aufgrund des Betreuungsgeldes gegen Kindertagsbetreuung entschieden | | | | | |
| | Für das 1-jährige Kind | | | Für das 2-jährige Kind | | |
	N=	abs.	%	N=	abs.	%
Mutter nicht erwerbstätig	22.699	2.796	12,3	13.923	2.011	14,4
Mutter in Teilzeit (< 30 Std.)	4.911	461	9,4	2.545	294	11,6
Mutter in Vollzeit (>= 30 Std.)	1.533	148	9,7	757	82	10,8
Insgesamt	29.143	3.405	11,7	17.225	2.387	13,9
LP der Mutter nicht erwerbstätig	1.524	268	17,6	939	193	20,6
LP der Mutter in Teilzeit (< 30 Std.)	604	99	16,4	376	80	21,3
LP der Mutter in Vollzeit (>= 30 Std.)	24.655	2.743	11,1	14.399	1.917	13,3
Kein/e LP	2.033	298	14,7	1.171	189	16,1
Insgesamt	28.816	3.408	11,8	16.885	2.379	14,1
Familiensprache Deutsch	29.259	3.281	11,2	17.248	2.295	13,3
Familiensprache nicht Deutsch	1.445	332	23	880	231	26,3
Insgesamt	30.704	3.613	11,8	18.128	2.526	13,9
(Noch) keinen Schulabschluss	549	156	28,4	365	111	30,4
Hauptschulabschluss	3.803	803	21,1	2.443	572	23,4
Mittlere Reife/Realschulabschluss	12.562	1.560	12,4	7.773	1.116	14,4
Fachhochschulreife/Abitur	8.159	703	8,6	4.510	470	10,4
Hochschulabschluss	5.517	381	6,9	2.964	242	8,2
Insgesamt	30.590	3.603	11,8	18.055	2.511	13,9

Abb. 40: Betreuungsentscheidung aufgrund des Betreuungsgeldes nach sozioökonomischen Merkmalen und Erwerbsstatus der Eltern

Erläuterung: Die Tabelle zeigt die Entscheidung für das Betreuungsgeld nach Kindesalter in Abhängigkeit bestimmter sozioökonomischer Merkmale der Mutter/Familie. N = Die Gesamtzahl der Mütter in der jeweiligen Gruppe. Abs = Anzahl der Mütter, die sich gegen Kindertagesbetreuung entschieden. % = Anteil der Mütter, die sich gegen Kindertagesbetreuung entschieden an der Gesamtzahl der Mütter in der jeweiligen Gruppe.

Quelle: Rechlin-Fuchs et al. (2014)

Erstens sollte er die Effizienz der bestehenden Bildungsange-
bote verbessern. Ein Beispiel ist die sehr ungleiche Nutzung des
Kitaangebotes über gesellschaftliche Gruppen hinweg. Die Abbildung 40[29] zeigt die Familien, in denen deutlich weniger Kinder
in den ersten drei Jahren ihres Lebens in die Kita gehen.

Es ist ein erschütterndes Bild: Kinder von Eltern, die beide
einen Migrationshintergrund haben und zu Hause überwiegend
nicht Deutsch sprechen, ein niedriges Einkommen haben und bei
denen die Mutter über keine Berufsausbildung verfügt, gehen
deutlich seltener in eine Kita. Ähnliche Analysen des Armuts-
und Reichtumsberichts der Bundesregierung zeigen, wie enorm
diese Unterschiede genau sind: Kinder von Müttern, die über
einen Hochschulabschluss verfügen, gehen vier Mal so häufig in
eine Kita wie solche von Müttern ohne Hochschulabschluss.

Dies zeigt auch die Problematik in der Diskussion um das Betreuungsgeld auf. Wissenschaftliche Studien zeigen zudem, dass
vor allem Kinder aus sozial schwächeren und bildungsferneren
Haushalten von einem Kita-Besuch stark profitieren, wohingegen dies weniger oder gar nicht auf Kinder aus bildungsnahen
Familien zutrifft. Dies ist bei der Debatte um das Betreuungsgeld
zu berücksichtigen. Denn man schafft zwar theoretisch eine
Wahlfreiheit für die Eltern, wenn man sie entscheiden lässt, ob
sie einen Kitaplatz in Anspruch nehmen oder das Betreuungsgeld
beziehen wollen. In der Wirklichkeit hat die Entscheidung vieler
Eltern für das Betreuungsgeld aber ein wirtschaftliches Motiv.
Gerade für die Kinder bildungsferner Eltern, die das Betreuungsgeld beziehen, wäre ein Kita-Besuch besonders wichtig. Diese
frühkindliche Förderung würde ihnen bessere Chancen verschaffen, ihre Fähigkeiten zu entwickeln und letztlich einen größeren
Einfluss auf ihr eigenes Leben nehmen zu können.

Wie im zweiten Teil des Buches gezeigt, ist eine solche verbesserte Chancengleichheit hilfreich für das einzelne Kind und erhöht gleichzeitig die gesamtwirtschaftliche Leistungsfähigkeit.
Sie reduziert eine kostspielige Ungleichheit, die der Staat sonst

während des gesamten Lebens dieses Menschen durch hohe Transferzahlungen auszugleichen versucht.

Hier zeigt sich der Widerspruch: Indem der Staat vor allem den Familien Anreize gibt, keinen Kitaplatz in Anspruch zu nehmen, deren Kinder davon ihr gesamtes Leben lang am stärksten profitieren würden, trägt er langfristig zu einer höheren Ungleichheit der Chancen, Einkommen und Vermögen im Land bei, die er dann in späteren Jahren durch Sozialtransfers wieder auszugleichen versucht.

Das Betreuungsgeld ist deshalb doppelt ineffizient: Zum einen stellt der Staat für viel Geld Kitaplätze zur Verfügung, zahlt Eltern aber gleichzeitig Geld dafür, diese Kitaplätze nicht zu nutzen. Langfristig kommt es den Staat teuer zu stehen, weil es die Gesellschaft ungleicher macht. Damit erhöhen sich die Transferleistungen des Staates auf Dauer, während die Leistungsfähigkeit der Wirtschaft, die Steuereinnahmen und Abgaben sinken. Angesichts der begrenzten staatlichen Ressourcen wäre es daher für die Bundesregierung sehr viel sinnvoller, die Entscheidung des Bundesverfassungsgerichts im Jahr 2015 zu respektieren und die freiwerdenden Gelder in die verbesserte Ausstattung und Qualität der Kitas oder Ganztagsschulen zu investieren.

Es ist elementar, Kitaplätze zur Verfügung zu stellen und Eltern die richtigen Anreize zu geben, diese auch in Anspruch zu nehmen. Von ähnlich hoher Bedeutung ist jedoch, eine gute Qualität der Betreuung und Bildung zu sichern, um die kognitiven und nicht-kognitiven Fähigkeiten der Kinder zu fördern. Dabei ist das Ziel, den Kindern ihre individuellen Entwicklungspotenziale zu eröffnen und vor allem Bildungsbarrieren zu beseitigen. Das kann nicht nur über den quantitativen Ausbau von Kitas geschehen. Nötig sind auch andere Maßnahmen, wie die Sprachförderung und vor allem die aktive Einbeziehung der Eltern in den Bildungsprozess.

Auch bei der Schulausbildung gilt es, Barrieren abzubauen. Der Schulwechsel auf die weiterführende Schule ist, wie von vielen

Studien belegt, mit die wichtigste Entscheidung für den Bildungsweg und auch den beruflichen Lebensweg eines Menschen. Die oben beschriebene Tatsache, dass die Schulwahl häufig nicht auf Grundlage der Leistungen der Kinder getroffen wird, sondern stark von den Präferenzen der Eltern und auch der Lehrer bestimmt wird, unterstreicht die Notwendigkeit für einen objektiveren Entscheidungsprozess.

Zudem könnten Ganztagsschulen einen wichtigen Beitrag dazu leisten, Kindern eine bessere Betreuung zuteilwerden zu lassen, als dies in vielen Elternhäusern möglich ist. Eine Ganztagsschule kann zudem individuelle kognitive Bedürfnisse von Kindern gezielter fördern und so Leistungsunterschiede vor allem in der Sekundarstufe verkleinern.

Dies sind nur einige konkrete Punkte, die zeigen, wie gering die Chancengleichheit im deutschen Bildungssystem ist. Offenbar wurde aber auch, dass es viele sinnvolle Reformvorschläge gibt, wie diese Chancengleichheit in Deutschland deutlich verbessert werden kann. Auch hat Deutschland die Möglichkeit einer doppelten Dividende: Ein besseres Bildungssystem hilft allen individuell, und es hilft der gesamten Gesellschaft und auch der wirtschaftlichen Leistungsfähigkeit eines Landes.

21 Ungleiche Chancen für Frauen in Deutschland

Nicht nur das Bildungssystem trägt zur geringen sozialen Mobilität und der Einschränkung der Chancengleichheit in Deutschland bei. Auch in vielen anderen Bereichen hindern Barrieren Gruppen der Gesellschaft daran, ihre Fähigkeiten und Talente zu nutzen und ihren Lebensweg selbst zu bestimmen. Vor allem Frauen und Migranten werden in vielerlei Form gebremst. Dieses Kapitel soll die unterschiedlichen Barrieren für diese beiden Gruppen illustrieren und analysieren, wie sich diese auf die Bildung, Berufswahl, Arbeitslosigkeit und Armut, Einkommen und Karrierechancen auswirken.

Barrieren für Frauen

Noch immer gilt: Mädchen und Frauen haben nicht die gleichen Bildungschancen wie Männer; nicht die gleichen Möglichkeiten, Berufe zu wählen und dort ihre Berufskarriere fortzusetzen; nicht die gleichen Chancen, eine Führungsposition einzunehmen; sie erhalten für gleiche Arbeit nicht den gleichen Lohn; und gegen Arbeitslosigkeit und atypische Beschäftigung können sie sich nicht genauso gut absichern wie Männer.

In Bezug auf ihre Ausbildungsabschlüsse scheinen Frauen genauso gute oder bessere Qualifikationen zu erreichen wie Männer. So werden Mädchen tendenziell früher und Jungen eher später eingeschult. Auch bei der Abgängerquote zeigt sich, dass es

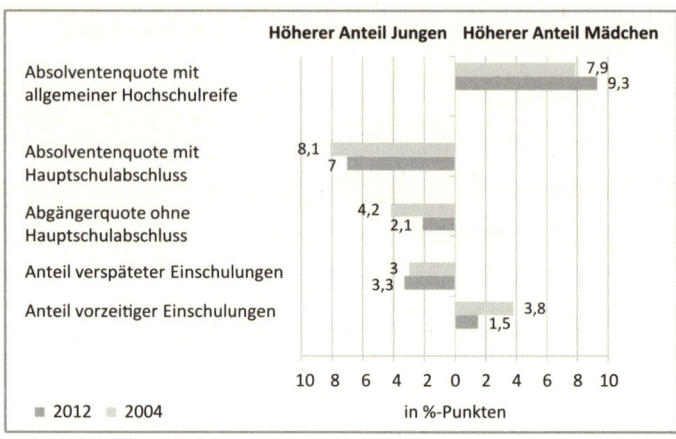

| | Höherer Anteil Jungen | Höherer Anteil Mädchen |
| | | |

Absolventenquote mit allgemeiner Hochschulreife: 7,9 / 9,3

Absolventenquote mit Hauptschulabschluss: 8,1 / 7

Abgängerquote ohne Hauptschulabschluss: 4,2 / 2,1

Anteil verspäteter Einschulungen: 3 / 3,3

Anteil vorzeitiger Einschulungen: 3,8 / 1,5

10 8 6 4 2 0 2 4 6 8 10

■ 2012 ■ 2004   in %-Punkten

Abb. 41: Geschlechterunterschiede zu verschiedenen Zeitpunkten der Schullaufbahn

Erläuterung: Die Abbildung zeigt verschiede Indikatoren für Bildungserfolge von Mädchen und Jungen für die Jahre 2004 und 2012 (in Prozentpunkten).
Quelle: Autorengruppe Bildungsberichterstattung (2014)

deutlich mehr Jungen gibt, die die Schule mit Hauptschul- oder ganz ohne Abschluss verlassen. Die Anzahl aller Mädchen mit allgemeiner Hochschulreife ist heute um 9,3 Prozent höher als bei den Jungen. Zwar beschreiten mehr Männer den dualen Ausbildungsweg, dafür gibt es jedoch mehr junge Frauen, die eine Hochschule besuchen, als junge Männer.

Auch die Studienabbruchquote an der Hochschule ist bei den Männern mit 6 Prozent deutlich höher als bei den Frauen. Somit schließen 2,8 Prozent mehr Frauen als Männer ihr Hochschulstudium erfolgreich ab.

Bei den Schul- und Hochschulabschlüssen haben Frauen die Männer nicht nur ein-, sondern deutlich überholt. Der Anteil der Männer, die heute einen Hochschulabschluss haben, ist seit den 1980er Jahren sogar deutlich gesunken, der der Frauen dagegen deutlich gestiegen.

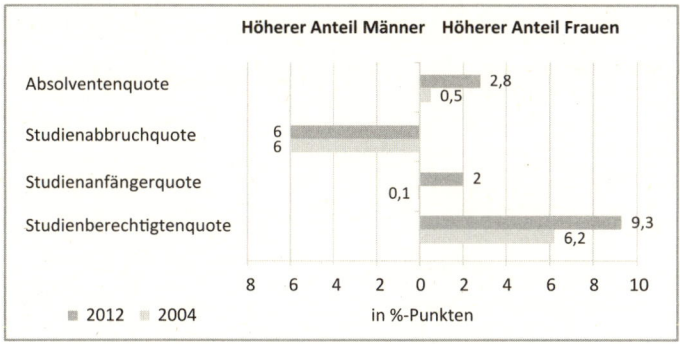

Abb. 42: Geschlechterunterschiede zu verschiedenen Zeitpunkten des Studiums

Erläuterung: Die Abbildung zeigt unterschiedliche Indikatoren für den Erfolg eines Studiums für die Jahre 2004 und 2012 (in Prozentpunkten). So zeigt sich, dass Frauen im Durchschnitt erfolgreicher sind (geringere Studienabbruchquote, höhere Studienberechtigungsquote, höhere Studienanfängerquote, höhere Absolventenquote).

Quelle: Autorengruppe Bildungsberichterstattung (2014)

Hier endet jedoch die Aufholjagd der Frauen. Wenn es ins Berufsleben geht, fallen die Frauen in vielen Dimensionen wieder signifikant hinter die Männer zurück. Abbildung 43 zeigt die starke Konzentration von Männern beziehungsweise Frauen nach Berufsfeldern in Deutschland. In einigen Berufen sind auch heute noch über 90 Prozent der Beschäftigten Frauen. In vielen typischen Männerberufen sind nach wie vor über 80 Prozent der Beschäftigten männlich. Die wohl wichtigste Botschaft von Abbildung 43 ist, wie wenig sich daran zwischen 1976 und 2010 geändert hat. In diesen 34 Jahren ist es kaum zu einer Angleichung gekommen. Es ist schwierig zu bestimmen, inwiefern diese Unterschiede eine freie Wahl und die unterschiedlichen Präferenzen von Männern und Frauen widerspiegeln. Die Größe der Unterschiede deutet jedoch darauf hin, dass zumindest ein Teil davon strukturellen Barrieren und einer schlechten Vereinbarkeit von Familie und Beruf, sowohl für Frauen als auch für Männer, geschuldet ist.

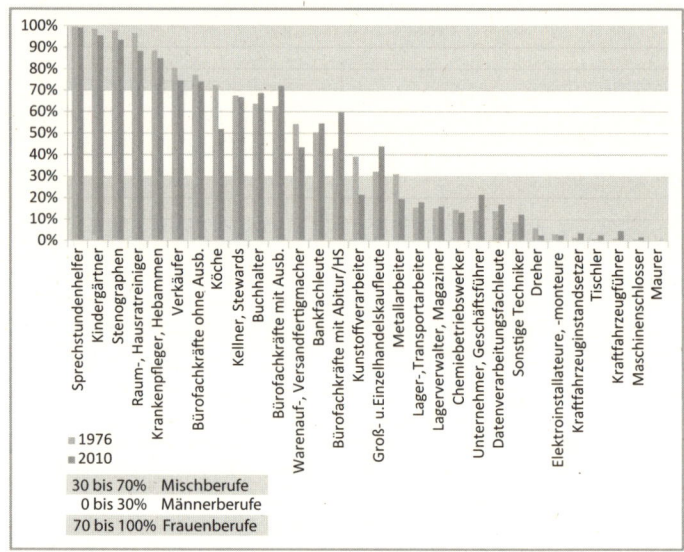

Abb. 43: Frauenanteile in den 30 größten Berufsgruppen

Erläuterung: Die Abbildung zeigt den Anteil von Frauen in den 30 Berufen mit den meisten Beschäftigten, Westdeutschland 1976 und 2010.
Quelle: Hausmann und Kleinert (2014)

Immer deutlicher werden die strukturellen Unterschiede, je weiter Männer und Frauen die sprichwörtliche Karriereleiter nach oben klettern. Betrachtet man die Führungskräfte – also Kräfte mit umfassenden Führungsaufgaben, sonstigen Leitungsfunktionen oder hochqualifizierten Tätigkeiten –, zeigt sich eine deutliche männliche Übermacht: Im Jahr 2013 waren rund 29 Prozent der leitenden Angestellten in Deutschland Frauen. Das waren zwar etwa sieben Prozentpunkte mehr als im Jahr 2001, der Frauenanteil wächst jedoch nur langsam – in Ostdeutschland zuletzt etwas stärker als im Westen. Und das, obwohl viele Studien zeigen, dass die Unternehmen von einer stärkeren Einbindung der Frauen in die Verantwortung deutlich profitieren und ihre Unternehmensperformance steigern könnten. Die »Führungsfrauen« arbeiten im Schnitt etwa 45 Wochenstunden und dabei nur etwa eine Stunde weniger als ihre männlichen Kollegen. Gleichzeitig erledigen sie aber noch einen deutlich höheren Anteil der Familien- und Hausarbeit.

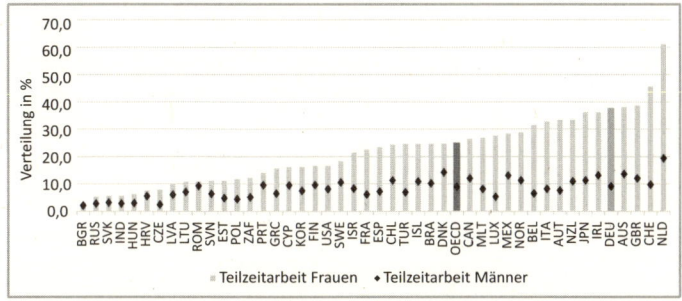

Abb. 44: Anteil der Teilzeitbeschäftigung bei Männern und Frauen im Jahr 2013

Erläuterung: Die Abbildung zeigt den Anteil der Teilzeitbeschäftigung an der Beschäftigung insgesamt. Teilzeit bedeutet hier, weniger als 30 Stunden in der Hauptbeschäftigung zu arbeiten.

Quelle: OECD (2015)

Große Unterschiede herrschen auch bei den Beschäftigungsverhältnissen. Die Erwerbsquote von Frauen ist in Deutschland seit der Wiedervereinigung 1990 deutlich gestiegen. In Westdeutschland stieg sie von wenig mehr als 50 Prozent Anfang der 1990er Jahre auf fast 70 Prozent heute. Der Anteil erwerbstätiger Frauen in Ostdeutschland war hingegen schon vor der Wiedervereinigung sehr viel höher, lag 1990 um die 80 Prozent und liegt heute noch bei fast 75 Prozent. Abbildung 44 zeigt, dass in Deutschland ungewöhnlich viele Frauen in Teilzeit arbeiten. Auch dies spiegelt eher keine freiwillige Wahl wider.

In Umfragen, auch der SOEP-Umfrage, zeigt sich, dass viele in Teilzeit arbeitende Frauen gerne deutlich mehr Stunden oder sogar Vollzeit arbeiten wollen würden – vor allem im Osten. Die Mehrheit aller erwerbstätigen Frauen in Ostdeutschland wollte im Jahr 2013 Vollzeit oder vollzeitnah tätig sein. Etwa ein Drittel von ihnen – 32 Prozent – wollte gern 40 Stunden die Woche arbeiten. Nur etwas mehr als 19 Prozent übten jedoch auch einen solchen Vollzeitjob aus. Etwas weniger – rund 27,5 Prozent – wünschten sich, 30 bis 34 Stunden zu arbeiten. Tatsächlich taten es aber nur etwa 15 Prozent.

Ein weiteres Indiz ist die schon erwähnte große Ungleichheit in der Teilzeitbeschäftigung zwischen Frauen und Männern in Deutschland. Abbildung 44 verdeutlicht, dass in Deutschland nicht nur ungewöhnlich viele Frauen in Teilzeit arbeiten, sondern im internationalen Vergleich auch ungewöhnlich wenige Männer in Teilzeit sind. Das zeigt, dass es um die Chancengerechtigkeit zwischen Männern und Frauen in Deutschland nicht gut bestellt ist.

Auch in Bezug auf die Arbeitslosigkeit finden sich große Unterschiede zwischen Männern und Frauen. Zwar sind etwas weniger Frauen als Männer arbeitslos gemeldet. Einer der Gründe dafür ist jedoch, dass Frauen eine deutlich höhere Wahrscheinlichkeit haben, sich nach einem Arbeitsplatzverlust komplett aus dem Arbeitsleben zurückzuziehen. Zudem sind Frauen im Schnitt deutlich länger arbeitslos als Männer und haben in der Regel größere Schwierigkeiten, wieder Zugang zum Arbeitsmarkt zu finden.

Auch der sogenannte »Gender Pay Gap«, also der Unterschied zwischen den Löhnen und Einkommen von Frauen und Männern, ist in Deutschland ungewöhnlich hoch. Mit durchschnittlich 22 Prozent war dieser Gap in Deutschland 2013 im EU-Ranking am dritthöchsten. Noch größer war die geschlechtsspezifische Entlohnungslücke nur noch in Österreich (23 Prozent) und in Estland (30 Prozent). Am niedrigsten war sie in Slowenien (3 Prozent), in Malta (5 Prozent), Polen (6 Prozent), Italien und Kroatien (beide 7 Prozent).

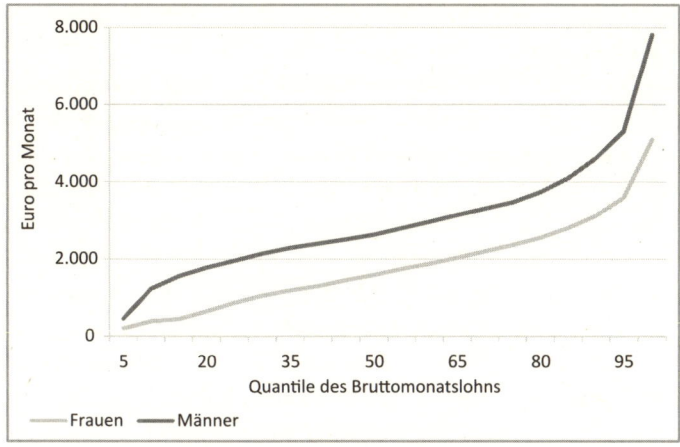

Abb. 45: Bruttomonatseinkommen von Frauen und Männern

Erläuterung: Die Abbildung zeigt für Gesamtdeutschland, dass Männer über alle Quantile hinweg ein höheres Bruttoeinkommen als Frauen haben.

Quelle: Granados und Geyer (2013)

Abbildung 45 zeigt die Verteilung des Bruttomonatseinkommen von Männern und Frauen, angefangen bei den 5 Prozent der Beschäftigten mit den geringsten Einkommen auf der linken Seite bis hin zu den 5 Prozent mit dem höchsten Einkommen auf der rechten Seite. Der größte Teil der Einkommenslücke entsteht jedoch nicht durch Diskriminierung. Denn Frauen arbeiten, wie oben beschrieben, sehr viel häufiger in Teilzeit und überdurchschnittlich oft in Berufen wie etwa der Pflegebranche, die per se schlechter bezahlt sind als etwa technische Berufe, in denen Männer überrepräsentiert sind. Das hat nicht unbedingt etwas mit Diskriminierung zu tun. Der Gender Pay Gap soll den Unterschied in Einkommen und Löhnen zwischen Frauen und Männern messen, der ausschließlich auf das Geschlecht zurückzuführen ist, also eine Diskriminierung reflektiert. Dafür würde man idealerweise die Unterschiede in Einkommen und Lohn zwischen einem

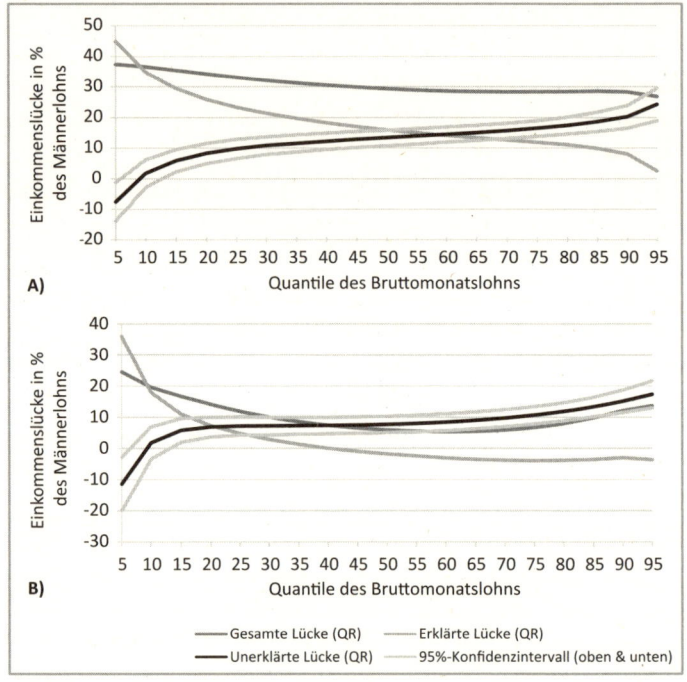

Abb. 46: Dekomposition des »Gender Pay Gaps« im Bruttostundenlohn

Erläuterung: Die Abbildung zeigt eine Aufgliederung des Gender Pay Gaps in eine erklärte Lücke (z. B. Berufswahl, Teilzeitbeschäftigungsanteil) und eine unerklärte Lücke. Insbesondere bei den höheren Stundenlöhnen zeigt sich, dass sich die Lücke zunehmend weniger über die genannten Faktoren erklären lässt.

A   Westdeutschland
B   Ostdeutschland

Quelle: Granados und Geyer (2013)

Mann und einer Frau messen, die den gleichen Beruf ausüben und zudem die gleichen Qualifikationen und Fähigkeiten haben.

Dieses wird in der Abbildung 46 gezeigt. Der Gender Pay Gap ist der »unerklärte Teil der Lücke«, also der Unterschied im Bruttostundenlohn zwischen Männern und Frauen, der nicht durch unterschiedliche Tätigkeiten, Fähigkeiten oder Qualifikationen zu erklären ist. Die Unterschiede in den Stundenlöhnen (die »gesamte Lücke« in der Abbildung) zwischen Männern und Frauen sind enorm. Besonders groß ist diese Lücke mit durchschnittlichen 29 Prozent in Westdeutschland. Wenn wir uns jedoch den Gender Pay Gap, also die mögliche Diskriminierung, anschauen, dann ist er bei den Arbeitnehmerinnen und Arbeitnehmern mit den geringsten Löhnen praktisch inexistent.

Je höher das Einkommen jedoch wird, desto höher ist der Gender Pay Gap. Das bedeutet: Je besser der Job ist, den eine Frau ausübt, umso schlechter wird sie dafür im Vergleich zu einem männlichen Kollegen bezahlt. In Westdeutschland steigt diese geschlechtsspezifische Einkommenslücke auf 13 Prozent beim Median und bis auf 24 Prozent bei den höchsten Einkommen an. In Ostdeutschland ist der Gender Pay Gap zwar auch noch signifikant, jedoch etwas geringer: Bei den höchsten Einkommen beträgt er 17 Prozent.

Diese Fakten machen deutlich, dass vor allem bei den Beziehern hoher Einkommen und Führungskräften die Lohndiskriminierung zwischen Frauen und Männern in Deutschland sehr hoch ist. Die Abbildung unterstreicht, dass auch in den meisten anderen OECD-Ländern sich nur vergleichsweise wenige Frauen in Führungspositionen befinden. Bemerkenswert ist jedoch, dass Deutschland im internationalen Vergleich mit am schlechtesten abschneidet und zu den Ländern gehört, in denen der Anteil der Frauen in Führungspositionen am geringsten ist (siehe Abbildung 47).

Diese Unterschiede in Karrierechancen basieren nicht auf schlechterer Bildung, sie entstehen vielmehr während des Berufslebens. Auch wenn sie nicht zwingendermaßen als das Resultat von Barrieren anzusehen sind, so deuten viele Indikatoren auf eine Schlechterstellung von Frauen hin. Vor allem im internationalen Vergleich steht Deutschland bei vielen Gender-Indikatoren schlechter da als einige andere Industrieländer.

Bei allen geschlechtsspezifischen Unterschieden gibt es aber

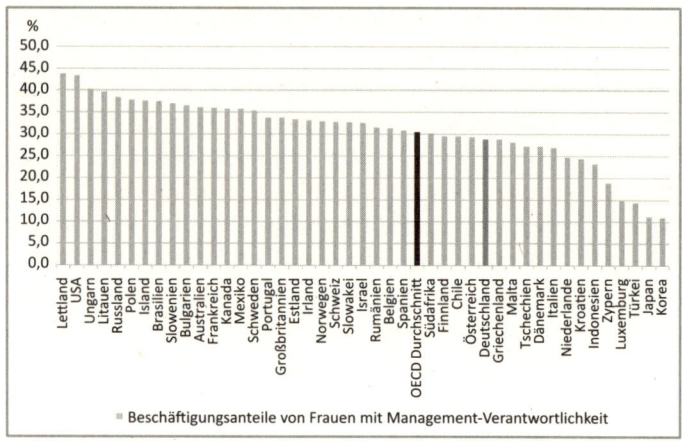

Abb. 47: Beschäftigungsanteil der Frauen mit Management-Verantwortlichkeit

Erläuterung: Die Abbildung zeigt die Beschäftigungsanteile von Frauen mit Management-Verantwortlichkeit für OECD-Länder im Jahr 2013 in Prozent.
Quelle: OECD (2015c)

auch positive Entwicklungen. So ist die Erwerbsquote von Frauen in den vergangenen Jahren um rund zehn Prozentpunkte gestiegen. Das heißt, Frauen holen auf und spielen am deutschen Arbeitsmarkt eine immer wichtigere Rolle. Noch nie waren hierzulande so viele Frauen erwerbstätig wie heute: 2013 gingen rund 18 Millionen Frauen einer bezahlten Tätigkeit nach, 1995 waren es noch 15 Millionen gewesen. Sie stellten rund 46 Prozent aller Beschäftigten. Da aber fast jede zweite arbeitende Frau einer Teilzeitbeschäftigung nachging, aber nur jeder neunte erwerbstätige Mann, lag ihr Arbeitsvolumen deutlich niedriger, nämlich bei etwa 40 Prozent.

Diese Entwicklung hat deutlich dazu beigetragen, die negativen Effekte des demographischen Wandels abzufedern. Und wir sollten uns Mühe geben, dieser Entwicklung weiter Auftrieb zu geben. Ein Vergleich mit anderen Ländern zeigt: Unterschiede im

Erwerbsumfang zwischen Frauen und Männern sind besonders gering in Ländern, in denen Einkommen individuell besteuert wird, die Kinderbetreuung gut ausgebaut ist, egalitäre Geschlechternormen vorherrschen sowie Männer und Frauen ähnliche Stundenlöhne für gleiche Arbeit bekommen. »Die Überwindung der Lohnunterschiede zwischen Männern und Frauen nutzt Arbeitgebern und Beschäftigten gleichermaßen«, stellt auch die Europäische Kommission 2015 fest. Die Gleichheit von Mann und Frau sei für die Schaffung hochwertiger Arbeitsplätze unabdingbar. Die Frage ist, wie das erreicht werden kann.

Die Frauenquote

Ein – sehr umstrittener und heiß diskutierter – Versuch, dieses Ziel zu erreichen, ist die Einführung einer festen Frauenquote. Eine solche trat in Deutschland zum Jahresbeginn 2016 in Kraft. Sie verpflichtet alle paritätisch mitbestimmungspflichtigen und börsennotierten Unternehmen auf einen Frauenanteil von mindestens 30 Prozent im Aufsichtsrat. Wird die Quote nicht erreicht, sollen entsprechende Stühle frei bleiben. Darüber hinaus müssen sich Unternehmen für die Vorstands- und obersten zwei Managementebenen eigene Quoten geben. Werden diese nicht erfüllt, drohen allerdings keine Sanktionen.

Das DIW Berlin hat die Chancen der Frauenquote in Deutschland ausgelotet und dazu die Erfahrungen anderer Ländern untersucht, in denen es vergleichbare Quoten bereits gibt. Die Studie zeigt, dass für Deutschland vor allem positive Effekte zu erwarten sind. Hinweise, dass nun etwa besser oder ebenso gut qualifizierte und leistungsstarke Männer von einer weniger kompetenten »Quotenfrau« verdrängt würden, fanden die Kollegen nicht. Der Vergleich mit anderen Ländern, in denen es eine Frauenquote bereits gibt, zeigt, dass sie hilft, die Aufstiegschancen zu verbessern und Geschlechterstereotype abzubauen.

Es ist jedoch keineswegs klar, dass sich die Ergebnisse eins zu eins auf Deutschland übertragen lassen werden. Aber es gibt gute Gründe, dass die Auswirkungen auch in Deutschland positiv sein können. In Frankreich etwa reichte allein die Ankündigung einer festen Quotenregelung für Aufsichts- und Verwaltungsrat von börsennotierten oder Großunternehmen mit mehr als 500 Mitarbeitern und 50 Millionen € Umsatz aus, um bereits im Vorfeld nicht nur die Frauenquote, sondern auch die Unternehmensperformance zu steigern.

In Norwegen wurde im Jahr 2006 eine feste Quote eingeführt. Untersuchungen zeigen, dass die neuberufenen Frauen in den Aufsichtsräten höhere Qualifikationen vorlegen, obwohl sie jünger sind und über weniger Führungserfahrung verfügen. Das hat Signalwirkungen für die nachfolgenden Generationen, für die ein ähnlicher Effekt zu erwarten ist, und führt zu weiteren positiven Wohlfahrtseffekten. Auch die nachfolgenden Frauen treiben ihre Karriere entschiedener voran, weil sie erwarten, dass sich dies in Zukunft nun stärker auszahlen werde.

Auch dass die Frauenquote helfen kann, Geschlechterstereotype zu reduzieren, ist ein großes Potenzial. Es gibt viele deutliche Hinweise darauf, dass diese Geschlechterstereotype im Berufsalltag vielfältige Auswirkungen haben. So konnte die Frauenquote in Orchestern etwa allein dadurch deutlich gesteigert werden, dass die Bewerber hinter einem Vorhang vorspielten. Ohne Vorhang wurden die Plätze wesentlich öfter an Männer vergeben. Verhindert der Vorhang eine Voreingenommenheit, liegt die Konzentration allein auf der Leistung.

Wie viel Verbesserungspotenzial dieser Art es in Deutschland gibt, zeigt ein Blick auf die Zahlen. Die Führungsgremien deutscher Großunternehmen sind weiterhin männliche Monokulturen. In den Vorständen der 200 umsatzstärksten Unternehmen Deutschlands lag die Frauenquote 2014 bei gut 5 Prozent. Nur 47 von insgesamt 877 Vorstandsmitgliedern waren weiblich. Konzentriert man sich auf die 100 größten Unternehmen, liegt der

Anteil sogar bei nur 4 Prozent. Etwas besser vertreten sind Frauen in den Aufsichtsräten der Top-200- und Top-100-Unternehmen. Hier stieg der Frauenanteil im Jahr 2014 um rund drei Prozentpunkte auf jeweils etwa 18 Prozent. Höher lag er mit knapp 25 Prozent in den 30 im Deutschen Aktienindex (DAX) vertretenen Unternehmen. Es zeigt sich: Dem rasanten Anstieg der Bildungsabschlüsse der Frauen in den vergangenen Jahrzehnten steht ein äußerst schleppend verlaufender Aufstieg der Frauen in die Führungspositionen gegenüber.

22 Der Verteilungskampf im Zeichen der Flüchtlingsmigration

Bei einem Buch über die zunehmende Ungleichheit darf die Thematik der Zuwanderung nicht fehlen. Die sich über das vergangene Jahr überstürzenden Ereignisse der Flüchtlingszuwanderung haben dies zum dominanten Thema unserer Tage gemacht. Der Zustrom Hunderttausender Flüchtlinge hat zu einer kontroversen Diskussion über die wirtschaftlichen Folgen für unser Land geführt, die häufig auf falschen Informationen basiert. Viele Menschen haben Sorge, dass die Ausgaben für Flüchtlinge ihre eigenen Ansprüche auf Leistungen und Unterstützung beschränken könnten oder dass ihre Löhne und Arbeitsplätze gefährdet seien. Diese Diskussionen werden vor allem von der Politik zu einem Verteilungskampf hochstilisiert.

Es geht dabei nicht nur um einen tiefergehenden Verteilungskampf zwischen Bürgern und Flüchtlingen, sondern auch zwischen verschiedenen gesellschaftlichen Gruppen in Deutschland. Teile der Politik tragen dazu bei, machen den Menschen Angst, verunsichern sie, erzeugen Drohszenarien, um auf Stimmenfang zu gehen. Ein Verteilungskampf, wie er gerade heraufbeschworen wird, hat das Potenzial, eine tiefe gesellschaftliche Spaltung des Landes mit enormer politischer Sprengkraft herbeizuführen.

Flüchtlingsstrom und Verteilungskampf

Die Kontroverse zu den Flüchtlingen in Deutschland macht sich vor allem an der Aussage von Bundeskanzlerin Merkel fest: »Wir schaffen das.« Dies ist zuerst einmal eine faktische Aussage, die nicht falsch sein kann. Denn »irgendwie« wird Deutschland den massiven Anstieg des Flüchtlingszustroms bewältigen. Was die Menschen vielmehr umtreibt, ist die Frage, »wie« wir es schaffen und was dies für die Bürger und ihre Gesellschaft bedeutet.

Die Geschichte zeigt, dass Deutschland ein Einwanderungsland war und ist, dessen wirtschaftlicher Erfolg zu einem erheblichen Maße von der Offenheit unserer Gesellschaft abhängt. Die Zuwanderung, die es immer gab, hat unsere Gesellschaft für andere Menschen, Kulturen, Meinungen und Ideen geöffnet. Diese Offenheit ist eine Säule für den wirtschaftlichen Erfolg unseres Landes, vor allem in den letzten Jahrzehnten. Deutschland ist in der Welt Dritter beim Export; fast jeder zweite Job hängt direkt oder indirekt von unseren Ausfuhren in andere Länder ab. Wir profitieren also von der Offenheit dieser Länder, ohne die wir nicht so erfolgreich sein könnten.

Die Stärken dieser Offenheit zeigen sich heute auch innerhalb Deutschlands. Die Regionen mit dem höchsten Anteil an Menschen mit Migrationshintergrund haben meist auch die höchsten Einkommen und Wohlstand – die Regionen mit dem geringsten Anteil die niedrigsten. Bundesländer wie Bayern und Baden-Württemberg sind heute wirtschaftlich so erfolgreich nicht trotz einer starken Zuwanderung über die vergangenen Jahrzehnte hinweg, sondern auch dank der Zuwanderer, die einen wichtigen Anteil an diesem Erfolg haben.

Und Offenheit kostet zunächst etwas. Zum einen geht es bei diesem Verteilungskampf um die Sorge, durch die höheren Ausgaben des Staates für Flüchtlinge würde nun weniger für andere an staatlichen Hilfen und Transferleistungen übrig bleiben. Was gut für die Flüchtlinge sei, sei schlecht für deutsche Bürger, so die Sorge.

Die kurzfristigen Aufwendungen für Flüchtlinge sind in der Tat massiv. Als Faustregel gilt: Ein Flüchtling kostet den deutschen Staat pro Jahr knapp 12 000 € für Unterbringung, Verpflegung, medizinische Versorgung und Bürokratie. 800 000 Flüchtlinge bedeuten somit jährliche Ausgaben von knapp 10 Milliarden €, was knapp 0,3 % der jährlichen Wirtschaftsleistung Deutschlands ausmacht.

Natürlich ist dies eine erhebliche finanzielle Belastung für den deutschen Staat. Trotzdem darf man nicht außer Acht lassen, dass diese Ausgaben nicht nur den Flüchtlingen zugutekommen, sondern indirekt auch vielen deutschen Bürgern. Denn von den Aufwendungen für Wohnungen und Unterkunft profitieren die deutsche Bauwirtschaft und diejenigen, die diese Unterkünfte zur Verfügung stellen. Von den Aufwendungen für Lebensmittel und andere Güter und Dienstleistungen profitieren in erster Linie deutsche Unternehmen und Arbeitnehmer. In der Tat ist der Beitrag der Ausgaben für Flüchtlinge zum Wirtschaftswachstum in Deutschland spürbar. Denn die 10 Milliarden € an Aufwendungen gehen fast komplett in den Konsum und erhöhen somit das Wirtschaftswachstum um 0,3 %. Die Ausgaben für Flüchtlinge wirken daher wie ein kleines Konjunkturprogramm, das die Nachfrage und die Wirtschaft ankurbelt. Diese Gelder verschwinden nicht in einem schwarzen Loch, sondern kommen gerade der deutschen Wirtschaft und vielen Unternehmen zugute.

Die Sorge mancher Kritiker ist, dass Deutschland diese finanziellen Aufwendungen »nicht schaffen kann«, dass es Staat und Wirtschaft überfordert und zulasten vor allem der Bürger geht, die von staatlichen Transferleistungen in Deutschland abhängig sind. Dies ist sicherlich keine unbegründete Sorge für Länder wie Griechenland oder Italien, die finanziell in Schieflage sind und deren finanzielle Leistungsfähigkeit eingeschränkt ist. Aber für

Deutschland trifft dies nicht zu. Der deutsche Staat – Bund, Länder und Kommunen zusammengenommen – hat im Jahr 2015 einen Überschuss von über 10 Milliarden €, mit ähnlichen projizierten Überschüssen für das Jahr 2016. In diesen Zahlen sind schon knapp 10 Milliarden € an zusätzlichen Ausgaben im Jahr 2016 enthalten.

Selbst wenn diese Aufwendungen für Flüchtlinge sich verdoppeln sollten, kann der deutsche Staat dies finanziell stemmen, ohne die sich selbst auferlegte Schuldenbremse verletzen zu müssen. Es müssen keinerlei Leistungen für deutsche Bürger gekürzt oder gar Steuern erhöht werden, um sowohl die finanziellen Belastungen durch die Flüchtlinge zu bewältigen, als auch gleichzeitig eine solide Finanzpolitik zu gewährleisten. Kurzum, es ist unverantwortlich und falsch, zu behaupten, die Ausgaben für die Flüchtlinge würden den deutschen Staat finanziell überfordern. Dies ist billiger Populismus, der den Tatsachen widerspricht.

Wichtig ist auch die Frage, inwiefern diese Ausgaben für Flüchtlinge wirklich als »Kosten« betrachtet werden sollen. Würden wir Ausgaben für die Bildung unserer Kinder als »Kosten« betrachten? Oder sind dies nicht vielmehr »Investitionen« in die Zukunft unserer Kinder, die mit der Bildung und Unterstützung, die wir ihnen in den ersten zwei oder drei Jahrzehnten ihres Lebens zukommen lassen, später dann die Leistungsträger der Gesellschaft sein werden und wiederum für die Daseinsfürsorge und Absicherung für den inaktiven Teil der Bevölkerung – also vor allem sehr junge und alte Menschen – sorgen werden?

Es gibt aber ein viel grundlegenderes Problem mit dieser engen Betrachtungsweise der staatlichen Ausgaben für Flüchtlinge: Über ein Drittel der deutschen Bürger erhält höhere staatliche Transfers, als sie an Steuern und Abgaben an den Staat zurückzahlen. Würden wir deshalb behaupten, dieses Drittel der deutschen Bevölkerung wäre wirtschaftlich und finanziell ein »Verlustgeschäft« für Deutschland?

Natürlich nicht, denn der wirtschaftliche Beitrag eines Bürgers wird nicht nur durch seine steuerlichen Leistungen und empfangenen Transfers gemessen. Ein Arbeitnehmer leistet einen wirtschaftlichen Beitrag nicht nur, indem er auf sein Einkommen Steuern zahlt, sondern auch dadurch, dass er zur wirtschaftlichen Leistung seines Unternehmens und damit der gesamten Volkswirtschaft beiträgt. Die Leistung des Arbeitnehmers spiegelt sich somit nicht nur in seinem eigenen Lohn wider, sondern auch in den Erträgen des gesamten Unternehmens, die wiederum zu Steuerzahlungen durch das Unternehmen führen und damit einen indirekten Beitrag dieses Arbeitnehmers widerspiegeln.

Genauso wichtig ist der Beitrag dieses Arbeitnehmers zur Produktivität der anderen Beschäftigten – es werden also Synergien geschaffen, durch die alle Arbeitnehmer und das Unternehmen als Ganzes profitieren. Dieser Beitrag ist vor allem dann wertvoll, wenn dieser Arbeitnehmer eine Lücke im Unternehmen schließt, durch die das Unternehmen seine Leistung deutlich steigern kann. Das erfordert nicht, dass diese Arbeitnehmer zwingendermaßen besser qualifiziert sein müssen als die anderen, sondern es trifft auf Arbeitnehmer mit jeder Qualifikation zu.

Das Beispiel einer Fußballmannschaft illustriert dies. Es kommt häufig vor, dass ein verletzter Spieler in einem Spiel ausgewechselt werden muss. Was soll der Trainer der Mannschaft tun, wenn auf der Ersatzbank nur noch ein Spieler vorhanden ist, der jedoch ein schlechterer Fußballspieler ist als der Durchschnitt der anderen zehn Spieler? Soll er den elften Spieler einwechseln oder mit zehn Mann weiterspielen? Diese Frage ist für jeden Trainer unsinnig, denn die Antwort ist klar: Eine Mannschaft mit elf Spielern ist immer besser als eine mit zehn. Denn auch wenn der elfte Spieler schwächer ist als die meisten seiner Mitspieler, so hilft er trotzdem, diese zu unterstützen und dadurch effektiver und erfolgreicher zu sein. Damit ist letztlich auch das gesamte Team mit elf Mann ein besseres als mit zehn.

Das Gleiche gilt für die deutsche Volkswirtschaft. Nicht nur helfen Flüchtlinge, offene Stellen und Lücken zu füllen. Sondern sie helfen allen Arbeitnehmern, effektiver und erfolgreicher zu sein, und damit letztlich auch dem Unternehmen und der gesamten Volkswirtschaft. Aber auch dann, wenn Flüchtlinge keine offenen Stellen oder Lücken füllen, können sie zur wirtschaftlichen Leistungsfähigkeit der deutschen Volkswirtschaft beitragen. Ökonomen erklären dies durch komparative Vorteile und die Möglichkeit der Spezialisierung. Je mehr Arbeitnehmer es gibt, desto stärker kann die Spezialisierung Einzelner auf ihre jeweiligen komparativen Stärken sein und desto höher die Leistung des gesamten Unternehmens. In anderen Worten: In der realen Volkswirtschaft ist es nie so, dass das »Boot voll« ist. Zusätzliche Arbeitnehmer vergrößern den gesamtwirtschaftlichen Kuchen, also den Wohlstand für alle.

Das gilt für Flüchtlinge wie für andere Zuwanderer in unser Land. Die Frage ist nicht so sehr, ob und wie hoch die Aufwen-

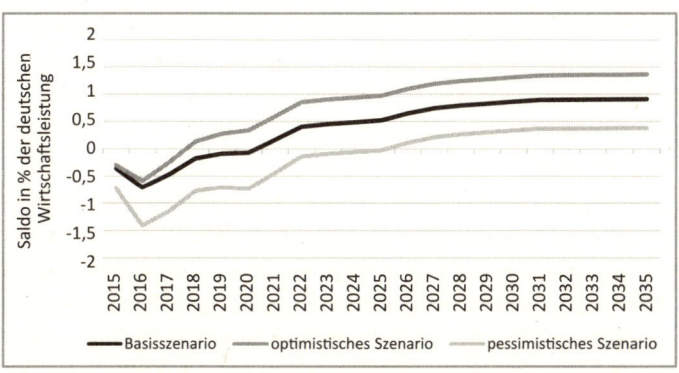

Abb. 48: Differenz aus positiven und negativen Effekten der Flüchtlingsmigration

Erläuterung: Die Abbildung zeigt verschiedene Szenarien des Effekts der Flüchtlingsmigration auf die Wirtschaftsleistung (Saldo in Prozent der Wirtschaftsleistung). Durch Nachfrageimpulse sowie zusätzlichen Arbeitseinsatz generierte Mehrproduktion abzüglich der direkten Kosten für Unterbringung, Versorgung und Integration der Flüchtlinge sowie in späteren Jahren die Sozialleistungen für Flüchtlinge, die keiner Beschäftigung nachgehen.

Quelle: Fratzscher und Junker (2015)

dungen des deutschen Staates für diese Menschen in den ersten Jahren sein werden. Die wirtschaftspolitisch relevante Frage ist, ob und wie stark diese Menschen langfristig einen wirtschaftlichen Beitrag für unsere Wirtschaft leisten. Und hier liegt der Schlüssel in der gelingenden Integration dieser Menschen in den Arbeitsmarkt.

Das DIW Berlin hat eine Szenario-Rechnung erstellt, um zu analysieren, wann die staatlichen Kosten für Flüchtlinge überwiegen und wann der gesamtwirtschaftliche Nutzen der Flüchtlinge dominiert. Abbildung 48 zeigt, dass die staatlichen Aufwendungen für die Flüchtlinge kurzfristig höher sind als deren wirtschaftlicher Beitrag. Dies liegt in erster Linie daran, dass in den ersten Jahren die große Mehrheit – möglicherweise über 80 % – der akzeptierten oder geduldeten Flüchtlinge erst einmal ohne Beschäftigung sein wird. Je mehr dieser Menschen dann in Beschäftigung kommen und weniger abhängig von staatlichen Leistungen werden, desto stärker der gesamtwirtschaftliche Nutzen. Die Abbildung zeigt ein Basisszenario, ein optimistisches und ein pessimistische Szenario – beim letzten liegt die Arbeitslosigkeit der Flüchtlinge langfristig (nach über zehn Jahren) bei 35 %. Die Kernbotschaft dieser Berechnungen ist jedoch, dass selbst bei einem solch pessimistischen Szenario für Deutschland zwischen 2020 und 2025 ein gesamtwirtschaftlicher Vorteil entstehen wird. Man kann also die Annahmen, die diesen Berechnungen zugrunde liegen, stark variieren – dies ändert jedoch nichts am grundlegenden Resultat, dass Flüchtlinge langfristig einen wirtschaftlichen Mehrwert für Deutschland bedeuten.

Integration in Arbeitsmarkt und Gesellschaft

Die Kernfrage für die wirtschaftlichen Auswirkungen ist daher, wie schnell und wie gut die Flüchtlinge, die bleiben dürfen, in den deutschen Arbeitsmarkt integriert werden können. Sie führt uns zum zweiten Element des Verteilungskampfs, nämlich der Sorge mancher, die Flüchtlinge könnten deutschen Bürgern Arbeitsplätze wegnehmen und die Löhne vor allem der einkommensschwächeren Deutschen nach unten drücken. Unter konservativen Annahmen könnten im Jahr 2016 über 250 000 Flüchtlinge auf den deutschen Arbeitsmarkt drängen und Beschäftigung suchen. Dies bedeutet bei über 43 Millionen Beschäftigten in Deutschland einen Anstieg um ca. 0,5 %. Was heißt dies für den deutschen Arbeitsmarkt?

Die Auswirkungen hängen vor allem vom Angebot und der Nachfrage nach Arbeit ab. Deutschland hat in den vergangenen zehn Jahren mit einem Beschäftigungswunder einen großen wirtschaftlichen Erfolg erringen können. Noch im Jahr 2005 waren über 5 Millionen Menschen oder über 12 % der erwerbsfähigen Bevölkerung in Deutschland arbeitslos. Diese Zahl hat sich bis 2015 fast halbiert, auf knapp 2,7 Millionen Arbeitslose, trotz tiefer globaler und europäischer Finanzkrisen.

Nicht nur ist die Arbeitslosenquote in Deutschland gesunken, sondern die Anzahl der Erwerbstätigen ist deutlich gestiegen. Seit 2010 sind knapp zwei Millionen neue Arbeitsplätze in Deutschland entstanden. Davon sind über eine Million Arbeitsplätze durch Zuwanderer besetzt worden. Kurzum, diese Zahlen zeigen, dass die Zuwanderung nach Deutschland auch vor der Flüchtlingskrise ein zentrales Element des Beschäftigungswunders und damit auch Grund für die solide wirtschaftliche Erholung der deutschen Volkswirtschaft seit 2010 war.

Trotz der heute geringsten Arbeitslosigkeit in Deutschland seit über 25 Jahren ist es nicht gelungen, Vollbeschäftigung herzustellen. Dass es noch immer 2,7 Millionen Arbeitslose gibt, liegt jedoch nicht an den fehlenden offenen Stellen. Denn im Jahr 2015 gab es immerhin fast eine Million davon und auch offene Ausbildungsplätze. Der Grund für diese verbleibenden Arbeitslosen ist vielmehr eine fehlende Integration. Viele von ihnen haben keinen Berufsabschluss oder sind langzeitarbeitslos, so dass sie viele ihrer Fähigkeiten eingebüßt haben. Dies bedeutet, dass es nicht ein Wettbewerb mit Flüchtlingen ist, der diese Menschen in der Arbeitslosigkeit hält.

Die vielen offenen Stellen bedeuten auch, dass die Wirtschaft sehr wohl händeringend nach Arbeitnehmerinnen und Arbeitnehmern sucht, die diese Stellen annehmen möchten. In einigen Bereichen – vor allem bei Ingenieuren, Programmierern und anderen technischen Berufen – klagen Unternehmen zunehmend über einen Fachkräftemangel. Die Alterung der deutschen Gesellschaft wird in den kommenden Jahrzehnten diese Entwicklung weiter beschleunigen. Immer mehr Menschen werden in Rente gehen und immer weniger junge Menschen nachkommen, so dass Unternehmen die Arbeitskräfte fehlen.

Hier liegt die Chance nicht nur für die Flüchtlinge, die in Deutschland bleiben werden, sondern auch für die deutsche Gesellschaft allgemein. Denn die vielen jungen Flüchtlinge, die heute kommen, könnten – wenn die Integration gelingt – diese Lücke im Arbeitsmarkt füllen helfen und damit das Wirtschaftswachstum verbessern und einen wichtigen Beitrag zu Wettbewerbsfähigkeit und langfristigem Wohlstand leisten. Dies wird nicht schnell geschehen können, aber über einen Zeithorizont von 10 Jahren ist es möglich, Flüchtlinge erfolgreich zu integrieren.

Ein anderes Gerücht, das häufig durch die Presse geht, ist, dass Deutschland qualifizierte Arbeitskräfte benötigt, die Flüchtlinge jedoch meist geringe oder keine Qualifikation haben. Dieses Argument hat zwei Schwächen. Zum einen zeigt der Blick auf die Statistik der offenen Stellen, dass viele Unternehmen sehr wohl auch weniger qualifizierte Arbeitnehmerinnen und Arbeitnehmer suchen. Zum anderen sind die meisten Flüchtlinge jung, unter 25 Jahren, und haben dadurch sehr wohl das Potenzial, durch eine Ausbildung, Fortbildung oder Umbildung die Qualifikationen zu erwerben, die für den Arbeitsmarkt notwendig sind – ganz zu schweigen von den vielen akademisch gebildeten Flüchtlingen gerade aus Syrien.

Das relativ junge Alter der Flüchtlinge kompensiert somit nicht nur teilweise die negative demographische Entwicklung in Deutschland, viele der Flüchtlinge werden durch ihre Beschäftigung auch Steuern zahlen und in die gesetzliche Sozialversicherung einzahlen. Damit werden sie in den kommenden Jahrzehnten einen Beitrag zur gesetzlichen Altersvorsorge leisten. Oder um es provokativer zu formulieren: Die Höhe der Leistungen der Sozialversicherungen, die diejenigen Menschen erhalten werden, die in den kommenden 20 Jahren in Rente gehen, wird auch davon abhängen, wie es uns gelingt, die Flüchtlinge in den Arbeitsmarkt und die Gesellschaft zu integrieren.

Der Schlüssel liegt also in der Integration der Flüchtlinge in den Arbeitsmarkt. Viele zweifeln, dass dies gelingen kann. Andere geben vor allem den Flüchtlingen die Schuld an einem Scheitern der Integration. Beide Argumente sind falsch. Die Integration kann gelingen, wenn der politische Wille dafür da ist. Zudem hängt der Erfolg der Integration nicht von den Flüchtlingen selbst, sondern von unserer Gesellschaft und unserer Fähigkeit ab, diesen Integrationsprozess zu gestalten.

Dafür sind kurzfristig vor allem drei Maßnahmen erforderlich. Erstens ein Gipfel zwischen Wirtschaft und Politik mit dem Ziel eines konkreten Planes zur Schaffung von Ausbildungsplätzen, Fortbildungs- und Beschäftigungsmöglichkeiten für Flüchtlinge. Auch die Wirtschaft muss stärker noch Verantwortung für die Integration dieser Menschen in den Arbeitsmarkt übernehmen. Sie braucht dazu die Unterstützung der Politik durch gezielte Integrations- und Ausbildungsprogramme, eine schnelle Prüfung von Qualifikationen und andere Maßnahmen.

Zweitens sollte ein Einwanderungsgesetz klar und transparent regeln, wer eine Chance hat, langfristig in Deutschland zu bleiben. Dies würde allen die Kosten durch Zuwanderer aus sicheren Herkunftsländern ersparen. Drittens benötigt Deutschland eine Investitionsoffensive. Das deutsche Bildungssystem und ein großer Teil der öffentlichen Infrastruktur sind nicht erst seit dem Flüchtlingszustrom überfordert; sie weisen bereits seit vielen Jahren große Schwächen auf. Bund, Länder und Kommunen haben viel zu lang die öffentlichen Investitionen gedrosselt.

V. DIE UMVERTEILUNG DURCH DEN STAAT

> *»Inequality has risen to the point that it seems to me worthwhile for the U.S. to seriously consider taking the risk of making our economy more rewarding for more of the people.«*
>
> Janet Yellen, *Chair US-Notebank Federal Reserve*, 2006

Was erklärt die hohe Ungleichheit in Deutschland? Der dritte Teil des Buches hat zunächst argumentiert, dass die Globalisierung die Ungleichheit in Einkommen und Vermögen prinzipiell nicht erhöht hat. Der technologische Fortschritt höhlt jedoch vor allem die Mittelschicht aus, wohingegen die damit verbundenen Veränderungen auf dem Arbeitsmarkt hauptsächlich die Sozial- und Einkommensschwachen weiter schwächt. Ein wichtiges Resultat in dieser Analyse war zudem, dass die deutliche Verbesserung und der breitere Zugang zu Bildung weltweit das wichtigste Gegengewicht gegen die Einkommenswirkungen des technischen Fortschritts sind und den Trend zu einer höheren Ungleichheit in Einkommen und Vermögen in Industrieländern deutlich begrenzt haben.

Der vierte Teil hat dargelegt, dass Deutschlands größtes Scheitern im Bereich der Bildung und der Chancengleichheit liegt. Die Ungleichheit der Chancen ist hierzulande für die sozial Schwächsten enorm hoch. Dies beginnt im frühkindlichen Alter, wenn viele Kinder aus sozial schwächeren Familien unzureichenden Zugang zu Bildung und Förderung zum Beispiel über Kitas erhalten, setzt sich im Primärbereich fort, wenn die Wahl der weiterführenden Schule den Fähigkeiten und Talenten zu wenig Gewicht zumisst, und führt so zu großen Unterschieden im Sekundärbereich, beim Übergang in den Beruf und bei der Fortbildung im Erwachsenenalter.

Deutschland schneidet bei der fairen Verteilung der Bildungschancen schlecht ab. Aber auch andere gesellschaftliche Gruppen, wie Frauen oder Zuwanderer, sind in Deutschland von Chancenungleichheit besonders betroffen. Die Barrieren, vor allem im Bereich Bildung, erklären auch die geringe soziale Mobilität innerhalb von Generationen und über Generationen hinweg, die wiederum die Ungleichheit in Einkommen, Vermögen und Chancen verstärkt.

Neben der Chancengleichheit und der Macht des Marktes gibt es jedoch einen dritten Erklärungsansatz für die Ursachen der hohen Ungleichheit von Einkommen und Vermögen in Deutschland. Diese dritte Erklärung besagt, dass der deutsche Staat die Ungleichheit durch Umverteilung wenig oder ineffizient mindert und durch verschiedene wirtschaftspolitische Maßnahmen sogar in einigen Fällen noch vergrößert. Das ist der Fokus dieses Teils.

23 Steuern, Transfers und soziale Leistungen

Wie viel verteilt der deutsche Staat mit Steuern, Transferzahlungen und Sozialleistungen zwischen verschiedenen gesellschaftlichen Gruppen in Deutschland um? Wie effizient ist er bei dieser Umverteilung? Und wie steht Deutschland im Vergleich zu anderen Industrieländern da? Dies sind die Fragen dieses Kapitels.

Umverteilung des Staats ist hoch, aber immer ineffizienter

Der deutsche Staat verteilt über Steuern und Transferzahlungen ungewöhnlich viel um. Er muss es auch, wenn die Einkommensgleichheit nicht noch viel größer sein soll als in anderen Industrieländern. Denn die Ungleichheit bei den Markteinkommen – vor Steuern, Transfers und Sozialleistungen – ist, wie wir im ersten Teil des Buches gesehen haben, deutlich größer als in vielen anderen Industrieländern. In nur wenigen Ländern ist daher die Steuer- und Abgabenquote so hoch wie in Deutschland.

Der deutsche Staat versucht, die Einkommensungleichheit vor allem durch soziale Transferzahlungen wie Kindergeld, Arbeitslosengeld und andere finanzielle Transfers abzusenken. Zur Erinnerung, der Gini-Koeffizient für die Ungleichheit von Markteinkommen in Deutschland liegt bei 0,51, der für die Ungleichheit von verfügbaren Einkommen bei 0,29. Wichtig zu betonen ist hierbei, dass es nicht nur die Umverteilung des deutschen Staates ist, die die Ungleichheit der Einkommen um 22 Prozentpunkte senkt. Auch vom Staat unabhängige, private Transferleistungen spielen eine wichtige Rolle.

Nach einer Studie der OECD[30] ist das Volumen der staatlichen Umverteilung in Deutschland über die Jahrzehnte gewachsen. Der deutsche Staat leistet seinen größten Beitrag zur Absenkung der Einkommensungleichheit durch soziale Transferzahlungen, die den Gini-Koeffizienten um knapp 8 Prozentpunkte reduzieren. Die Einkommensteuer reduziert die Ungleichheit um weitere knapp 4 Prozentpunkte.

Wie erfolgreich und effektiv ist der deutsche Staat in seiner Umverteilung? Die OECD-Studie zeigt auch, dass in Deutschland die Wirkung der Sozialleistungen auf die Ungleichheit von Ein-

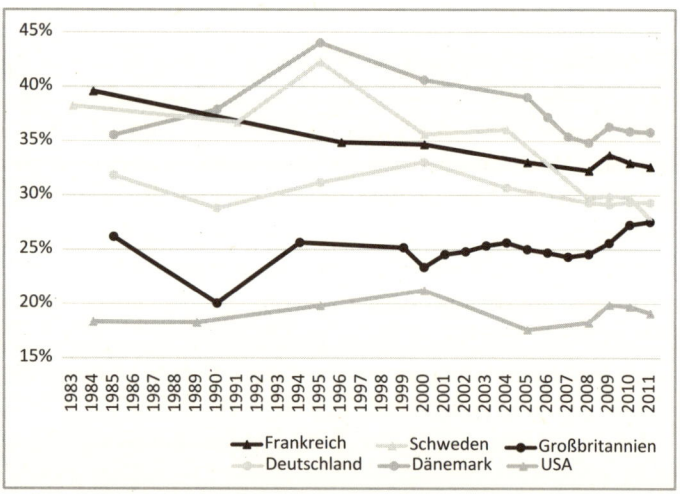

Abb. 49: Reduktion der Ungleichheit von Markteinkommen

Erläuterung: Die Abbildung zeigt die Reduktion der Einkommensungleichheit durch Umverteilung zwischen 1985 und 2011. Die Umverteilungsleistung wird dabei über die Differenz zwischen dem Gini-Koeffizienten der Markteinkommen und dem Gini-Koeffizienten der verfügbaren Einkommen berechnet. Anschließend wird diese Umverteilungsleistung ins Verhältnis zum Gini der Markteinkommen gesetzt und als Prozentwert dargestellt.
Quelle: Förster/OECD (2015a)

kommen seit Mitte der 1990er Jahre deutlich abgenommen hat. Auch der ausgleichende Effekt von Sachleistungen, wie in den Bereichen Erziehung, Bildung und Gesundheit, ging in den 2000er Jahren zurück.

Abbildung 49 zeigt den Beitrag, den staatliche Sozialleistungen und Steuern zur Senkung der Ungleichheit der Markteinkommen leisten. Für Deutschland wie für den Durchschnitt aller OECD-Länder gilt, dass der Staat mit seinen Leistungen die Einkommensungleichheit zunehmend weniger reduziert. Senkte der deutsche Staat im Jahr 1985 noch knapp 32 Prozent der Ungleichheit der Markteinkommen, so waren es im Jahr 2012 lediglich 28 Prozent. Damit liegt Deutschland zwar noch über dem Durchschnitt der OECD-Länder, aber den abnehmenden Einfluss des Staates auf die Einkommensungleichheit hat Deutschland mit den meisten anderen OECD-Ländern gemeinsam.

Interessant ist auch, wie vergleichsweise wenig die USA über Sozialleistungen und Steuern umverteilen. Dort ist der Anteil zudem in den letzten drei Jahrzehnten nahezu konstant geblieben: Auch heute noch senkt der US-amerikanische Staat die Ungleichheit der Markteinkommen um weniger als 20 Prozent. Der Vergleich zwischen Deutschland und den USA ist insofern informativ, als beide eine fast identische Ungleichheit der Markteinkommen aufweisen.

Steuern und Transfers als Ausgleichsmechanismus

Die beiden Abbildungen auf der nächsten Seite, basierend auf einer Studie meiner DIW-Kollegen Stefan Bach, Markus Grabka und Erik Tomasch,[31] zeigen die Beiträge unterschiedlicher Elemente des deutschen Steuer- und Transfersystems, die die Ungleichheit der Markteinkommen von 0,51 auf einen Gini-Koeffizienten von 0,29 reduzieren.

Im Jahr 2011, das letzte, für das diese Zahlen zur Verfügung stehen, betrugen die gesamten Markteinkommen aller privaten Haushalte in Deutschland 1550 Milliarden €. Diese Einkommen erhöhten sich auf 1963 Milliarden € durch die verschiedenen Transferzahlungen des deutschen Staates und durch private Transfers. Dabei leisteten die monetären Transfers – vor allem die gesetzlichen Renten und Pensionen, aber auch das Arbeitslosengeld I sowie das Pflegegeld – mit knapp 300 Milliarden € den größten Beitrag. Sonstige Transfers (Kindergeld, Mutterschaftsgeld, BaföG und Stipendien sowie Eigenheimzulage), private Transfers (zum größten Teil Betriebsrenten) und die Grundsicherung (Arbeitslosengeld II, Sozialhilfe, Wohngeld, Kinderzuschlag, Unterhaltsgeld) machen vergleichsweise wenig aus.

Von diesen Bruttoeinkommen zog der Staat dann durch Sozialbeiträge knapp 434 Milliarden € und durch die Einkommensteuer 51 Milliarden € ab. Übrig bleiben die verfügbaren Nettoeinkommen der privaten Haushalte in Deutschland in Höhe von insgesamt 1278 Milliarden €. Dies zeigt, dass die finanziellen Einkommen der privaten Haushalte in Deutschland von den Markteinkommen bis zu den verfügbaren Einkommen um 282 Milliarden € geschrumpft sind.

Die untere Abbildung zeigt den Einfluss der Steuern und Transfers auf die Ungleichheit der Einkommen gemessen durch den Gini-Koeffizienten. Den wichtigsten Beitrag zur Senkung der Einkommensungleichheit in Deutschland stellen mit 11 Prozent-

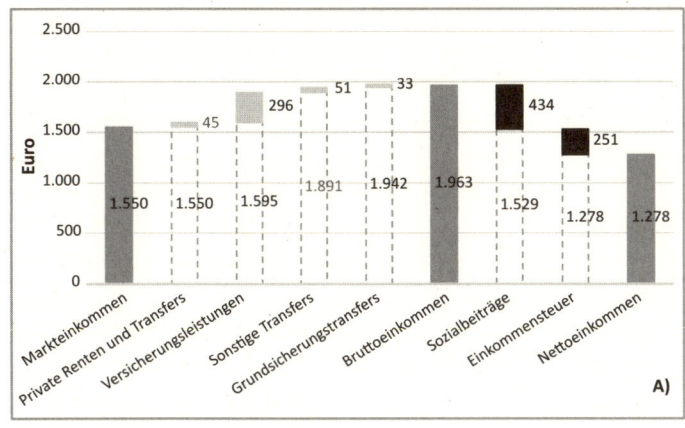

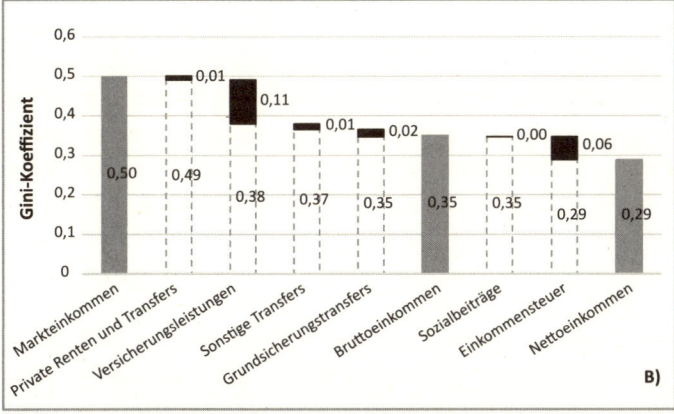

Abb. 50: Die Wirkung der Umverteilung auf die Einkommensungleichheit

Erläuterung: Die Abbildungen zeigen die Umverteilungsleistungen des Staates. Markteinkommen: Wohneinkommen + Selbstständigeneinkommen + Vermögenseinkommen einschl. Mietwert der Eigentümerwohnung. Private Renten und Transfers: Private Renten + Betriebsrenten + Unterhaltszahlungen und sonstige Transfers + Wehr- und Zivildienstsold. Versicherungsleistungen: Gesetzliche Renten + Pensionen + ALG I + Pflegegeld. Sonstige Transfers: Kindergeld + Mutterschaftsgeld + Bafög/Stipendien + Eigenheimzulage. Grundsicherungstransfers: ALG II + Sozialhilfe + Wohngeld + Kinderzuschlag + Unterhaltsgeld. Es besteht eine Ungenauigkeitsdiskrepanz in den Schritten von Markteinkommen zu Bruttoeinkommen.

Quelle: Bach, Grabka und Tomasch (2015), eigene Abbildung

Haushaltsnetto-äquivalenz-einkommen	Markt-einkommen[1]	Private Renten und Transfers[2]	Monetäre Sozialleistungen			Brutto-einkommen	Sozial-beiträge	Einkommen-steuer	Netto-einkommen
			Versicherungs-leistungen[3]	Sonstige Transfers[4]	Grundsicherungs-transfers[5]				
in Milliarden Euro									
1. Dezil	19,9	2,7	16,7	5,5	13,0	57,0	7,5	0,1	49,4
2. Dezil	43,8	2,6	29,1	6,3	6,6	86,8	17,5	1,2	68,0
3. Dezil	63,3	2,6	35,9	5,2	4,0	110,0	25,0	3,4	81,6
4. Dezil	87,1	3,1	32,8	5,6	2,2	129,7	32,5	6,5	90,7
5. Dezil	103,5	3,3	34,0	4,9	2,1	149,2	37,3	9,7	102,2
6. Dezil	142,5	3,0	26,4	5,6	1,9	178,8	47,6	16,0	115,2
7. Dezil	170,6	4,3	27,7	5,0	0,7	207,7	54,7	21,9	131,1
8. Dezil	203,2	4,6	30,0	4,9	1,2	245,2	62,6	31,1	151,5
9. Dezil	269,4	5,2	29,9	3,9	0,5	303,9	73,4	48,1	182,5
10. Dezil	447,0	13,2	33,2	4,1	1,0	495,2	76,4	113,2	305,5
Insgesamt	1.550,3	44,6	295,9	50,9	33,4	1.963,4	434,5	251,2	1.277,8

[1] Lohneinkommen + Selbstständigeneinkommen + Vermögenseinkommen einschließlich Mietwert der Eigentümerwohnung.

[2] Private Renten + Betriebsrenten + Unterhaltszahlungen und sonstige Transfers + Wehr- und Zivildienstsold.

[3] Gesetzliche Renten + Pensionen + ALG I + Pflegegeld.

[4] Kindergeld + Mutterschaftsgeld + Bafög/Stipendien + Eigenheimzulage.

[5] ALG II + Sozialhilfe + Wohngeld + Kinderzuschlag + Unterhaltsgeld.

Abb. 51: Einkommen privater Haushalte und Umverteilung durch das Steuer- und Transfersystem

Erläuterung: Die Tabelle zeigt die gesamten Einkommen und Leistungen nach Einkommensdezilen, in Mrd. Euro für das Jahr 2011.
Quelle: Bach, Grabka und Tomasch (2015)

punkten, also mehr als der Hälfte der gesamten Reduktion der Einkommensungleichheit, die monetären Sozialleistungen dar – also vor allem die gesetzlichen Rentenzahlungen. Den zweitgrößten Beitrag leistet die Einkommensteuer mit 6 Prozentpunkten.

Abbildung 51 zeigt die Steuern und Transfers für unterschiedliche Einkommensgruppen, angefangen bei der Gruppe der Haushalte mit den niedrigsten 10 Prozent der Einkommen bis hin zu den 10 Prozent mit den höchsten Einkommen. So zeigt die Tabelle beispielsweise, dass mit 447 Milliarden € fast ein Drittel der Markteinkommen von 1550 Milliarden € auf die Einkommensgruppe der oberen 10 Prozent entfallen.

Die wichtigste Erkenntnis, die sich aus dieser Tabelle gewinnen lässt, ist, dass vor allem die monetären Sozialleistungen eine große Bedeutung für eine ungewöhnlich umfangreiche Gruppe der Gesellschaft, nämlich für die einkommensschwächsten 40 Prozent, haben. So verdreifachen die monetären Sozialleistungen des deutschen Staates die Bruttoeinkommen der einkommensärmsten 10 Prozent der Bevölkerung. Selbst für das vierte Einkommensdezil erhöhen diese Leistungen das Bruttoeinkommen noch substanziell. Das Nettoeinkommen, also nach Transferleistungen, aber auch nach Steuern und Sozialbeiträgen, liegt für die unteren 40 Prozent der Einkommensverteilung zum Teil signifikant über den Markteinkommen.

Im Gegensatz zu den unteren Einkommen ist für die Einkommensstärksten vor allem die Einkommensteuer von Bedeutung. Sie ist die progressivste Steuer. Die Sozialbeiträge sind zwar auch von der Größe her signifikant. Sie verändern jedoch die Einkommensverteilung nicht, da auch die einkommensschwächeren Gruppen einen signifikanten Beitrag leisten.

Eine weitere wichtige Dimension der Umverteilung von Einkommen und Vermögen ist die Besteuerung von Vermögen. Abbildung 52 zeigt die steuerliche Belastung verschiedener Vermögensformen in Prozent der Wirtschaftsleistung der OECD-Länder. Diese Berechnungen sind schon etwas älter. Seit 2012 hat

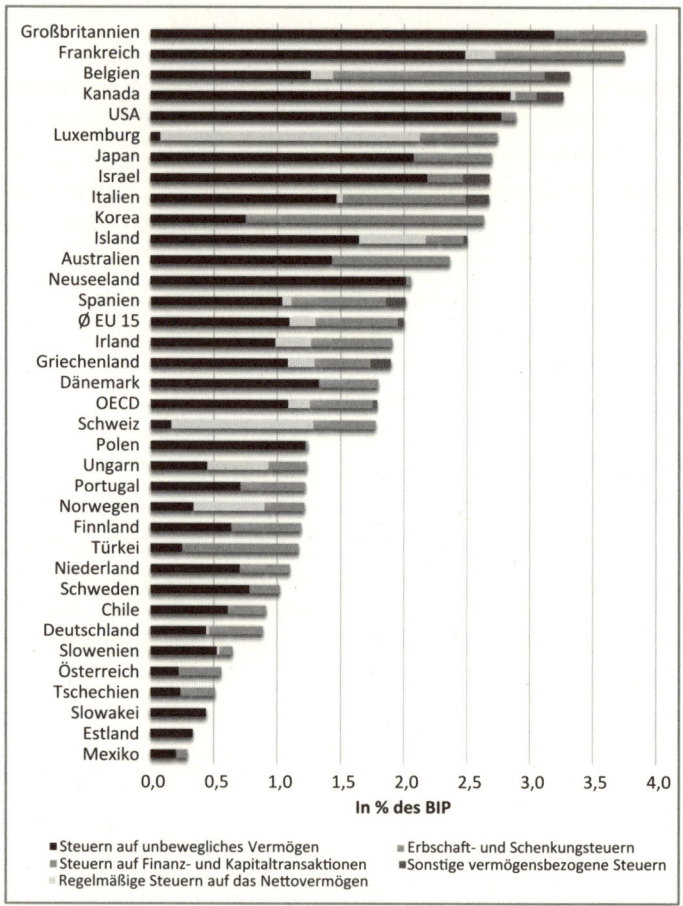

Abb. 52: Vermögensbezogene Steuern

Erläuterung: Die Abbildung zeigt vermögensbezogene Steuern in Prozent der Wirtschaftsleistung (BIP) des jeweiligen Landes im Jahr 2012.

Quelle: Schratzenstaller (2013)

sich jedoch keine grundsätzliche Änderung dieses Bildes für Deutschland ergeben. Die Abbildung zeigt überdeutlich, dass die Besteuerung von Vermögen in Deutschland im internationalen Vergleich ungewöhnlich gering ist: Nur 0,8 Prozent der Wirtschaftsleistung werden durch vermögensbezogene Steuern erhoben. Der Durchschnitt aller OECD-Länder liegt bei 1,8 Prozent, mehr als doppelt so viel. Länder wie Großbritannien, Kanada, Frankreich und die USA erheben Vermögenssteuern von über 3 Prozent der jährlichen Wirtschaftsleistung. Auch die Aufgliederung nach verschiedenen Kategorien zeigt, dass die Besteuerung aller Vermögensformen in Deutschland vergleichsweise gering ist – sowohl für unbewegliches Vermögen (also vor allem Immobilien), Erbschaften und Schenkungen (wie im dritten Teil dieses Buches diskutiert) als auch für Finanz- und Kapitaltransaktionen.

Dies unterstreicht noch einmal, wie viel stärker der deutsche Staat den Faktor Arbeit im Vergleich zum Faktor Kapital und Vermögen besteuert. In anderen Worten, die Verteilung der Markteinkommen könnte weniger ungleich sein, wenn der Staat geringere Abgaben von Unternehmen für den Faktor Arbeit verlangen und gleichzeitig Kapital und Vermögen stärker belasten würde, was das Markteinkommen der Einkommensstärksten etwas verringern würde.

Große Bedeutung der nicht-finanziellen staatlichen Leistungen

Umverteilung findet jedoch nicht nur durch monetäre Belastungen und Transfers statt, sondern auch durch nicht-finanzielle Leistungen des Staates. Dazu zählen staatliche Ausgaben für Bildung, Gesundheit, Pflege und den sozialen Wohnungsbau. Solche Leistungen verändern zwar die Ungleichheit der verfügbaren Einkommen nicht, können aber sehr wohl die Ungleichheit bei

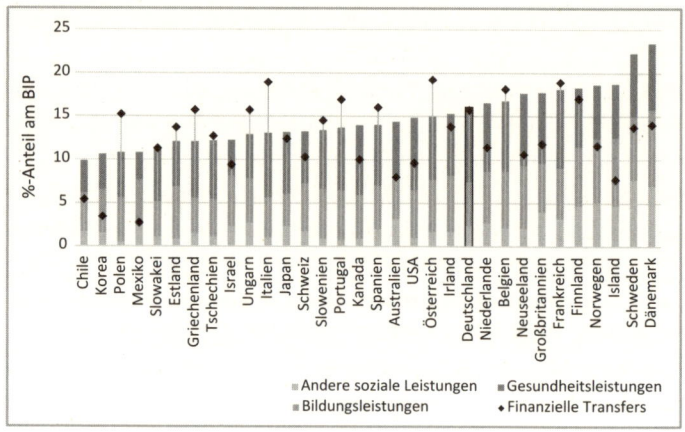

Abb. 53: Öffentliche Ausgaben für Sachleistungen

Erläuterung: Die Abbildung zeigt öffentliche Sachleistungen in Prozent der Wirtschaftsleistung (BIP) des jeweiligen Landes im Jahr 2009. Andere Sozialleistungen beinhalten Sachleistungen an Veteranen, Menschen mit Behinderung, Arbeitslose und Wohnungsleistungen sowie Sozialhilfe. Finanzielle Transfers beinhalten Zahlungen an alte Menschen, Veteranen, Menschen mit Behinderung, Familien, Arbeitslose. Private Pflichtzahlungen, die in Deutschland, der Schweiz und Chile einen großen Anteil der Gesamtsozialleistungen ausmachen, sind nicht Teil dieser Statistik.
Quelle: Hoeller et al. (2012)

Chancen und Wohlfahrt reduzieren. Wie oben beschrieben, wirken sich vor allem Ausgaben für Bildung ausgleichend auf die Verteilung von Einkommen und Vermögen aus und steigern die Chancengleichheit.

Die OECD (2012) hat zuletzt für das Jahr 2009 einen Vergleich der Bedeutung von finanziellen und nicht-finanziellen Leistungen relativ zur Wirtschaftsleistung über alle OECD-Länder hinweg angestellt. Abbildung 53 zeigt ein bemerkenswertes Bild für Deutschland: Bei den finanziellen Transfers lag der deutsche Staat mit über 14 Prozent der Wirtschaftsleistung deutlich über dem OECD-Durchschnitt von weniger als 11 Prozent. Im Gegensatz dazu liegen die nicht-finanziellen Leistungen des deutschen Staats mit ebenfalls 14 Prozent leicht unter denen aller OECD-

Länder. Der deutsche Staat gibt mit etwa 8 Prozent der Wirtschaftsleistung relativ viel im Bereich Gesundheit aus. Dies ist nicht überraschend, da Deutschland nicht nur ein Land mit einem relativ hohen Pro-Kopf-Einkommen ist, sondern auch eine deutlich ältere Bevölkerung hat als die meisten anderen OECD-Länder.

Besonders auffällig und folgenreich sind die vergleichsweise geringen Ausgaben für die Bildung. In sie investiert Deutschland nur etwas mehr als 4 Prozent der jährlichen Wirtschaftsleistung. Zum Vergleich: Im OECD-Durchschnitt sind es 5 Prozent. Nun könnte man argumentieren, dass eine alternde Bevölkerung auch weniger Aufwendungen für Bildung benötigt. Aber dieses Argument ist nicht korrekt, denn Länder mit relativ hohen Pro-Kopf-Einkommen und einem älteren Bevölkerungsprofil geben in der Regel einen deutlich größeren Anteil ihrer Wirtschaftsleistung für Bildung aus, als dies für ärmere und demo-

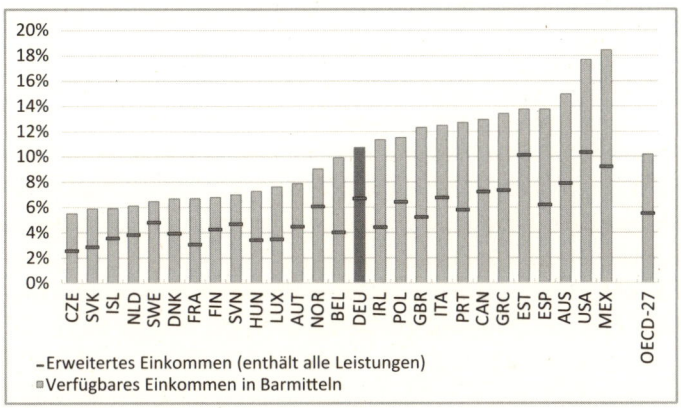

Abb. 54: Einkommensarmut vor und nach Einbezug der öffentlichen Leistungen

Erläuterung: Die Abbildung zeigt die Verringerung der Armutsquote (hier: 50 % des Medians der jeweiligen Einkommensgröße) im Jahr 2007, nachdem man öffentliche Leistungen in das Einkommen mit einberechnet.

Quelle: OECD (2011)

graphisch jüngere Länder der Fall ist. So wenden Länder in Skandinavien zum Teil mehr als 7 Prozent der Wirtschaftsleistung für Bildung auf.

Wie in den früheren Teilen des Buches skizziert, sind die Bildungsrenditen auch in Deutschland signifikant. Die Tabelle anbei zeigt, dass im Durchschnitt aller OECD-Länder die von den einzelnen Staaten getätigten Bildungsausgaben die Einkommen der jeweiligen privaten Haushalte im Durchschnitt um 12 Prozent erhöhen. Im Vergleich dazu verbessern die Bildungsausgaben in Deutschland die durchschnittlichen Einkommen lediglich um 9 Prozent.

Am stärksten profitieren die unteren 20 Prozent der Einkommensverteilung von den staatlichen Bildungsausgaben. Im Durchschnitt aller OECD-Länder erhöht das Bildungssystem die Einkommen dieser Gruppe um durchschnittlich 31 Prozent. In Deutschland sind dies jedoch lediglich 21 Prozent. Auch andere Einkommensgruppen profitieren weniger vom Bildungssystem als in anderen Ländern. Die größte Lücke klafft jedoch bei den Einkommensschwächsten.

Diese und andere im Buch beschriebenen Fakten zeigen überdeutlich, dass Deutschlands zentrale Schwäche das Bildungssystem ist. Es erhöht die Chancenungleichheit. Die im Vergleich schlechte finanzielle Ausstattung und geringere Effizienz verhindern, dass gerade die sozial und Einkommensschwächeren – in Form von besseren Einkommen und Chancen – stärker vom Bildungssystem profitieren können.

24 Das blinde Vertrauen in den Staat

Sehr wenige Deutsche verfügen über ein ausreichendes Vermögen, um damit private Vorsorge betreiben zu können. »Das müssen sie auch gar nicht«, lautet ein häufiger Einwand, »denn sie können sich – anders als Bürger in anderen Ländern – in allen Notlagen und vor allem im Alter auf die Absicherung durch den deutschen Staat verlassen. Wieso sollten wir in jungem Alter sparen, wenn sich der Staat doch im hohen um uns kümmert?«, so das zentrale Argument derer, die in den fehlenden oder sehr niedrigen privaten Vermögen der Mehrheit der Deutschen nur eine statistische Besonderheit, aber kein grundlegendes Problem erkennen. Haben sie Recht?

Wie wichtig sind Ansprüche an das Sozialsystem?

Zum Teil haben sie Recht, um die Frage von oben aufzugreifen. In der Tat hat das letzte Kapitel gezeigt, wie wichtig die monetären Sozialleistungen vor allem für die Einkommensschwächeren sind – und dass staatliche Transfers und Rentenzahlungen für die unteren 40 Prozent der deutschen Haushalte den Großteil ihrer Einkommen ausmachen. Dies mag zwar zu einer hohen Abhängigkeit vom Staat führen – was für die Selbstständigkeit und für die wirtschaftlichen Anreize sicherlich negativ ist. Aber es schafft auch Sicherheit – wenn der Bürger sich langfristig auf die Leistungen des Staates verlassen kann.

Wenn man also die Ansprüche an den deutschen Staat, die

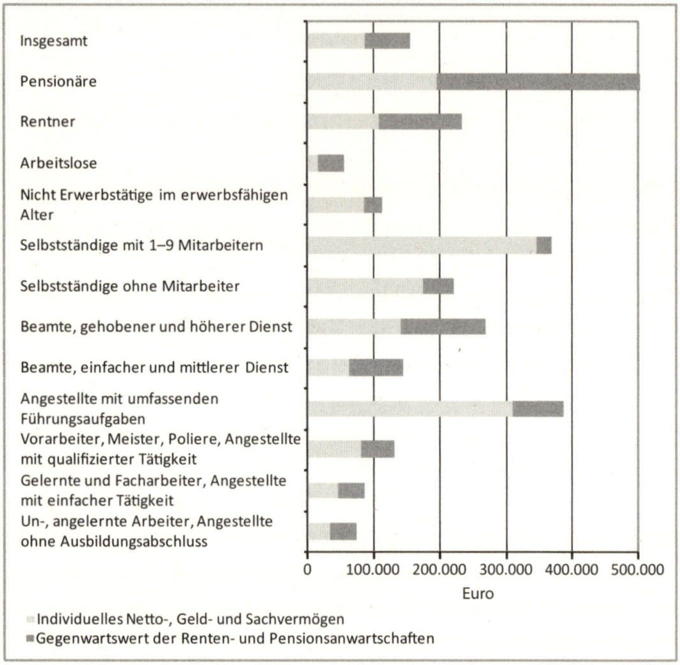

Abb. 55: Individuelles Nettovermögen und Gegenwartswert von Altersversorgungs-ansprüchen nach Berufen

Erläuterung: Die Abbildung zeigt das individuelle Nettovermögen, erhöht um den Gegenwartswert der Renten- und Pensionsanwartschaften für das Jahr 2007. Für die Berechnung des Gegenwartswerts wurde eine Diskontierungsrate von 3 % angenommen.
Quelle: Frick und Grabka (2010)

Altersvorsorge, mit in die Berechnung des Vermögens von Bürgern einbezieht, dann ergibt sich für einige Gruppen ein deutlich höheres Nettovermögen. Die Abbildung zeigt diese Veränderung des Gegenwartswerts von individuellen Nettovermögen für unterschiedliche Berufsgruppen. Die Rentenanwartschaften erhöhen die privaten Nettovermögen um durchschnittlich mehr als ein Drittel. Auch hier gibt es große Unterschiede über Berufsgruppen hinweg. Vor allem die heute Älteren, also Pensionisten und Rentner, profitieren davon – insbesondere wenn sie bereits über überdurchschnittlich hohe Einkommen und Vermögen verfügen, wie etwa Beamte.

Studien des DIW Berlin und auch anderer Institutionen haben diese Ansprüche an den Staat in die Berechnung der Ungleichheit von Vermögen mit einbezogen. Je nach Berechnungsmethode reduzieren diese Ansprüche die Vermögensungleichheit in Deutschland um über 10 Prozentpunkte. Andere staatliche Leistungen haben ähnliche Effekte. Ein gutes Bildungs- und Gesundheitssystem beispielsweise reduziert die Notwendigkeit, private Vorsorge betreiben zu müssen.

Es gibt jedoch vier wichtige Argumente, die dagegensprechen, dass das Sicherungsnetz des Staates die geringen privaten Vermögen und deren hohe Ungleichheit irrelevant werden lässt. Erstens wird die gute soziale Absicherung meist zur Erklärung herangezogen, warum Deutschland in den Rankings so schlecht abschneidet. Zu Unrecht. Denn selbst nach der Einbeziehung der Ansprüche sozialer Leistungen in die Vermögensberechnung bleibt die Vermögensungleichheit in Deutschland höher als in den meisten anderen Staaten. Denn natürlich haben auch in allen anderen Industrieländern Bürger Ansprüche auf soziale Leistungen ihres Staates. Die gute staatliche Absicherung ändert nichts an der Tatsache, dass die Ungleichheit der privaten Vermögen hierzulande im internationalen Vergleich ungewöhnlich hoch ist.

Die Renten bestehen in anderen Ländern jedoch zu einem größeren Teil in der betrieblichen Altersversorgung, die generell den privaten Vermögen zugerechnet werden kann. In seinem Modell mit drei Säulen der Alterssicherung liegt in Deutschland ein größeres Gewicht auf der gesetzlichen Rentenversicherung.

Ein zweites Argument, wieso die Bedeutung der Ansprüche nicht überschätzt werden sollte, ist, dass sie zwar die Vermögensungleichheit etwas reduzieren, aber nicht die Ungleichheit der verfügbaren Einkommen oder die Chancengleichheit. Im Gegenteil, ohne die Anwartschaften an das soziale System wäre die Ungleichheit der Einkommen in Deutschland deutlich höher.

Das dritte Argument: Ansprüche auf Sozialleistungen sind kein Vermögen. Ein Vermögenswert ermöglicht es laut Definition, mit ihm ein Einkommen zu erzielen, er hat eine Nutzungsfunktion (wie beispielsweise Immobilien), kann vererbt oder verschenkt werden, hat eine Macht-, Sozialisations- und Prestigefunktion, kann liquidiert oder beliehen werden, um kurzfristig an Geld zu kommen, und kann vom Eigentümer gegen einen massiven Wertverlust abgesichert werden. Keines dieser Kriterien trifft auf einen Rentenanspruch zu. Wenn beispielsweise ein Mensch im Alter von 40 Jahren in eine finanzielle Schieflage gerät oder dringend Geldmittel benötigt, so hilft ihm seine staatliche Rentenanwartschaft kaum, dieses Problem zu beheben. Eine Rentenversicherung ist genau das, was der Begriff besagt: eine Versicherung, deren Aktivierung zu einem bestimmten Zeitpunkt und unter bestimmten Bedingungen in Kraft tritt. Kurzum, Ansprüche auf soziale Leistungen und staatliche Renten sind keine Vermögen.

Es bleibt die Frage, wie sehr sich ein deutscher Bürger heute auf die staatlichen Leistungen in der Zukunft verlassen kann und sollte. Eine junge Arbeitnehmerin in Deutschland erwirbt durch ihr Einzahlen in die gesetzliche Rentenversicherung sogenannte Entgeltpunkte, die ihren zukünftigen Rentenanspruch gegenüber dem Staat bemessen. Die Arbeitnehmerin erhält also keinen Anspruch auf eine finanzielle Leistung in bestimmter Höhe, denn der künftige Wert dieser Entgeltpunkte ist größtenteils unklar und hängt entscheidend von der zukünftigen Leistungsfähigkeit des deutschen Staates ab.

Die Frage ist daher, wie leistungsfähig der deutsche Staat in 10, 20 oder 40 Jahren wirklich sein wird, wenn diese heute erworbenen Ansprüche fällig werden. Die deutsche Rentenversicherung funktioniert als Umlagesystem. Das bedeutet, dass die Erwerbstätigen der Gegenwart die Rentenleistungen für die heutigen Rentner erbringen und die zukünftigen Generationen die Rentenleistungen für zukünftigen Rentner. Der Wert der heute erworbenen Ansprüche hängt also entscheidend von der künftigen Leistungsfähigkeit der deutschen Wirtschaft ab.

Es gibt viele Gründe, an der zukünftigen Leistungsfähigkeit der deutschen Sozialsysteme zu zweifeln. Denn vor allem die demographische Entwicklung in Deutschland stellt die Sozialsys-

	Multiplikator des individuellen jährlichen Bruttoeinkommens							Multiplikator des individuellen jährlichen Bruttoeinkommens					
	0,5	1,0	1,5	0,5	1,0	1,5		0,5	1,0	1,5	0,5	1,0	1,5
	Männer			Frauen				Männer			Frauen		
Australien	17,3	9,3	6,6	19,0	9,7	6,6	Norwegen	13,6	8,5	6,4	15,8	9,8	7,3
Österreich	9,8	8,3	7,4	10,8	9,1	8,2	Polen	6,5	6,2	6,1	7,7	7,3	7,2
Belgien	9,9	6,0	3,9	11,3	6,9	4,5	Portugal	9,7	7,3	7,5	11,2	8,5	8,4
Kanada	12,9	7,3	4,9	14,6	8,3	5,5	Slowakei	9,9	8,8	8,5	11,7	10,4	10,0
Chile	8,7	6,2	5,3	9,6	6,4	5,3	Slowenien	13,5	8,5	7,7	17,3	10,9	9,9
Tschechien	12,0	7,1	5,5	14,0	8,2	6,3	Spanien	12,0	10,8	10,2	14,0	12,6	11,9
Dänemark	14,4	8,8	7,0	16,1	9,9	7,8	Schweden	9,8	7,4	8,6	10,9	8,3	9,6
Estland	10,1	7,5	6,5	12,8	9,4	8,2	Schweiz	10,7	9,4	6,3	12,5	10,9	7,3
Finnland	10,0	7,6	7,0	11,8	9,0	8,3	Türkei	11,6	10,2	10,2	13,4	11,8	11,8
Frankreich	9,7	8,3	6,6	11,6	9,9	7,9	Großbritannien	8,6	4,9	3,4	9,4	5,4	3,7
Deutschland	7,4	6,7	6,1	8,6	7,8	7,1	USA	7,5	5,6	4,8	8,4	6,3	5,3
Griechenland	11,9	8,4	7,3	13,3	9,4	8,1	OECD34	11,4	8,1	6,9	13,1	9,3	7,8
Ungarn	8,8	8,8	8,7	10,5	10,5	10,3							
Island	13,3	9,0	8,2	14,8	10,0	9,0	Weitere Länder						
Irland	13,8	6,9	4,6	15,7	7,9	5,2	Argentinien	17,1	13,4	12,1	21,5	16,6	14,9
Israel	16,5	11,1	7,4	18,0	12,0	8,0	Brasilien	15,5	16,1	17,3	18,2	18,9	20,3
Italien	10,9	9,5	8,9	12,5	10,8	10,1	China	19,1	15,2	13,9	19,7	15,3	13,8
Japan	8,0	5,9	4,9	9,3	6,8	5,7	Indien	12,4	9,3	8,2	13,0	9,6	8,4
Korea	10,6	7,0	5,2	12,3	8,2	6,0	Indonesien	2,6	2,6	2,6	2,6	2,6	2,6
Luxemburg	18,6	12,7	11,1	21,4	14,6	12,7	Russland	9,5	7,9	7,3	13,3	10,8	10,0
Mexiko	9,4	4,8	4,6	10,2	5,1	4,6	Saudi-Arabien	18,4	18,4	18,4	19,3	19,3	19,3
Niederlande	14,6	12,1	10,8	16,7	14,0	12,4	Südafrika	2,6	1,3	0,9	3,3	1,6	1,1
Neuseeland	15,4	7,7	5,1	17,3	8,6	5,8	EU27	10,8	8,4	7,3	12,6	9,8	8,5

Abb. 56: Individuelles Nettovermögen im Alter und Rentenanwartschaften

Erläuterung: Die Tabelle zeigt einen internationalen Vergleich von Rentenanwartschaften für drei »Einkommensgruppen« (ausgedrückt über einen Multiplikator des individuellen jährlichen Bruttoeinkommens).

Quelle: OECD (2013c)

teme vor enorme Herausforderungen. So wird eine Arbeitnehmerin in Zukunft Leistungen für deutlich mehr Rentner erbringen müssen als dies heute der Fall ist. Dies kann nur gelingen,
wenn entweder die Beiträge deutlich steigen, die Ansprüche und
Zahlungen deutlich sinken oder die Ansprüche stark eingeschränkt
werden – beispielsweise durch eine längere Lebensarbeitszeit
und somit eine kürzere Rentenbezugsdauer.

Die OECD hat ausgerechnet, dass der deutsche Staat bis zum
Jahr 2030 mehr als 2 Prozent der jährlichen Wirtschaftsleistung
zusätzlich aufbringen muss, um die durch die Alterung der Bevölkerung steigenden Kosten für Renten und Gesundheit bewältigen zu können. Die OECD hat auf dieser Basis auch den heutigen
Gegenwartswert der Rentenansprüche für verschiedene OECD-
Länder berechnet. Abbildung 56 zeigt sehr deutlich, dass der
heutige Wert der zu erwartenden Renten in Deutschland im
internationalen Vergleich klar unterdurchschnittlich ist.

Kurzum, das deutsche Sozialsystem spielt heute eine zentrale
Rolle für die Einkommensabsicherung vieler Deutscher. Ansprüche an soziale Leistungen sind jedoch kein Vermögen. Und selbst
wenn man sie in die Berechnungen miteinbezieht, ändern sie
nichts Grundlegendes an der Tatsache, dass Deutschland zu den
ungleichsten Industrieländern gehört, gerade bei den Vermögen,
Einkommen und vor allem den Chancen. Mehr noch, das nahezu
blinde Vertrauen darauf, dass der Staat auch in Zukunft eine
gute Absicherung gewährleisten kann, ist nicht gerechtfertigt.
Deutschland benötigt dringend grundlegende Änderungen in der
Gestaltung der Sozialsysteme. Um sie zukunftsfähig zu machen,
ist entweder eine deutlich höhere Belastung des Staates in der
Zukunft notwendig, geringere staatliche Leistungen, eine viel
stärkere Rolle der privaten Vorsorge oder eine Kombination dieser drei Elemente.

Das schrumpfende Nettovermögen des Staates

Es gibt eine weitere Hypothese, die häufig in öffentliche Diskussionen eingebracht wird, um die geringen privaten Vermögen deutscher Haushalte zu erklären. Diese Hypothese suggeriert, dass hohe staatliche Vermögenswerte zumindest zu einem Teil die geringen privaten Vermögen erklären können.

Die Logik ist wie folgt: Deutschland hat eine hohe Wirtschaftsleistung, produziert also auch pro Arbeitnehmer mehr Güter und Dienstleistungen als die meisten europäischen Mitstreiter. Damit muss auch der Kapitalstock, also Maschinen, Immobilien und andere für den Produktionsprozess notwendige Werte, in Deutschland zumindest pro Kopf ähnlich hoch oder höher sein als in anderen Industrieländern.

Ähnliches gilt für Wohneigentum: Zwar hat nur weniger als jeder zweite deutsche Haushalt ein Eigenheim. Das ist im internationalen Vergleich sehr wenig. Der Wert aller Wohnungen und privaten Häuser zusammen ist jedoch in Deutschland höher als in den meisten anderen europäischen Ländern. Der Eigentumsanteil der Nicht-Privaten muss also höher sein als in anderen Ländern. Mit anderen Worten: Irgendjemandem gehören die privaten Immobilien, auch wenn dieses Eigentum extrem ungleich verteilt ist. Und tatsächlich: In Deutschland ist immer noch ein größerer Teil des gesamten Wohneigentums in staatlicher Hand als in anderen Ländern.

Trotzdem können die staatlichen Vermögen nicht die vergleichsweise geringen privaten Vermögen erklären. Denn das Nettovermögen des deutschen Staates – hierzu zählen vor allem Immobilien, Land und Unternehmen in Staatseigentum – ist systematisch, also gemessen an der Wirtschaftsleistung des Landes, nicht größer als in den meisten anderen Industrieländern. Zudem sind die staatlichen Vermögenswerte in den vergangenen Jahrzehnten massiv abgeschmolzen. Viele staatliche Unternehmen wurden privatisiert und entweder zum Teil oder ganz an private Investoren verkauft – nicht nur auf Bundesebene, sondern vor allem auch von den Kommunen.

Damit hätte das öffentliche Finanzvermögen in den vergangenen Jahrzehnten eigentlich deutlich zunehmen müssen. Das Gegenteil ist jedoch der Fall: Die Nettoverschuldung des deutschen Staates war selten höher als heute und beläuft sich auf knapp 75 Prozent der jährlichen Wirtschaftsleistung – das sind etwa 2000 Milliarden €. Nach Berechnungen des DIW Berlin,[32] basierend auf öffentlichen Zahlen des Statistischen Bundesamtes, hat das Nettovermögen des deutschen Staates seit dem Jahr 2000 um knapp 500 Milliarden € abgenommen.

Kurzum, der Grund für das geringe Nettovermögen eines durchschnittlichen Haushalts in Deutschland liegt nicht im hohen Nettovermögen des deutschen Staates, der dieses für seine Bürger verwaltet. Denn das Vermögen in staatlicher Hand ist in Deutschland nicht systematisch größer als in anderen Ländern. Es ist vielmehr so, dass die privaten Vermögen in Deutschland in der Tat hoch sind, aber extrem ungleich verteilt: Nur die wenigsten haben ein signifikantes Nettovermögen, um effektiv private Vorsorge betreiben zu können.

Der deutsche Staat hat fast sein gesamtes Nettovermögen aufgebraucht, und die demographische Wende bringt Verpflichtungen des deutschen Staates für zukünftige Rentner mit sich. Es ist also mehr als wahrscheinlich, dass die künftigen Renten und anderen Staatsleistungen deutlich geringer ausfallen werden. Hier liegt das Dilemma: Menschen verlassen sich auf eine auch in der Zukunft sehr gute staatliche Absicherung. Diese Erwartungen werden jedoch enttäuscht werden müssen, denn sie übertreffen die Leistungsfähigkeit des deutschen Staates unausweichlich.

25 Die Rolle der Wirtschaftspolitik

Die hohe Ungleichheit in Vermögen und Einkommen war eine wichtige Ursache der globalen Finanz- und der europäischen Schuldenkrise. Gleichzeitig hat sich die Ungleichheit in Vermögen und Einkommen in den vergangenen Jahren in fast allen Industrieländern weiter verstärkt – auch in Deutschland. Die Spirale der steigenden Ungleichheit hat an Fahrt gewonnen, auch durch die praktizierte Wirtschaftspolitik. Alle wirtschaftspolitischen Faktoren, die dazu beigetragen haben, unter die Lupe zu nehmen, würde den Rahmen des Buches sprengen. Drei Bereiche und ihr Einfluss auf die Ungleichheit in Einkommen und Vermögen sollen hier stellvertretend betrachtet werden: die Arbeitsmarktpolitik, die Fiskalpolitik und die Geldpolitik.

Die Rolle der Arbeitsmarktpolitik

Am offensichtlichsten hat die in den vergangenen zwei Jahrzehnten erfolgte grundlegende Veränderung der Arbeitsmarktpolitik in vielen Industrieländern die Verteilung von Einkommen, Vermögen und Chancen beeinflusst.

Die schon beschriebene atypische Beschäftigung ist in Deutschland seit Anfang der 1990er Jahre vergleichsweise stark angestiegen (siehe Abbildung 57). Lag im Jahr 1992 der Anteil von befristet Beschäftigten, Zeitarbeitern und geringfügig Beschäftigten in Deutschland bei lediglich 6 Prozent der gesamten erwerbsfähigen Bevölkerung, so stieg dieser Anteil bis zum Jahr 2012 auf

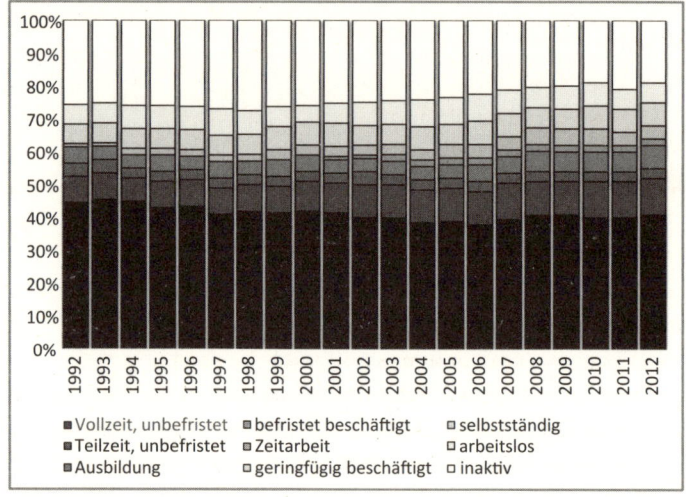

Abb. 57: Erwerbsfähige Bevölkerung nach Erwerbsstatus

Erläuterung: Die Abbildung zeigt den Erwerbsstatus für die deutsche Bevölkerung von 1992 bis 2012.

Quelle: Eichhorst und Tobsch (2014)

mehr als das Doppelte, nämlich 13 Prozent. Die Zahl der unbefristeten Beschäftigten sank in diesem Zeitraum nur leicht von 53 auf 52 Prozent. Die Anzahl der Vollzeitbeschäftigten ging jedoch deutlich zurück, dafür stieg die Zahl der Teilzeitkräfte. In fast keinem anderen OECD-Land war die Entwicklung hin zu prekärer und atypischer Beschäftigung so stark, ist der Anteil solcher Beschäftigter über diesen Zeitraum so angestiegen wie in Deutschland.

Aber Vorsicht: Nicht jede atypische Beschäftigung ist zwangsläufig etwas Negatives. Einige Menschen arbeiten freiwillig in Teilzeit, um eine bessere Work-Life-Balance zu erreichen. Viele Analysen zeigen jedoch, dass die Mehrzahl der atypisch Beschäftigten sich ein anderes Arbeitsmodell wünscht. So ist ein temporärer Arbeitsvertrag selten frei gewählt, und viele Frauen mit

Teilzeitjobs geben in Befragungen an, dass sie gern deutlich mehr Stunden arbeiten würden, der Arbeitgeber dies jedoch nicht zulässt.

Ein weiterer potenziell positiver Aspekt mag sein, dass eine atypische Beschäftigung den Einstieg in den Arbeitsmarkt erleichtert und später in eine permanente Beschäftigung mündet. Dies trifft in der Praxis jedoch nicht sehr häufig zu: Weniger als die Hälfte der Arbeitnehmer mit temporären Arbeitsverträgen findet in den OECD-Ländern innerhalb von drei Jahren eine permanente Beschäftigung. Besonders für jüngere Menschen ist es schwierig, von temporären auf permanente Jobs umzusteigen.

Der Anstieg der atypischen Beschäftigung hat über die Jahrzehnte zur steigenden Ungleichheit von Einkommen und Löhnen beigetragen. In Deutschland verdient eine Arbeitnehmerin in einem atypischen Job weniger als 40 Prozent dessen, was eine Arbeitnehmerin mit einem permanenten Vertrag erhält. Dieser Unterschied ist deutlich ausgeprägter als in anderen Ländern. Die atypische Beschäftigung erhöht den Gini-Koeffizienten der Ungleichheit der verfügbaren Einkommen in Deutschland um drei Prozentpunkte.[33] Dies ist zwar kein allzu großer, aber trotzdem ein signifikanter Beitrag zur Einkommensungleichheit in Deutschland.

Wie erklärt sich dieser Trend hin zu immer mehr atypischer Beschäftigung? Die Globalisierung hat sicherlich einen wichtigen Beitrag geleistet, denn sie verstärkt den Wettbewerb unter Unternehmen über Ländergrenzen hinweg. Mehr Wettbewerb erfordert stärkeres Kostenbewusstsein. Die technologischen Entwicklungen, wie in den vorangegangenen Teilen des Buches beschrieben, haben die Veränderungen in den Produktionsprozessen und in der Nachfrage weiter beschleunigt. Eine Verlangsamung ist auch für die Zukunft nicht abzusehen. Beides verlangt von den Unternehmen eine immer stärkere Flexibilität. Die Vorteile liegen auf der Hand: mehr Innovation und letztlich auch gesamtwirtschaftlich mehr Wachstum und Wohlstand. Aber

diese höhere Flexibilität geht eben auf Kosten der Arbeitnehmer, denn sie fordert auch von ihnen eine höhere Flexibilität, bietet aber weniger Sicherheit und Stabilität in den Arbeitsverhält-
nissen.

Die OECD (2011) weist auf eine weitere Ursache hin: die
veränderte Regulierung im Arbeitsmarkt. Abbildung 28 (siehe
Seite 137) zeigt die deutliche Abnahme der Regulierung von Produktmärkten und rechtlichem Beschäftigungsschutz sowie die
sinkende Bedeutung der Gewerkschaften seit 1980 in den Industrieländern.

Gewerkschaften in Deutschland haben heute ein Viertel weniger Mitglieder als in den 1990er Jahren. Die Zahl der im DGB
zusammengeschlossenen Gewerkschafter sank von über 8 Millionen auf knapp 6 Millionen. In manchen Einzelgewerkschaften
war der prozentuale Rückgang sogar noch deutlich höher. Vor
allem jüngere Arbeitnehmer werden in Deutschland immer seltener Gewerkschaftsmitglieder. Die Globalisierung und die technologische Entwicklung haben die Verhandlungsmacht der schwächeren und weniger flexiblen Arbeitnehmer geschwächt.

Reformen wie die deutsche Agenda 2010 sind Beispiele für
diese grundlegenden Veränderungen am Arbeitsmarkt. Fast jede
Reform hat Gewinner und Verlierer. Auch von der Agenda 2010
profitierten viele, denn sie hat einen wichtigen Beitrag zum
Beschäftigungsboom und zur deutlichen Abnahme der Arbeitslosigkeit in Deutschland seit 2005 geleistet. Aber die Agenda hat
auch zum Anwachsen der prekären Beschäftigungsverhältnisse
beigetragen. Die Schaffung atypischer Jobs war politisch so gewollt, um die Massen- und Langzeitarbeitslosigkeit zu bekämpfen. Die Reform hat aber gleichermaßen die Ungleichheit in der
Verteilung von Einkommen und Vermögen befördert.

Fazit: Atypische Beschäftigung hat in den vergangenen Jahrzehnten signifikant an Bedeutung gewonnen. Dies ist das Resultat sowohl der Globalisierung, des technologischen Fortschritts
und auch der Veränderung der institutionellen Rahmenbedin-

gungen. Gerade für Deutschland spielen diese Beschäftigungs-
formen eine wichtige Rolle. Sie leisten einen messbaren Beitrag
zur Anstieg der Ungleichheit in verfügbaren Einkommen und
Löhnen.

Fiskalpolitik während der Krise

Die Ungleichheit in Einkommen und Vermögen ist seit Beginn
der globalen Finanzkrise 2008 in praktisch allen Industrieländern weiter gestiegen und hat somit den Trend der vorangegangenen Jahrzehnte fortgesetzt. Der erste Teil des Buches hat illustriert, dass dieser Trend auch in Deutschland fortgesetzt wurde,
auch wenn man sehr genau zwischen den unterschiedlichen Ma-
ßen der Ungleichheit unterscheiden muss. Die Ungleichheit der
verfügbaren Einkommen stagnierte seit 2005, ist jedoch in den
vergangenen Jahren wieder ein wenig gestiegen. Die Ungleichheit der Markteinkommen und der Vermögen hingegen ist in
Deutschland über das vergangene Jahrzehnt sehr deutlich ange-

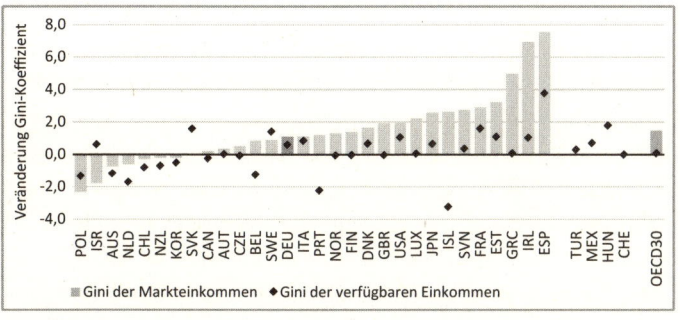

Abb. 58: Veränderung Einkommensungleichheit in der globalen Finanzkrise

Erläuterung: Die Abbildung zeigt die Veränderung der Gini-Koeffizienten für das Einkommen zwischen 2007 und 2011 für die Gesamtbevölkerung (in Prozentpunkten).
Quelle: OECD (2015a)

stiegen. Die Frage ist daher, ob und wie die Reaktion der Politik auf die globale Finanzkrise und die darauffolgende europäische Krise sich auf die Verteilung der Einkommen, Vermögen und Mobilität ausgewirkt hat.

Abbildung 58 zeigt, wie stark die Ungleichheit der Markteinkommen in den meisten Industrieländern im Vergleich zu den verfügbaren Einkommen zwischen 2007 und 2011 zugenommen hat. Dies deutet auf den Versuch der Politik hin, durch Steuern, Abgaben und staatliche Transfers die immer ungleicher werdende Verteilung der Markteinkommen zum Teil auszugleichen.

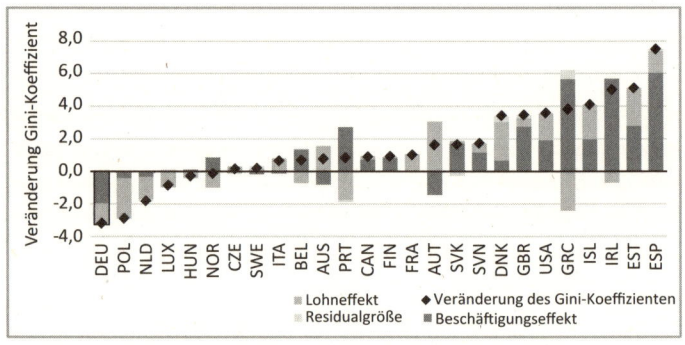

Abb. 59: Komponenten der Veränderung des Gini-Koeffizienten während der globalen Finanzkrise

Erläuterung: Die Abbildung zeigt die Veränderung des Gini-Koeffizienten des Arbeitseinkommens in der Krise zwischen 2007 und 2011 (in Prozentpunkten). Bevölkerung zwischen 15 und 64 Jahren.

Quelle: OECD (2015a)

Die Unterscheidung zwischen der Ungleichheit der Arbeitseinkommen und der Kapitaleinkommen während der Krisen ist äußerst aufschlussreich. Abbildung 59 unterstreicht, dass der Anstieg der Arbeitslosigkeit und das Absinken der Löhne massiv zum starken Anstieg der Einkommensungleichheit zwischen

2007 und 2011 beigetragen haben. In Ländern wie Spanien haben allein diese beiden Elemente die Einkommensungleichheit um fast acht Prozentpunkte erhöht. Das Bild für Deutschland dagegen ist äußerst positiv: So haben der Beschäftigungsaufbau und der weitere Rückgang der Arbeitslosigkeit, gekoppelt mit einer positiven Lohndynamik, die Einkommensungleichheit in Deutschland um 3,5 Prozentpunkte reduziert. Damit war Deutschland eines der ganz wenigen Industrieländer, in denen die Arbeitsmarktentwicklung während der Krisen zu einem Rückgang der Einkommensungleichheit beitrug. Theoretisch.

Denn bei der Fiskalpolitik gilt es zwischen zwei Phasen der Krisen zu unterscheiden. In der ersten Phase bis Anfang 2009 haben fast alle Industrieländer große Konjunkturpakete aufgelegt, um die Rezession und den Anstieg der Arbeitslosigkeit abzuschwächen. Die Mehrzahl der Industrieländer konnte diese kostspielige Unterstützung der einheimischen Wirtschaft jedoch nicht lange aufrechterhalten. Viele waren gezwungen, ab 2009 oder 2010 ihre Ausgaben und Leistungen zurückzufahren, um der Überschuldung entgegenzuwirken, in manchen Fällen sogar, um mögliche Staatsinsolvenzen zu vermeiden. Zwischen 2009 und 2015 betrug die fiskalische Konsolidierung, also das Absinken der Staatsausgaben relativ zur Wirtschaftsleistung, im OECD-Durchschnitt fast 6 Prozent. Für Deutschland fiel diese fiskalische Konsolidierung mit knapp 3 Prozent deutlich geringer aus, auch weil der deutsche Staatshaushalt bereits vor der Krise sehr viel solider aufgestellt war.

Eine Studie der OECD (2015) zeigt zudem, dass diese fiskalische Konsolidierung in der Mehrzahl der OECD-Länder vor allem durch Ausgabenkürzungen im Bereich der Bildung, Gesundheit und öffentlicher Investitionen zustande gekommen ist. Natürlich ist es für eine Regierung schwierig, in Krisenzeiten Steuern und Abgaben zu erhöhen. Aber die Ausgabenkürzung vor allem und gerade in diesen drei genannten Bereichen wirkt gleich doppelt negativ: Sie ist besonders schädlich für das Wachstum und die

Leistungsfähigkeit einer Volkswirtschaft und erhöht die Ungleichheit der Einkommen und Vermögen stark.

Kurzum: Die zunehmende Ungleichheit in Einkommen und Vermögen war einer der Auslöser der globalen Finanzkrise und der sich anschließenden europäischen Krise. Die Krisen wiederum haben die Ungleichheiten in Einkommen und Vermögen fast aller Industrieländer nochmals verstärkt. In Deutschland wurde dieser Anstieg seit 2007 nicht, wie in fast allen anderen Industrieländern, durch höhere Arbeitslosigkeit und eine schwache Lohnentwicklung verursacht. Hierzulande waren es vor allem die hohen Kapitalerträge der Vermögenden und nur zu einem geringeren Teil die leichte fiskalische Konsolidierung, die zu dem Anstieg der Ungleichheit beigetragen haben.

Das Dilemma der Geldpolitik

Die nationalen Zentralbanken haben wegen der Krisen in fast allen Industrieländern in den vergangenen Jahren ihre Zinsen nahe null Prozent gesenkt. Viele Zentralbanken kauften darüber hinaus private und öffentliche Anleihen und pumpten so, wie durch andere Maßnahmen, große Mengen Geld in die Banken und Finanzmärkte. Die an diese sehr expansive Geldpolitik gekoppelte Hoffnung war, damit die Kreditvergabe der Banken an Unternehmen und Haushalte zu gewährleisten sowie die Finanzierung von Unternehmen direkt über die Kapitalmärkte zu sichern. Dies sollte eine noch tiefere Krise verhindern und Finanzinstitutionen vor dem Kollaps retten. Denn während der globalen Finanzkrise und auch in den Folgejahren während der europäischen Schuldenkrise hatten viele Finanzinstitutionen das Vertrauen zueinander verloren. Sie liehen sich kein Geld mehr, konnten sich nicht mehr über die Märkte finanzieren und waren auf die Unterstützung der Zentralbanken angewiesen.

Die Politik der Zentralbanken hatte also gute Gründe. Die

Frage, die wir uns stellen, ist jedoch, wie sich diese expansive Geldpolitik auf die Ungleichheit von Einkommen und Vermögen ausgewirkt hat. Dafür müssen wir verschiedene Kanäle unterscheiden, über die Zentralbanken die Verteilung von Einkommen und Vermögen einer Gesellschaft beeinflussen. Zum Ersten gibt es einen Zinskanal: Durch die starke Zinssenkung während der Krisen verursacht eine Zentralbank prinzipiell eine Umverteilung von den Sparern hin zu den Schuldnern. Denn ein geringerer Zins bedeutet weniger Rendite für diejenigen, die über Nettoersparnisse verfügen, und eine geringere Zinsbelastung für Schuldner. Außerdem beeinflusst die Zinssenkung die Inflation. Während der Krise versucht eine Zentralbank den Nominalzins, vor allem aber auch den Realzins, also den Nominalzins abzüglich der Inflationsrate, zu senken. Denn erst wenn dieser niedrig ist, liefert er den Unternehmen wieder Anreize, Kredite aufzunehmen und zu investieren.

Wie auch die Deutsche Bundesbank in einigen ihrer Studien gezeigt hat, war dieser Realzins in Deutschland in den vergangenen 40 Jahren über mehr als ein Viertel der Zeit hinweg negativ, die Inflation also höher als der Nominalzins. Damit sinkt die Kaufkraft des Geldes – auch des Sparvermögens eines Haushalts. Dieser Kaufkraftverlust verleitet Menschen dazu, weniger zu sparen und mehr zu konsumieren, und Unternehmen, mehr Kredite für Investitionen aufzunehmen. Da bei Menschen mit geringen Vermögen und geringem Einkommen der Anteil ihres Ersparten in festverzinslichen Anlagen viel höher ist als bei Menschen mit hohen Vermögen und Einkommen, führt diese Geldpolitik zu einem Anstieg der Ungleichheit.

Ein zweiter Kanal, über den sich die Geldpolitik auf Ungleichheit auswirkt, führt über die Zusammensetzung der Vermögen der privaten Haushalte. Wie in den vorangegangenen Kapiteln beschrieben, haben die Vermögenden gerade in Deutschland einen viel höheren Anteil ihres Vermögens in Aktien und Immobilien angelegt und einen viel geringeren Anteil in festverzinslichen Anlagen.

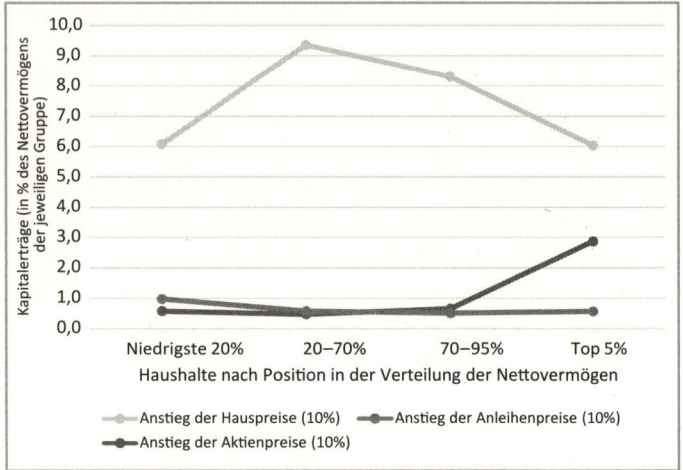

Abb. 60: Kapitalerträge nach Vermögensperzentil in der Eurozone

Erläuterung: Die Abbildung zeigt die Kapitalerträge der Haushalte aus steigenden Vermögenspreisen je nach Position in der Vermögensverteilung (in Prozent des Nettovermögens der jeweiligen Vermögensgruppe) seit der Finanzkrise 2009.

Quelle: Adam und Tzamourani (2015)

Wie in der Abbildung 60 zu sehen, profitierten deshalb fast ausschließlich die Vermögenden und Besserverdienenden von hohen Renditen in den Aktienmärkten und bei Immobilien. Die Grafik zeigt diese Ungleichheit der Verteilung für die gesamte Eurozone, wobei diese Ungleichheit für Deutschland durch die hohe Vermögenskonzentration nochmals sehr viel stärker ist.

Ein dritter Kanal ist die Inflation. Niedrigere Zinsen haben in der Regel das Ziel, die Kreditvergabe an die Realwirtschaft und die gesamtwirtschaftliche Nachfrage zu stärken, um somit auch die Preisentwicklung nach oben zu treiben. Eine höhere Inflation entwertet festverzinsliche Anlagen, hat jedoch kurzfristig keine solchen Effekte auf Immobilien oder Aktien. Daher haben die Zusammensetzung der Vermögen und die Inflation in der Krise zu einem Anstieg der Ungleichheit von Einkommen und Vermögen beigetragen.

Es gibt jedoch nicht nur Mechanismen, durch die eine expansive Geldpolitik während Krisenzeiten die Verteilung zulasten des kleinen Sparers verändert und somit die Ungleichheit in Einkommen und Vermögen erhöht. Mindestens zwei Auswirkungen der Geldpolitik reduzieren die Ungleichheit in Einkommen und Vermögen auch in Krisenzeiten. Für beide ist die Reaktion der Realwirtschaft auf die Geldpolitik von entscheidender Bedeutung. Erstens kann ein Beschäftigungseffekt positiv wirken: Menschen mit geringen Einkommen und Vermögen haben generell eine höhere Wahrscheinlichkeit, ihren Job in Krisenzeiten zu verlieren und damit auch den größten Teil ihres Einkommens. Eine erfolgreiche Geldpolitik, die die Kreditvergabe an Unternehmen verbessert und somit auch Investitionen, Beschäftigung, Produktivität und Einkommen steigert, nützt daher vor allem den sozial Schwächsten und denen mit dem geringsten Einkommen und Qualifikationen.

Zweitens kann die Zusammensetzung der Einkommen verschiedener Einkommensgruppen einer Gesellschaft die Ungleichheit mindern: Für Menschen mit geringen Einkommen hat das Arbeitseinkommen einen viel höheren Anteil am Gesamteinkommen als für Menschen mit hohen Einkommen. Eine erfolgreiche Geldpolitik hilft, die Arbeitseinkommen zu sichern und zu erhöhen und dadurch auch die Einkommensungleichheit einer Gesellschaft zu reduzieren.

Welcher dieser Effekte dominierte nun während der globalen Finanzkrise und der europäischen Schuldenkrise? Diese Frage ist nicht leicht zu beantworten. Die Schwierigkeit liegt darin, dass die Geldpolitik sich immer viel schneller auf die Finanzmärkte und Vermögenspreise auswirkt als auf die Realwirtschaft. Daher erhöht eine expansive Geldpolitik kurzfristig tendenziell die Ungleichheit in Einkommen und Vermögen. Langfristig dagegen wirkt sie eher ausgleichend, wenn sie erfolgreich darin ist, Preisstabilität zu sichern, die Kreditvergabe sicherzustellen und somit das Wachstum einer Volkswirtschaft zu unterstützen.

Daher ist es sicherlich richtig, dass die Geldpolitik in den vergangenen Jahren der Krise die Ungleichheit der Einkommen und Vermögen in Europa, und vor allem auch aus den genannten Gründen in Deutschland, deutlich erhöht hat. Langfristig sollte sich dieser Effekt aber zumindest wieder ausgleichen.

Das Dilemma einer jeden Zentralbank ist es, ein oder zwei spezifische Mandate zu haben. Die meisten Zentralbanken haben das primäre Mandat der Preisstabilität, manche auch ein zusätzliches Mandat der Beschäftigung, wie beispielsweise die US-Notenbank Federal Reserve. Keine der Zentralbanken hat jedoch ein Mandat, die Verteilungswirkungen ihrer Geldpolitik zu berücksichtigen. Dies wäre auch sehr problematisch, denn jede geldpolitische Entscheidung – eine Zinssenkung genauso wie eine Zinserhöhung – hat immer und überall Verteilungswirkungen. Die Logik des Mandats der Preisstabilität ist es, nicht nur stabile und günstige Rahmenbedingungen für die Wirtschaft zu schaffen, sondern auch die Interessen des Sparers zu sichern. Denn wie oben beschrieben, ist es gerade der überschaubar vermögende Sparer, der den größten Teil seines Vermögens festverzinslich angelegt hat und der bei einer hohen Inflation faktisch enteignet wird.

26 Schlechte private Vermögensbildung

Es gibt einen weiteren Grund, warum die geringen privaten Vermögen in Deutschland nicht auf einem starken Vertrauen in staatliche Leistungen basieren, wie viele glauben. Denn die Deutschen versuchen überdurchschnittlich engagiert, ein Vermögen aufzubauen. Sie haben eine ungewöhnlich hohe private Sparquote, legen also einen relativ großen Teil ihres Einkommens zurück. Das Problem ist, dass das nicht – wie anzunehmen wäre – zu signifikant höheren, sondern im internationalen Vergleich niedrigeren privaten Vermögen führt. Das gilt nicht nur für die Bürger mit den höchsten Einkommen und Vermögen, sondern auch über breite Bevölkerungsgruppen hinweg. Fast die Hälfte der privaten Haushalte in Deutschland verfügt über kein oder kein nennenswertes Vermögen. Wie kann das sein?

Ich habe es am Anfang des Buchs bereits verraten. Es liegt daran, zumindest zum Teil, dass viele deutsche Bürger zwar recht viel, aber auch sehr schlecht sparen. Sie erzielen also häufig eine geringe Rendite oder verlieren sogar einen Teil ihres Ersparten durch schlechte Anlageformen.

In der Tat gibt es kaum ein Land, in dem die Bürger so schlecht mit ihrem Vermögen umgehen, sowohl was die Steigerung oder Rendite des Ersparten angeht, als auch was die Stabilität und Sicherheit betrifft. Die meisten Deutschen besitzen kein Eigenheim oder andere Immobilien, sondern geben ihr Geld für Autos oder andere Konsumgüter aus. Sie legen einen ungewöhnlich großen Teil ihres Vermögens als Spareinlagen auf die Bank, investieren jedoch sehr wenig in Aktien oder Unternehmensanleihen. Im

Großen und Ganzen sind wir Deutschen mit einer solchen Anlagestrategie in den vergangenen Jahrzehnten schlecht gefahren und haben sehr viel weniger Vermögen aufbauen können als die Bürger anderer Länder.

Anteil der Vermögensbesitzer an der Bevölkerung ab 17 Jahren in Prozent	Deutschland (Schätzung)			Westdeutschland			Ostdeutschland		
	2002	2007	2012	2002	2007	2012	2002	2007	2012
Bruttovermögen	**70,4**	**74,3**	**76,5**	**70,4**	**74,4**	**76,9**	**70,4**	**73,6**	**74,7**
Selbstgenutztes Wohneigentum	37,7	36,1	38,2	39,6	38,1	40,0	29,4	28,2	30,8
Sonstige Immobilien	9,7	9,9	10,0	10,5	10,7	10,7	6,5	6,7	7,0
Geldvermögen	45,5	47,7	46,8	45,3	48,3	47,4	46,2	45,6	44,3
Betriebsvermögen	4,4	4,0	4,2	4,5	4,1	4,3	4,0	3,7	4,0
Wertsachen	9,0	5,8	6,2	10,1	6,4	7,0	4,2	3,4	2,9
Versicherungen und Bausparverträge	48,0	51,8	50,5	47,5	52,1	50,2	50,1	50,8	51,6
Schulden	**27,5**	**30,9**	**31,7**	**28,4**	**31,4**	**32,2**	**23,7**	**28,9**	**29,6**
Hypotheken auf selbstgenutzte Immobilien	18,5	17,5	17,7	19,4	18,5	18,7	14,6	13,9	13,4
Hypotheken auf sonstige Immobilien	4,2	4,3	4,1	4,8	4,8	4,6	1,7	2,3	2,2
Konsumentenkredite	11,7	16,4	16,4	11,5	15,9	15,5	13,0	18,4	20,1

Abb. 61: Komponenten des individuellen Nettovermögens

Erläuterung: Die Tabelle zeigt die Komponenten des individuellen Nettovermögens der Personen ab 17 Jahren in Privathaushalten für verschiedene Jahre.

Quelle: Grabka und Westermeier (2014)

Abbildung 61 zeigt die Struktur der privaten Vermögen in Deutschland. Fast jeder zweite Deutsche hat eine Lebensversicherung oder einen Bausparvertrag. Die Anzahl der Verträge liegt jedoch sehr viel höher, da nicht wenige Bürger gleich mehrere solcher Versicherungen abschließen. Auch verfügt knapp jeder zweite Deutsche über ein zählenswertes Geldvermögen, meist in der Form von Spareinlagen, das eine vergleichsweise geringe Rendite abwirft.

Nur wenige Bürger verfügen über Betriebsvermögen. Aber auch der Bevölkerungsanteil, der sein Vermögen auf verschiedene Anlageformen verteilt hat, ist gering – in West- und in Ostdeutschland.

Ein wichtiger Punkt ist die Tatsache, dass viel weniger Deutsche ein Eigenheim haben als die Bürger fast aller anderen Industrieländer. Nur knapp 40 Prozent der Deutschen besitzen eine Immobilie – im dritten Teil des Buches wurden die Gründe für dieses Phänomen besprochen, vor allem die historischen Ursachen. In manchen anderen Industrieländern ist die Zahl der Immobilieneigentümer doppelt so hoch. Ein Eigenheim hat viele Vorteile. Zum einen ist es eine gute Vermögensanlage. Es schützt seine Inhaber vor Unwägbarkeiten, wie zum Beispiel starken Mietsteigerungen, die einen Mieter in große Schwierigkeiten bringen können.

Auch die Wertsteigerung eines Eigenheims über die vergangenen 30 Jahre war in Deutschland nicht schlecht. Dieser Wertgewinn war und ist langfristig sicherlich nicht so groß wie bei Aktien oder Unternehmensanleihen, dafür aber auch sehr viel stabiler und mit weniger Unsicherheit behaftet. Zwar mag eine Immobilie illiquide und schwer zu veräußern sein. Trotzdem ist ein Eigenheim eine gute Anlageform, wenn man eine langfristige Anlageperspektive hat und Wert auf Sicherheit und Stabilität legt.

Eine niedrige Eigenheimquote alleine kann jedoch nicht die geringen privaten Vermögen und die hohe Ungleichheit der Vermögen in Deutschland erklären. Denn wenn Haushalte kein Immobilieneigentum erwerben, nutzen sie ihr Erspartes gemeinhin, um anderes Vermögen aufzubauen. Eine geringe Quote an Immobilieneigentum sollte deshalb zu höheren Vermögenswerten in anderen Bereichen führen. Bemerkenswert ist deshalb eine Studie der Deutschen Bundesbank: Abbildung 62 zeigt, dass Bürger ohne Eigenheim deutlich weniger sparen als solche mit Eigenheim (egal ob mit oder ohne Hypothek)! Es ist also keine Frage der Investmentart: in eine Immobilie oder in irgendwas anderes. Die große Mehrheit der Menschen in Deutschland legt ihr Geld

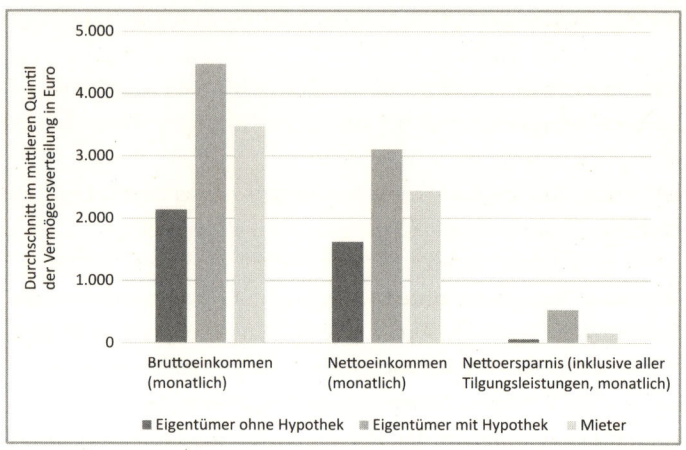

Abb. 62: Einkommen und Sparen von Haushalten in der Mitte der Einkommensverteilung

Erläuterung: Die Abbildung zeigt das durchschnittliche monatliche Brutto-/Nettoeinkommen sowie die durchschnittliche monatliche Nettoersparnis für Menschen im mittleren Quintil der Vermögensverteilung (in EUR).

Quelle: Von Kalckreuth (2013), Bundesbank PHF 2010/11

vielmehr bloß auf ein Sparkonto oder gibt es für Konsumgüter wie ein Auto aus. Die Ergebnisse der Studie zeigen aber auch, dass viele Deutsche weder in der Lage sind, sich ein Eigenheim zu leisten, noch große Sparvermögen aufzubauen. Dies unterstreicht wiederum die große Ungleichheit der privaten Vermögen, die im ersten Teil des Buches besprochen wurde.

In anderen Studien hat die Deutsche Bundesbank gezeigt, dass in den vergangenen 40 Jahren häufig die Inflationsrate höher war als die Zinsen auf Spareinlagen. Gerade in den vergangenen Jahren haben wir Deutschen sehr über die Niedrigzinsphase geklagt. Denn wenn ich als Sparer fast keine Zinsen auf mein Erspartes bekomme, die Inflation in Deutschland jedoch bei über 1 Prozent liegt, dann verliert mein Erspartes an Kaufkraft. Dies ist jedoch nichts, was nur auf die vergangenen Jahre zutrifft. In fast einem von drei Jahren während der vergangenen vier Jahrzehnte war die Inflation höher als der Sparzins. Erspartes auf dem Sparkonto anzulegen ist daher langfristig eine denkbar schlechte Option, der viel zu viele Deutsche folgen. Es macht nur dann Sinn, wenn man Geld kurzfristig schnell abrufen können muss, um geplante oder ungeplante Ausgaben tätigen zu können.

Wir Deutschen legen unser Erspartes auch sehr selten in Aktien an. Nur jeder zehnte Deutsche hält Aktien, mit einer stark rückläufigen Tendenz. Aktien haben sich aber in den letzten Jahrzehnten als eine hervorragende langfristige Investition erwiesen. Der Wert von Aktien ist natürlich großen Schwankungen und Unsicherheiten in der kurzen Frist ausgesetzt. Es macht wenig Sinn für einen Sparer, sein Vermögen in Aktien zu investieren, wenn dies kurzfristig abrufbar und wertstabil sein soll. Aber langfristig ist es enorm sinnvoll, zumindest einen begrenzten Teil seines Ersparten in Aktien anzulegen. Während der Niedrigzinsphase seit 2011 hat beispielsweise der Deutsche Aktienindex DAX pro Jahr um mehr als 10 Prozent im Durchschnitt zugelegt. Wenn ich also als Sparer nur ein Fünftel meines Ersparten in deutschen Aktien angelegt und vier Fünftel aufs Sparkonto transferiert hätte, wäre eine Rendite von immerhin fast 2,5 Prozent auf mein gesamtes Erspartes dabei herumgekommen.

Kurzum, viele Deutsche legen ihr Erspartes sehr schlecht an. Sie erzielen mit ihrer sehr einseitigen Strategie durch die geringen nominalen und nach Abzug der Inflation sogar negativen Zinsen häufig sogar Verluste im Wert und in der Kaufkraft ihres meist ohnehin schon geringen Vermögens. Es gibt jedoch eine weitere Erklärung für die geringen privaten Vermögen in Deutschland, und zwar die hohen Verluste, die deutsche Investitionen im Ausland in den vergangenen Jahrzehnten erzielt haben. Deutschland hatte im Jahr 2015 eine Nettoersparnis deutscher Unternehmen und privater Haushalte von über 8 Prozent seiner Wirtschaftsleistung, also fast 250 Milliarden €. Diese Gelder werden praktisch an ausländische Haushalte, Unternehmen und Staaten verliehen, in der Hoffnung, damit eine Rendite erzielen zu können. Viele Deutsche tun dies nicht direkt, sondern dies geschieht meist durch deutsche Finanzinstitutionen, die diese Gelder auch für private Haushalte im Ausland investieren.

Über die vergangenen zwei Jahrzehnte haben diese Investitionen im Ausland jedoch hohe Verluste eingefahren. Wissenschaftliche Studien[34] zeigen, dass diese Verluste in den letzten 20 Jahren knapp 20 Prozent der jährlichen Wirtschaftsleistung betragen – das sind knapp 500 Milliarden € oder etwa durchschnittlich 25 000 € für eine vierköpfige Familie. So mussten deutsche Unternehmen und Investoren etwa hohe Verluste erfahren, als sie zu völlig überhöhten Preisen amerikanische Technologieunternehmen aufkauften, die dann durch das Platzen der Technologieblase Anfang der 2000er Jahre massiv an Wert verloren.

Viele deutsche Banken investierten im gleichen Jahrzehnt auch einen Teil des Geldes ihrer Anleger in sogenannte amerikanische »Subprime«-Instrumente, die zwar hohe Renditen versprachen, dann aber mit dem Platzen der Immobilienblase in den USA nach 2008 ihren Wert fast vollständig verloren. Andere Beispiele sind die hohen Investitionen deutscher Unternehmen und Anleger in südeuropäischen Ländern und in Irland, die durch die europäische Krise seit 2010 ihren Wert einbüßten.

Die Verluste der deutschen Auslandsvermögen exakt zu bestimmen ist sehr schwierig, beruht die Berechnung doch auf zu vielen ungesicherten Annahmen. Einige Studien zeigen daher höhere Verluste auf, andere dagegen geringere. Unumstritten ist jedoch die Tatsache, dass deutsche Privatanleger in den vergangenen Jahrzehnten durch ihre Investitionen im Ausland Verluste erzielt haben. Das betrifft nicht nur deutsche Unternehmen und deutsche Banken, sondern direkt oder indirekt damit auch den deutschen Sparer und Steuerzahler.

Die Hauptverantwortung für das schlechte Investieren privater Vermögen liegt natürlich in erster Linie bei den Bürgern selbst. Jeder muss Eigenverantwortung für sein Sparverhalten und seine Anlageentscheidungen tragen. Trotzdem kann der Staat den Bürgern helfen, bessere Anlageentscheidungen zu treffen und somit auch mehr Vermögen aufbauen und eine bessere private Vorsorge treffen zu können.

Als Erstes sollte der Staat durch bessere Bildung, Aufklärung und Transparenz in Finanzfragen den Menschen helfen, bewusster und informierter Anlageentscheidungen zu treffen. Dies sollte bereits in der Schule beginnen. Nicht nur sollten Schulen verpflichtet sein, den Schülern mehr Informatikunterricht zu erteilen, wie dies gegenwärtig diskutiert wird, sondern auch Wirtschaft sollte als Schulfach verpflichtend sein. Dieses Fach sollte den Schülern nicht nur helfen, eine bewusste und bessere Bildungsentscheidung und Berufswahl für sich selbst zu treffen. Sondern das Fach Wirtschaft sollte den Schülern auch ein besseres Verständnis für Geld und Vermögensbildung verschaffen.

Auch eine gezielte Förderung von Immobilienerwerb, wie es sie bis in die 1990er in Deutschland gab, sollte wieder öffentlich diskutiert und erwogen werden. Der Kauf eines Eigenheims hat sich in den vergangenen Jahrzehnten in Deutschland als eine solide und sinnvolle Form der Vermögensbildung erwiesen. Nicht für jeden Menschen ist der Immobilienerwerb die richtige Entscheidung. Sicherlich würde eine solche Entscheidung jedoch sehr viel mehr Deutschen helfen, Vermögen aufzubauen und sich damit auch gerade im Alter abzusichern. Prinzipiell ist die Strategie der Vermögensbildung viel zu vieler Deutschen zu einseitig und eng auf finanzielles Sparvermögen ausgerichtet. Ziel sollte es sein, dies zu korrigieren.

27 Fazit – Deutschlands schwierige Zukunft

»Wohlstand für alle«, nach Ludwig Erhards berühmter Formel, ist das Ziel, dem sich die deutsche Wirtschafts- und Sozialpolitik seit fast 60 Jahren verschrieben hat. Dahinter steht das Credo der »sozialen Marktwirtschaft«, also der Glaube an eine marktwirtschaftliche Ordnung, die eine Absicherung aller Bevölkerungsgruppen und einen Ausgleich zwischen ihnen gewährleisten soll. So sollte sichergestellt werden, dass das Wirtschaftswunder Deutschlands nach dem Zweiten Weltkrieg nicht nur einigen wenigen zugute-kam, sondern vielen. Die Ungleichheit zwischen den Bürgern sollte begrenzt werden – bei Einkommen und Vermögen, bei der Chancenverteilung, Bildung, Beschäftigung, der sozialen Sicherung sowie Gesundheit und Altersvorsorge.

Deutschland ist stolz auf die soziale Dimension seiner Marktwirtschaft. Dieses Buch hat Belege dafür angeführt, dass wir nicht in einem Land leben, in dem ein Ausgleich über Einkommen, Vermögen und Chancen stattfindet. Deutschland ist an diesem Ideal gescheitert. Es bietet seinen Bürgern nur eine begrenzte soziale Sicherung. Und vor allem beschränkt es die Freiheit seiner Bürger: Immer weniger Menschen in unserem Land haben eine wirkliche Chance, ihre Fähigkeiten zu entwickeln und zu nutzen, für sich und für die Gesellschaft als Ganzes.

Es ist wichtig, dass wir aufhören, unsere soziale Marktwirtschaft mit verklärtem Blick zu betrachten. Damit sie sozial bleiben kann, ist zunächst eine ehrliche Bestandsaufnahme vonnöten: Deutschland hat sich großen Wohlstand erarbeitet – aber auch viel verschenkt. Und es ist dabei, den Wohlstand zukünftiger Generationen aufs Spiel zu setzen. Sicher und gut abgesichert sind nicht viele, sondern nur einige. Der Staat spielt eine wichtige Rolle in unserer Gesellschaft und hilft vielen Menschen, vor allem denen aus der Mittelschicht – aber zu sehr dabei, ihre Einkommensposition nicht zu verschlechtern, und viel zu wenig dabei, ihr Potenzial auszuschöpfen und sich selbst eine bessere Zukunft zu erarbeiten.

Der Staat verteilt viel über Steuern und Leistungen über gesellschaftliche Gruppen hinweg um. Aber er tut dies sehr ineffizient. Wohlhabende unterstützen über ihre Steuergelder auch andere Gruppen der Gesellschaft – aber deutlich zu oft andere Wohlhabende. Viele Bürger unseres Landes können frei leben und sich entfalten – viele aber auch nicht. Frauen, Migranten, Kinder aus bildungsfernen oder sozial schwachen Familien – es gibt viel zu viele Gruppen in unserer Gesellschaft, die systematisch benachteiligt sind, die auf ihrem Berufs- oder Bildungsweg viel zu oft an Barrieren stoßen und diese nur selten überwinden. Das vergrößert die Ungleichheit in unserem Land stetig.

Der Schlüssel für die steigende Ungleichheit in Deutschland ist die geringe gesellschaftliche und wirtschaftliche Mobilität, die nicht nur ohnehin im internationalen Vergleich schon gering ist, sondern in den vergangenen Jahren noch schlechter geworden ist. Nirgendwo werden die persönlichen Entwicklungschancen so sehr von der Herkunft bestimmt. Nirgendwo schaffen weniger Kinder den sozialen Aufstieg. Nirgendwo gehen weniger Arbeiterkinder zur Universität. Nirgendwo verbleibt Reichtum so oft über Generationen hinweg in denselben Familien. Nirgendwo bleibt Arm so oft Arm und Reich so oft Reich. Und das schadet diesen Einzelpersonen, der Wirtschaft, der Gesellschaft und Demokratie im Lande, kurzum: uns allen.

Die Höhe des Einkommens eines Arbeitnehmers in Deutschland wird zur Hälfte – statistisch gesehen – nicht etwa durch Fleiß, Fortbildungswillen und Einsatz bestimmt, sondern durch das Einkommen und den Bildungsstand der Eltern. Das Beispiel von Paul und Lena hat es gezeigt: Persönliche Aufstiegschancen sind in vielen Fällen von Geburt an begrenzt, die Weichen vor der Geburt gestellt. Persönlicher Fleiß, Ehrgeiz und Einsatz bestimmen nicht maßgeblich über die Karriere. Dass benachteiligte Kinder seltener oder später in eine Kita gehen, in einem ärmeren Stadtteil wohnen, weniger gefördert werden, vergrößert die Kluft weiter. Wird dann, obwohl die Intelligenz und Potenziale auch für eine höhere Schule reichen würden, nur ein mittlerer oder niederer Schulabschluss empfohlen und angestrebt, ist eine der wichtigsten Entscheidungen schon gefallen – zuungunsten des Kindes und der Gesellschaft.

Sehen wir den Tatsachen ins Auge: Die Aufstiegschancen der Menschen sind – auch wenn unser Land von vielen als gerecht wahrgenommen wird – deutlich schlechter als an vielen anderen Orten der Welt. Nur wenige schaffen es, sich im Laufe ihres Lebens einen besseren Lebensstandard zu erarbeiten als ihre Eltern.

Auch das finanzielle Vermögen der Mehrzahl der Deutschen ist gering und deutlich kleiner, als es sein könnte und sollte. Das liegt nicht daran, dass wir Deutschen uns so gut auf die sicheren und großzügigen staatlichen Leistungen verlassen können. Denn diese Leistungen sind erstens keine Vermögen und zweitens – denken wir nur an die Rente – keineswegs sicher. Der deutsche Staat lebt schon seit vielen Jahren von seiner Substanz. Er hat sein Nettovermögen fast vollständig aufgebraucht und ist für die kommenden Herausforderungen – etwa den demographischen Wandel und die Zuwanderung – schlecht gerüstet.

Die wahren Gründe für die geringen Vermögen sind andere: historische, wie die große Zerstörung durch den Zweiten Weltkrieg und der Neuanfang, den vor allem die Ostdeutschen nach der Wiedervereinigung machen mussten. Es liegt auch an unserer sehr speziellen Wirtschaftsstruktur, die sich auf überdurchschnittlich viele Familienunternehmen stützt und so das Kapital auf wenige Familien konzentriert. Und es liegt daran, dass wir

Deutschen unser Geld extrem schlecht anlegen. Wir haben wenig Aktien, wenig Immobilienvermögen und lassen unser Geld auf der Bank, obwohl es dort oft nicht mehr wird, sondern an Kaufkraft verliert. Und deutsche Anleger haben in den vergangenen Jahrzehnten ihr Geld im Ausland schlecht investiert und hohe Verluste realisieren müssen.

Auch bei den Vermögen spielt die geringe Mobilität eine entscheidende Rolle: Nahezu nirgendwo besitzen die reichsten 10 Prozent der Bürger mehr und die ärmsten 40 Prozent weniger des im Land vorhandenen Gesamtvermögens. Die Ausgangsbedingungen sind also höchst unterschiedlich und die Aufstiegschancen begrenzt. Ein Zirkelschluss. Denn wer sein Potenzial schlechter nutzen kann, verdient weniger, sammelt weniger Vermögen an und kann seinen Kindern schlechtere Ausgangsbedingungen bieten.

Wer sein Potenzial schlechter nutzt, erzielt auch geringere Markteinkommen. Nahezu nirgendwo in Europa sind die Markteinkommen ungleicher als in Deutschland. Das sei aber nicht so schlimm, sagen viele, denn der deutsche Staat verteilt kräftig um und sorgt so dafür, dass die Ungleichheit der verfügbaren Einkommen – was der Mensch in der Tasche hat – wieder im internationalen Mittelfeld landet. Das stimmt. Dank der Umverteilung des deutschen Steuer- und Transfersystems sinkt die starke Ungleichheit der Markteinkommen um mehr als 40 Prozent. Der Gini-Koeffizient geht von 0,51 auf 0,29 zurück. Das muss er auch, denn die Ungleichheit der Markteinkommen – also die vor Steuern, Transfer- und Sozialleistungen – ist deutlich größer als in vielen anderen Industrieländern.

Die Markteinkommensungleichheit sei, so ist immer wieder zu hören, zumindest teilweise politisch gewollt und diene als Anreiz. Wer Risiken eingeht, Arbeitsplätze schafft, investiert und Innovationen vorantreibt, soll dafür auch die Ernte einfahren dürfen. Das ist völlig richtig. Aber genau deswegen sollten wir uns weniger auf die sprichwörtlichen »oberen Zehntausend«, auf die

Spitze der Einkommens- und Vermögenspyramide konzentrieren. Das wirkliche Drama spielt sich bei den 40 Prozent unserer Bürger am unteren Ende der Einkommens- und Vermögensverteilung ab, denen die Chancen fehlen, ihre Talente zu nutzen.

Was wäre, wenn der Staat gar nicht erst umverteilen müsste, weil es durch mehr Chancengleichheit einen faireren Wettbewerb gäbe und sehr viel mehr Menschen ihre Fähigkeiten und Talente nutzen könnten? Sollte dies nicht unser Ziel sein, damit der Staat schlanker, der Verteilungskampf kleiner und in großen Teilen überflüssig wäre? Jeder Verteilungskampf kostet Geld und Energie, die nicht in das Wirtschaftswachstum und die Wohlstandsmehrung fließen, sondern ihr oft schaden. Es muss unser Ziel sein, den Menschen die Fähigkeit zurückzugeben, selbstständiger, unabhängiger vom Staat und selbstbestimmter agieren zu können.

Um noch mal Ludwig Ehrhard zu Wort kommen zu lassen: »Das mir vorschwebende Ideal beruht auf der Stärke, dass der Einzelne sagen kann: Ich will mich aus eigener Kraft bewähren, ich will das Risiko des Lebens selbst tragen, will für mein Schicksal selbst verantwortlich sein.« Eine soziale Marktwirtschaft ist vor allem dann sozial, wenn sie Menschen in die Lage versetzt, ihre Potenziale auszuschöpfen und das aus ihrem Leben machen zu können, was sie für das Richtige halten.

Um dies zu erreichen, müssen wir unsere Marktwirtschaft und vor allem unser Bildungssystem neu justieren und stärker auf Chancengleichheit ausrichten. Möglichst früh im Leben unserer Kinder müssen die Potenziale entfaltet werden. Mehr Kinder müssen in bessere Kitas gehen, eine bessere Betreuung etwa durch Ganztagsschulen erleben und so einen besseren Start ins Berufsleben erhalten. Bildungsbarrieren im frühkindlichen Alter, beim Übergang in weiterführende Schulen, beim Schulwechsel und beim Übergang in den Beruf müssen deutlich reduziert werden. Sonst droht die bildungsbedingte Einkommenslücke im Verlauf eines Lebens immer größer zu werden – und mit ihr der Schaden für die Gesellschaft.

Von zu hoher Ungleichheit werden nicht nur die Einzelpersonen, sondern auch die Wirtschaft und die Gesellschaft insgesamt geschwächt. Die große Ungleichheit hat zu den beiden großen Wirtschaftskrisen der vergangenen Jahre beigetragen. Der deutsche Beitrag sollte dabei wie dargestellt nicht unterschätzt werden. Die Gesellschaft verliert durch die steigende Ungleichheit an Halt. Denn steigende Ungleichheit schädigt in Deutschland vor allem die Mittelschicht, also die Menschen, die bislang ihr Rückgrat waren. Globalisierung und technologischer Fortschritt führen zu einer Job-Polarisierung: Wer gut ausgebildet und flexibel ist, kann von der zunehmenden Technologisierung profitieren, weil sie viele neue, gute Jobs schafft und die Einkommen steigen lässt. Wer schlecht ausgebildet ist, verliert schnell den Anschluss.

Die Gesellschaft hat handfeste wirtschaftliche Gründe, bessere Bildung und Chancengleichheit als Versicherung aufzufassen, die Chancen des technologischen Fortschritts und der Globalisierung zu nutzen. Attraktive Bildungsrenditen locken nicht nur Universitätsabsolventen, sondern Menschen aller Bildungs- und Ausbildungsniveaus. Es lohnt sich fast immer für Menschen, in Bildung zu investieren und das Bildungsniveau zu verbessern – und dies nützt allen. Der Gesellschaft als Ganzes winkt durch Bildungsinvestitionen und mehr Chancengleichheit eine »doppelte Dividende«: Die wirtschaftliche Leistungsfähigkeit des Landes verbessert sich, und die Ungleichheit in Einkommen und Vermögen sinkt.

Keine Demokratie hat das Ziel, allen Menschen gleiche Vermögen, Einkommen und Beschäftigung zu garantieren. Aber sie will Chancengleichheit bieten. Ungleichheit wird dann zum sozialen Problem, wenn sie Chancen und soziale Teilhabe einschränkt. Wenn sie dann noch die politische Teilhabe reduziert oder verhindert, gefährdet sie das Funktionieren der Demokratie und wird zur Gefahr für die Demokratie selbst.

Deutschland kann seinem Anspruch einer sozialen Marktwirtschaft nur dann gerecht werden, wenn es sehr viel mehr seiner

Energie auf die Schaffung von Chancengleichheit verwendet. Dazu gehört eine Politik der Integration, die deutlich mehr Menschen als bisher eine wirtschaftliche, soziale und politische Teilhabe ermöglicht. Dies erfordert ein fundamentales Umdenken in allen Bereichen, von der Familien- und Bildungspolitik bis hin zu einer grundlegenden Veränderung der Steuer- und Abgabenpolitik. Stellen wir uns den Tatsachen: Deutschland wird immer ungleicher, der Verteilungskampf härter. Das Problem existiert, und es wird nicht kleiner, sondern größer – wenn wir nichts tun.

Dank

Die Ungleichheit von Einkommen, Vermögen und Chancen ist in einer jeden Gesellschaft immer und überall ein zentrales Thema. Viele wirtschaftspolitische Diskussionen und Entscheidungen gehen letztlich auf die Frage der Verteilungsgerechtigkeit zurück. Die Wissenschaft, vor allem die Wirtschaftswissenschaften, hat dieses Thema jedoch lange stiefmütterlich behandelt. Erst in den vergangenen Jahren ist die wissenschaftliche Erkenntnis gereift, dass Ungleichheit wichtige Auswirkungen für eine Marktwirtschaft hat und der Wissenschaft deshalb sehr wohl eine gewichtige Verantwortung bei der Frage zukommt, wie eine Gesellschaft mit der Verteilungsfrage umgehen kann.

Kaum eine wissenschaftliche Institution hat zum Thema der Ungleichheit eine bessere Expertise und, mittlerweile seit über drei Jahrzehnten, einen größeren Beitrag geleistet als das DIW Berlin mit seinem Sozio-oekonomischen Panel (SOEP). Seit über 30 Jahren erhebt das SOEP jährlich Daten von heute etwa 30 000 Menschen in 11 000 Haushalten und stellt diese der Wissenschaft zu Verfügung. Mein Dank gilt meinen Kollegen Stefan Bach, Kurt Geppert, Markus Grabka, Elke Holst, Martin Kroh, Norma Schmitt, Carsten Schröder, Jürgen Schupp und Katharina Spieß für ihre Anmerkungen und Diskussionen, von denen ich enorm viel, gerade auch über interdisziplinäre Aspekte des Verteilungsthemas, gelernt habe. Viele der Argumente des Buches basieren auf Analysen mit SOEP-Daten dieser und anderer Kollegen, innerhalb und außerhalb des DIW Berlin, ohne diese für mögliche Fehler oder falsche Interpretationen verantwortlich machen zu wollen.

Ein großer Dank geht an Christian Franz, der mich mit großer Motivation und Leidenschaft mit Daten, Fakten und Ideen unterstützt hat. Mein besonderer Dank gilt Sabine Fiedler, durch deren exzellente, kritische Fragen und Anregungen die Analysen, und das Buch als Ganzes, enorm profitiert haben.

Ohne meine Familie und Freunde hätte die Arbeit an diesem Buch deutlich weniger Freude gemacht. Denn nie konnte ich ein ökonomisches Thema mit ihnen mit mehr Begeisterung und Emotionen diskutieren als das der Ungleichheit und Verteilung in unserer Gesellschaft.

Anmerkungen

1 Grabka, M. und C. Westermeier (2015).
2 EZB (2013) und OECD (2008 und Folgejahre).
3 Bach, S., A. Thiemann und A. Zucco (2015).
4 OECD (2012a).
5 Bönke, T. und H. Lüthen (2014), S. 1271–1277; T. Bönke, G. Corneo und H. Lüthen (2011).
6 Grabka, M. und C. Westermeier (2015a).
7 Grabka, M. und J. Goebel (2013), S. 13–24.
8 European Central Bank (2013).
9 Dworkin, R. (2000).
10 Sen, A. (1997). Und: Sen, A. (1987).
11 Cohen, J. (1995).
12 Nozick, R. (1974).
13 Brenke, K. und G. Wagner (2013).
14 Für frühe, einflussreiche Studien siehe Alesina, A. und D. Rodrik (1994) und Persson, T. und G. Tabellini (1994).
15 Kroh, M. und C. Könnecke (2013).
16 Siehe beispielsweise den Bericht der Expertenkommission zur »Stärkung der Investitionen in Deutschland«, April 2015.
17 Polyani, M. (1966).
18 OECD (2011), S. 30.
19 OECD (2011), S. 122.
20 Grabka, M. und C. Westermeier (2014).
21 Bach, S., A. Thiemann und A. Zucco (2015).
22 Westermeier, C. und M. Grabka (2015).
23 BMF Wissenschaftlicher Beirat (2012), Gutachten.
24 Figlio, D. N., J. Guryan, K. Karbownik und J. Roth (2013), 3921–3955.
25 BMAS (2014).
26 Helbig, M. (2010), S. 655–679; Bügelmayer, E., D. D. Schnitzlein (2014).
27 Barnett (1985).
28 Schröder, C., K. Spieß und J. Storck (2015), 158–170.
29 Schober, P. und K. Spieß (2012).
30 OECD (2015), S. 37, Abb. 10.
31 Bach, S., M. Grabka und E. Tomasch (2015).
32 Bach, S. et al. (2013), S. 3–5.
33 OECD (2015a), S. 175.
34 Bach, S. et al. (2013).

Quellenverzeichnis

Literatur

Acemoglu, D. (2003), »Labor- And Capital-Augmenting Technical Change«, *Journal of the European Economic Association*, Vol. 1, No. 1, S. 1–37.

Acemoglu, D. (2011), »Thoughts on Inequality in Financial Crisis«, Presentation at the American Economic Association Annual Meeting, Denver, Colorado, January.

Adam, K., und P. Tzamourani (2015). »Distributional Consequences of Asset Price Inflation in the Euro Area«, Mimeo, Universität Mannheim.

Aghion, P., E. Caroli und C. Garcia-Peñalosa (1999), »Inequality and Economic Growth: The Perspective of the New Growth Theories«, *Journal of Economic Literature*, Vol. 37, No. 4, S. 1615–1660.

Alesina, A. und D. Rodrik (1994), »Distributive Politics and Economic Growth«, *Quarterly Journal of Economics*, Vol. CIX, No. 2, S. 465–490.

Andersen, T. M. (2005), »Product Market Integration, Wage Dispersion and Unemployment«, *Labour Economics*, Vol. 12, No. 3, S. 379–406.

Armuts- und Reichtumsbericht der Bundesregierung, verschiedene Jahre.

Atkinson, A. B. (2009), *The Changing Distribution of Earnings in OECD Countries*, Oxford University Press, Oxford.

Atkinson, A. B. (2015), *Inequality: What Can Be Done?*, Harvard University Press, Cambridge.

Autor, D. H. (2001), »Why Do Temporary Help Firms Provide Free General Skills Training?«, *Quarterly Journal of Economics*, Vol. 116, No. 4, November, MIT Press, S. 1409–1448.

Autor, D. H. und D. Dorn (2013), »The Growth of Low-Skill Service Jobs and the Polarization of the U.S. Labor Market«, *American Economic Review*, Vol. 103, No. 5, S. 1533–1597.

Autor, D., F. Levy und R. Murnane (2003), »The Skill Content of Recent Technological Change: An Empirical Exploration«, *Quarterly Journal of Economics*, Vol. 118, No. 4, November, S. 1279–1334.

Autorenguppe Bildungsberichterstattung (2014), »Bildung in Deutschland 2014. Ein indikatorengestützter Bericht mit einer Analyse zur Bildung von Menschen mit Behinderung«, Berlin.

Bach, S. (2015), »Erbschaftsteuer: Firmenprivilegien begrenzen, Steuerbelastungen strecken«, *DIW Wochenbericht* 7/2015, S. 111–122.

Bach, S., G. Baldi, K. Bernoth, J. Blazejczak, B. Bremer, J. Diekmann, D. Edler, B. Farkas, F. Fichtner, M. Fratzscher, M. Gornig, C. Kemfert, U. Kunert, H. Link, K. Neuhoff, W.-P. Schill, C. K. Spieß (2013), »Deutschland muss mehr in seine Zukunft investieren«, *DIW Wochenbericht* 26/2013, S. 3–5.

Bach, S., M. Grabka und E. Tomasch (2015), »Steuer- und Transfersystem: hohe Umverteilung vor allem über die Sozialversicherung«, *DIW Wochenbericht* 8/2015, S. 147–156.

Bach, S., A. Thiemann und A. Zucco (2015), *The Top Tail of the Wealth Distribution in Germany, France, Spain, and Greece*, Mimeo, DIW Berlin, 2015.

Barnett, W. S. (1985), »The Perry Preschool Experiment and its long-term effects«, High/Scope Educational Research Foundation.

Barro, R. J. (2000), »Inequality and Growth in a Panel of Countries«, *Journal of Economic Growth*, Vol. 5, No. 1, S. 5–32.

Bénabou, R. und J. Tirole (2006), »Belief in a Just World and Redistributive Politics«, *Quarterly Journal of Economics*, Vol. 121, No. 2, S. 699–746.

Bernoth, K., P. König, C. Raab und M. Fratzscher (2015), »Unchartered Territory: Large-Scale Asset Purchases by the European Central Bank«, *DIW Economic Bulletin*, 13/2015, S. 189–198.

Blanchard, O. und F. Giavazzi (2003), »Macroeconomic Effects of Regulation and Deregulation in GoodsAnd Labor Markets«, *Quarterly Journal of Economics*, Vol. 118, No. 3, MIT Press, Cambridge, S. 879–907.

Blinder, A., M. Ehrmann, M. Fratzscher, J. De Haan und D.-J. Jansen (2008), »Central Bank Communication and Monetary Policy: A Survey of Theory and Evidence«, *Journal of Economic Literature*, Vol. 46, No. 4, S. 910–945.

Bönke, T. und H. Lüthen, 2014, »Lebenseinkommen von Arbeitnehmern in Deutschland: Ungleichheit verdoppelt sich zwischen den Geburtsjahrgängen 1935 und 1972«, *DIW Wochenbericht* 49/2014, S. 1271–1277.

Bönke, T., G. Corneo und H. Lüthen (2011), *Lifetimes earnings inequality in Germany*, Mimeo, Freie Universität Berlin.

Brenke, K. und G. G. Wagner (2013), »Ungleiche Verteilung der Einkommen bremst das Wirtschaftswachstum«, *Wirtschaftsdienst*, 93 (2), S. 110–116.

Bügelmayer, E. und D. D. Schnitzlein (2014), »Is It the Family or the Neighborhood?: Evidence from Sibling and Neighbor Correlations in Youth Education and Health«, *SOEPpapers* 716.

Bundesministerium der Finanzen (2012), »Die Begünstigung des Unternehmensvermögens in der Erbschaftsteuer«,. *Gutachten des Wissenschaftlichen Beirats beim Bundesministerium der Finanzen*, 1/2012, http://www.bundesfinanzministerium.de/ Content/DE/Standardartikel/Ministerium/Geschaeftsbereich/Wissenschaftlicher_ Beirat/Gutachten_und_Stellungnahmen/Ausgewaehlte_Texte/02-03-2012-ErbStanl.pdf?__blob=publicationFile&v=4.

Bundesministerium für Arbeit und Soziales (2014), *4. Armuts- und Reichtumsbericht der Bundesregierung*.

Card, D. (1996), »The Effect of Unions on the Structure of Wages: A Longitudinal Analysis«, *Econometrica*, Vol. 64, No. 4, S. 957–979.

Carroll, C. D., Slacaleh, J. und K. Tokuoka (2014), »The Distribution of Health and the MPC: Implications of New European Data«, *The American Economic Review*, 104 (5), S. 107–111.

Cohen, J., (1995), *Self-Ownership, Freedom, and Equality*, Cambridge University Press, Cambridge.

Coibion, O., Y. Gorodnichenko, L. Kueng und J. Silvia (2012), »Innocent Bystanders? Monetary Policy and Inequality in the U.S.« NBER Working paper 18170.

Corak, M. (2013), »Income Inequality, Equality of Opportunity, and Intergenerational Mobility«, *Journal of Economic Perspectives*, Vol. 27, No. 3, S. 79–102.

Crédit Suisse (2014), *Global Wealth Database 2014*, Research Institute Crédit Suisse, Zurich.

Doepke, M. und M. Schneider (2006), »Inflation and the redistribution of nominal wealth«, *Journal of Political Economy*, Vol. 114, S. 1069–1097.

Dustmann, Ch., Fitzenberger, B., Schönberg, U. und A. Spitz-Oener (2014), »From Sick Man of Europe to Economic Superstar: Germany's Resurgent Economy«, *Journal of Economic Perspectives*, 28 (1), S. 167–188.

Dworkin, R. (1977), *Taking Rights Seriously*, MA, Harvard University Press, Cambridge.

Dworkin, R. (2000), *Sovereign Virtue: The Theory and Practice of Equality*, MA, Harvard University Press, Cambridge.

Erhard, Ludwig (1957). *Wohlstand für alle*, Econ Verlag, Düsseldorf.

European Central Bank (2013), »The Eurosystem Household Finance and Consumption Survey: Results from the First Wave«, *Statistics Paper Series*, Vol. 2, April.

Expertenkommission zur »Stärkung der Investitionen in Deutschland«, BMWi, Bericht, April 2015.

Feenstra, R. und G. Hanson (1996), »Globalization, Outsourcing, and Wage Inequality«, *American Economic Review*, Vol. 86, S. 240–245.

Fichtner, F., M. Fratzscher und M. Gornig (2014), »Eine Investitionsagenda für Europa«, *DIW Wochenbericht* 27/2014, S. 631–635.

Figlio, D. N., J. Guryan, K. Karbownik und J. Roth (2013), »The Effects of Poor Neonatal Health on Children's Cognitive Development«, *National Bureau of Economic Research Working Paper Series*, 104 (12), S. 3921–3955.

Fitoussi, J. P. und F. Saraceno (2010), »Inequality and Macroeconomic Performance«, *OFCE/POLHIA Working Papers*, No. 2010–13, Paris.

Forbes, K. J. (2000), »A Reassessment of the Relationship Between Inequality and Growth«, *American Economic Review*, Vol. 90, No. 4, S. 869–887.

Förster, M., A. Llena-Nozal und V. Nafilyan (2014), »Trends in Top Incomes and their Taxation in OECD Countries«, *OECD Social, Employment and Migration Working Papers*, No. 159, OECD Publishing, Paris.

Fratzscher, M. und S. Junker (2015), »Integration von Flüchtlingen: eine langfristig lohnende Investition«, *DIW Wochenbericht* 45/2015, S. 1083–1088.

Fratzscher, M., R. Freier, und M. Gornig (2015), »Kommunale Investitionsschwäche überwinden«, *DIW Wochenbericht* 43/2015, S. 1019–1021.

Fratzscher, M., N. Neubecker und C. Linckh (2014), »Migration in der Europäischen Union«, *DIW Wochenbericht* 30/2014, S. 711–722.

Fratzscher, M., M. Lo Duca und R. Straub (2013), »On the International Spillovers of US Quantitative Easing«, *Working Paper Series 1557*, European Central Bank.

Freeman, R. (2009), »Globalization and Inequality«, in: W. Salverda, B. Nolan und T. Smeeding (Hg.), *Oxford Handbook of Economic Inequality*, Oxford University Press, S. 575–589.

Frick, J. R. und M. M. Grabka (2010), »Alterssicherungsvermögen dämpft Ungleichheit – aber große Vermögenskonzentration bleibt bestehen«, *DIW Wochenbericht* 3/2010, S. 2–12.

Fuchs-Schündeln, N., D. Krueger und M. Sommer (2010), »Inequality Trends for Germany in the Last Two Decades: A Tale of Two Countries«, *Review of Economic Dynamics*, Vol. 13, No. 1, S. 103–132.

Goebel, J., M. Grabka und C. Schröder (2015), »Einkommensungleichheit in Deutschland bleibt weiterhin hoch: junge Alleinlebende und Berufseinsteiger sind zunehmend von Armut bedroht«, *DIW Wochenbericht* 25/2015, S. 571–586.

Goldin, C. (2006), »The Quiet Revolution that Transformed Women's Employment, Education, and Family«, *American Economic Review*, Vol. 96, S. 1–21.

Goldin, C. und L. Katz (2008), *The Race between Education and Technology*, Belknap Press for Harvard University Press.

Goos, M., A. Manning und A. Salomons (2009), »Job Polarization in Europe«, *AEA Papers and Proceedings*, Vol. 99, No. 2, S. 58–63.

Grabka, M. M. (2014), »Private Vermögen in Ost- und Westdeutschland gleichen sich nur langsam an«, *DIW Wochenbericht* 40/2014, S. 959–966.

Grabka, M. M. und J. Goebel (2013), »Rückgang der Einkommensungleichheit stockt«. *DIW Wochenbericht*, 46/2013, 13–24.

Grabka, M. M. und C. Westermeier (2014), »Anhaltend hohe Vermögensungleichheit in Deutschland«, *DIW Wochenbericht* 9/2014, S. 151–165.

Grabka, M. M. und C. Westermeier (2015a), »Reale Nettovermögen der Privathaushalte in Deutschland sind von 2003 bis 2013 geschrumpft«, *DIW Wochenbericht* 34/2015, S. 727–738.

Grabka, M. M. und C. Westermeier (2015b), »Vermögensentwicklung in Deutschland«, *DIW Wochenbericht*, 34/2015.

Granados, P. G. und J. Geyer (2013), »Brutto größer als Netto: Geschlechtsspezifische Lohnunterschiede unter Berücksichtigung von Steuern und Verteilung«, *DIW Wochenbericht* 28/2013.

Hanson, G. H. und A. Harrison (1999), »Trade, Technology and Wage Inequality in Mexico«, *Industrial and Labor Relations Review*, Vol. 52, No. 2, S. 271–288.

Hanushek, E. A. und L. Woessmann (2015), *Universal Basic Skills: What countries stand to gain*, OECD Publishing, Paris.

Hausmann, A.-C. und C. Kleinert (2014), »Männer- und Frauendomänen kaum verändert«, *JAB-Kurzbericht* 9.

Heckman, J. (1974), »Shadow Prices, Market Wages, and Labor Supply«, *Econometrica: Journal of the Econometric Society*, S. 679–694.

Helbig, M. (2010), »Neighborhood does matter! Soziostrukturelle Nachbarschaftscharakteristika und Bildungserfolg«, *Kölner Zeitschrift für Soziologie Und Sozialpsychologie*, 62 (4), S. 655–679.

Hoeller, P., Joumard, J., Pisu, M. und D. Bloch (2012), Less income inequality and more growth – Are they compatible? Part 1. Mapping income inequality across the OECD«, *OECD Economics Department Working Papers, 924*.

ILO – International Labour Office (2008), »Labour Institutions and Inequality«, Chapter 3 in *World of Work Report*, ILO, Geneva, Oktober, S. 71–114.

ILO and WTO (2007), »Trade and Inequality«, Chapter D in *Trade and Employment: Challenges for Policy Research*, ILO and WTO, S. 40–54.

Kremer, M. und E. Masking (2006), »Globalization and Inequality«, *Working Paper 2008–0087*, Weatherhead Center for International Affairs, Harvard University, Cambridge, MA.

Kroh M. und C. Könnecke (2013), »Arm, arbeitslos und politisch aktiv?«, *DIW Wochenbericht*, 42.

Krugman, P. (2007), »Trade and Inequality, Revisited«, http://voxeu.org/index.php?q=node/261.

Kuznets, S. (1934), *Report to US Congress*, 1934, in: Kohler, G. und E. J. Chaves (2003), *Globalization Critical Perspectives*, S. 336.

Lampert, T., Kroll. L. E. und A. Dunkelberg (2007), »Soziale Ungleichheit der Lebenserwartung in Deutschland«, *Aus Politik und Zeitgeschichte*, 42, S. 11–18.

Lampert, T., Kroll, L. E., Kuntz, B. und T. Ziese (2013), »Gesundheitliche Ungleichheit«, in: *Datenreport 2013: Sozialbericht für Deutschland,* Bonn, S. 259–271.

Melitz, M. (2003), »The Impact of Trade on Intra-Industry Reallocations and Aggregate Industry Productivity«, *Econometrica,* Vol. 71, S. 1695–1725.

Milanovic, B. und L. Squire (2005), »Does Tariff Liberalization Increase Wage Inequality? Some Empirical Evidence«, *World Bank Policy Research Working Paper,* No. 3571, World Bank, Washington.

Niehues, J. (2014), »Subjective Perceptions of Inequality and Redistributive Preferences: An International Comparison«, *IW-TRENDS Discussion Papers,* No. 2, Cologne Institute for Economic Research.

Nozick, R. (1974), *Anarchy, State, and Utopia,* Basic Books, New York.

OECD (2008a), *Growing Unequal? Income Distribution and Poverty in OECD Countries,* OECD Publishing, Paris, http://dx.doi.org/10.1787/9789264044197-en.

OECD (2011), *Divided We Stand: Why Inequality Keeps Rising,* OECD Publishing, Paris, http://doi.org/10.1016/S1474-4422(04)00917-2.

OECD (2012a), *Inequality in labour income – what are its drivers and how can it be reduced?,* OECD Economics Dept. Policy Notes No. 8.

OECD (2012b), *Closing the Gender Gap: Act Now,* OECD Publishing, Paris, http://dx.doi.org/10.1787/9789264179370-en.

OECD (2013a), *Health at a Glance 2013: OECD Indicatiors,* OECD Publishing, Paris.

OECD (2013b), *How's Life? 2013: Measuring well-being,* OECD Publishing, Paris.

OECD (2013c), *Pensions at a Glance 2013,* OECD Publishing, Paris.

OECD (2014), *Bildung auf einen Blick 2014: Deutschland,* OECD Publishing, Paris.

OECD (2014a), *Society at a Glance: OECD Social Indicators,* OECD Publishing, Paris, http://dx.doi.org/10.1787/soc_glance-2014-en.

OECD (2014b), *All on Board – Making Inclusive Growth Happen,* OECD Publishing, Paris, http://www.oecd.org/inclusive-growth/All-on-Board-Making-Inclusive-Growth-Happen.pdf.

OECD (2015a), *In It Together,* OECD Publishing, Paris.

OECD (2015b), »The effects of gro-growth structural reforms on income inequality«, Kapitel 2, Economic Policy Reforms, OECD Publishing, Paris.

OECD (2015c), »Gender differences in employment outcomes«, OECD Family Database, http://www.oecd.org/els/soc/LMF_1_6_gender_differences_in_employment_outcomes.pdf.

Ostry, J., A. Berg und C. Tsangarides (2014), »Redistribution, Inequality, and Growth«, *IMF Staff Discussion Note,* February.

Paritätischer Wohlfahrtsverband (2014), *Die zerklüftete Republik. Bericht zur regionalen Armutentwicklung in Deutschland 2014.*

Perotti, R. (1994), »Income Distribution and Investment«, *European Economic Review,* Vol. 38, No. 3–4, S. 827 835.

Persson, T. und G. Tabellini (1994), »Is Inequality Harmful for Growth?«, *American Economic Review,* Vol. 84, No. 3, S. 600–621.

Peter, F. und C. K. Spieß (2015), »Kinder mit Migrationshintergrund in Kindertageseinrichtungen und Horten: Unterschiede zwischen den Gruppen nicht vernachlässigen!«, *DIW Wochenbericht* 1/2/2015, S. 12–21.

Piketty, T. (2014), *Capital in the 21st century,* Harvard University Press, Cambridge.

Piketty, T. und E. Saez (2003), »Income Inequality In The United States, 1913–1998«, *Quarterly Journal of Economics,* Vol. 118, No. 1, MIT Press, S. 1–39.

Piketty, T. und E. Saez (2006), »How Progressive is the U.S. Federal Tax System? A

Historical and International Perspective«, *Journal of Economic Perspectives*, Vol. 21, No. 1, S. 3–24.

Polyani, M. (1966). *The Tacit Dimension*, Routledge, London.

Rajan, R. (2010), *Fault Lines: How Hidden Fractures Still Threaten the World Economy*, Princeton University Press, Princeton.

Rawls, J. (1971), *A Theory of Justice*, Belknap Press of Harvard University Press, Cambridge, Massachusetts.

Rawls, J. (1975), »The Independence of Moral Theory«, *Proceedings and Addresses of the American Philosophical Association* (November 1975), 48, 5–22.

Rawls, J. (1975), »A Kantian Conception of Equality«, *Cambridge Review*, 96 (2225), 94–99.

Rechlin-Fuchs, K., Kaufhold, G., Thuilot, M. und T. Webs (2014), »Der Einfluss des Betreuungsgeldes auf die Betreuungsentscheidung von Eltern«, in: *Abschlussbericht Kommunale Bedarfserhebung*, Dortmund.

Scheve, K. F. und M. J. Slaughter (2007), »A New Deal for Globalization«, *Foreign Affairs*, New York City, Vol. 86, No. 4, S. 34–47.

Schnitzlein, D. D. (2014), »Is It the Family or the Neighborhood? Evidence from Sibling and Neighbor Correlations in Youth Education and Health«, *SOEPpapers*, 716.

Schnitzlein, D. D. (2015), »A New Look at Intergenerational Mobility in Germany Compared to the U.S.«, *Review of Income and Health* (online first).

Schober, P. und K. Spieß (2012), »Frühe Förderung und Betreuung von Kindern: bedeutende Unterschiede bei der Inanspruchnahme besonders in den ersten Lebensjahren«, *DIW Wochenbericht* 43/2012, S. 17–28.

Schratzenstaller, M. (2013), »Vermögensbezogene Steuern – Ansatzpunkte, internationaler Vergleich und Optionen für Deutschland«, *Kurzgutachten zu Optionen einer Reform der Vermögenssteuer in Deutschland im Auftrag des WSJ*, Wien.

Schröder, C., K. Spieß und J. Storck (2015), »Private Bildungsausgaben für Kinder: Einkommensschwache Familien sind relativ stärker belastet«, *DIW Wochenbericht* (8), S. 158–170.

Sen, A. (1997), *On Economic Inequality*. Clarendon Press, Oxford/Oxford University Press, New York.

Sen, A. (1983), *Choice, Welfare, and Measurement*. Basil Blackwell, Oxford.

Sen, A. (1987), *On Ethics and Economics*. Basil Blackwell, New York.

Sen, A. (1999), Development as Freedom. Oxford University Press, New York.

Sierminska, E., A. Brandolini und T. Smeeding (2006), »The Luxembourg Wealth Study – A Cross-country Comparable Database for Household Wealth Research«, *Journal of Economic Inequality*, Vol. 4, S. 375–383.

Solow, R. (1956), »A Contribution to the Theory of Economic Growth«, *Quarterly Journal of Economics*, Vol. 70, No. 1, S. 65–94.

Spieß, K. (2013), »Investitionen in Bildung: frühkindlicher Bereich hat großes Potential«, *DIW Wochenbericht* 26/2013, S. 40–47.

Stiglitz, J. E. (2012), *The Price of Inequality: How Today's Divided Society Endangers Our Future*, W. W. Norton & Company, New York.

Tinbergen, J. (1975), *Income Distribution: Analysis and Policies*, Horth-Holland, Amsterdam.

Vermeulen, P. (2014), »How Fat Is the Top Tail of the Wealth Distribution?«, *ECB Working Paper* No. 1692, July, Frankfurt.

Weber, M. (1921), *Gesammelte politische Schriften*, UTB, Stuttgart.

Westermeier, C. und M. Grabka (2015), »Große statistische Unsicherheit beim Anteil der Top-Vermögenden in Deutschland«, *DIW Wochenbericht* 7/2015, S. 123–133.

Wolff, E. N. (2014), »Household wealth trends in the United States, 1962–2013: What happened over the Great Recession?«, *NBER Working Papers*, No. 20733.

Yellen, J. (2006), »Economic Inequality in the United States«, Rede bei Boston Fed, http://www.frbsf.org/our-district/press/presidents-speeches/yellen-speeches/2006/november/economic-inequality-in-the-united-states/.

Datenbanken

Europäische Zentralbank, 2013. Eurosystem Household and Consumption Survey, www.ecb.europa.eu/pub/economic-research/research-networks/html/researcher_hfcn.en.html.

Luxembourg Income Study (LIS) Database, www.lisdatacenter.org, microdata runs completed between 22 April 2013 and 7 November 2014.

OECD Database on Earnings Distribution, www.oecd.org/employment/database.

OECD Employment Database, www.oecd.org/employment/database.

OECD Income Distribution Database (IDD), www.oecd.org/social/income-distributiondatabase.htm.

OECD Tax Database, www.oecd.org/tax/tax-policy/tax-database.htm.

OECD Wealth Distribution Database, http://stats.oecd.org/index.aspx?datasetcode=Wealth.

SOEP, Sozio-Oekonomisches Panel, 1984–2015, DIW Berlin, www.diw.de/de/soep.

Register

»Für Menschen, die weniger als siebzig Stunden in der Woche arbeiten und deswegen von Workaholics als ›Minderleister‹ beschimpft werden.«

Julia Friedrichs

Gestatten: Elite

Auf den Spuren der Mächtigen von morgen

Piper Taschenbuch, 288 Seiten
€ 10,00 [D], € 10,30 [A]*
ISBN 978-3-492-31039-0

*Cover- und Preisänderungen vorbehalten

Julia Friedrichs ist fünfundzwanzig, als McKinsey ihr ein lukratives Job-Angebot unterbreitet: Sie soll künftig zur Elite des Landes gehören. Was man darunter versteht, erlebt sie beim Auswahltest im Edel-Assessment-Center und ist schockiert. Sie schlägt den Job aus und recherchiert stattdessen ein Jahr lang an angesehenen Eliteschmieden – wo Menschen, die weniger als 70 Stunden pro Woche arbeiten, »Minderleister« heißen und Vierzehnjährige Karriereberatungen buchen …

PIPER

»Das Thema Erben ist eines der letzten großen Tabus in Deutschland.«

WDR

*Cover- und Preisänderungen vorbehalten

Julia Friedrichs
Wir Erben
Warum Deutschland ungerechter
wird

Piper Taschenbuch, 336 Seiten
€ 10,00 [D], € 10,30 [A]*
ISBN 978-3-492-30899-1

Deutschland wird in den nächsten Jahren ungerechter werden. Denn das nächste Jahrzehnt wird die Dekade der Erben: Drei Billionen Euro werden ihren Besitzer wechseln. Die Nachkriegsgeneration, in der alten Bundesrepublik zu Wohlstand gelangt, wird ihr Vermögen an die Kinder und Enkel weitergeben – ein Vermögenstransfer, wie er noch nie stattgefunden hat. Und trotzdem wird über kaum ein Thema so beharrlich geschwiegen wie über dieses. Julia Friedrichs hat Erben und Vererbende getroffen und sie gefragt: Was wird die nächste Generation mit dem Erbe anfangen? Wie werden sie sich durch das Geld der Alten verändern? Und wie das Land?
Leseproben, E-Books und mehr unter **www.piper.de**

PIPER

Die neue Streitschrift des bekannten Philosophen

Michael Schmidt-Salomon

Die Grenzen der Toleranz

Warum wir die offene Gesellschaft
verteidigen müssen

Piper Taschenbuch, 224 Seiten
€ 10,00 [D], € 10,30 [A]*
ISBN 978-3-492-31031-4

Die offene Gesellschaft hat viele Feinde. Die einen streiten für
»Allah«, die anderen für die Rettung des »christlichen Abend-
landes«, letztlich aber verfolgen sie das gleiche Ziel: Sie wollen vormoderne Dogmen an die Stelle individueller Freiheits-
rechte setzen. Welche Entwicklungen sollten wir begrüßen,
welche mit aller Macht bekämpfen? Michael Schmidt-Salomon erklärt, warum grenzenlose Toleranz im Kampf gegen
Demagogen auf beiden Seiten nicht hilft und wie wir die
richtigen Maßnahmen ergreifen, um unsere Freiheit zu verteidigen.

PIPER

Leseproben, E-Books und mehr unter **www.piper.de**